ZHISHUI FALÜ ZHIDU BIJIAO YANJIU

值税法律制度比较研究

人大常委会预算工作委员会 编

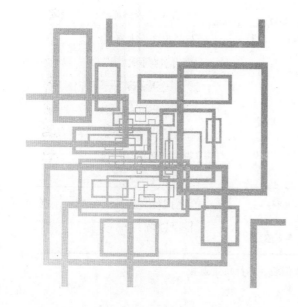

中国民主法制出版社

图书在版编目（CIP）数据

增值税法律制度比较研究/全国人大常委会预工委
编著 . —北京：中国民主法制出版社，2010.3

ISBN 978-7-80219-683-4

Ⅰ.①增…　Ⅱ.②全…　Ⅲ.①增值税-税法-对比研
究-世界　Ⅳ.①D912.204

中国版本图书馆 CIP 数据核字（2010）第 030616 号

书名/增值税法律制度比较研究
ZENGZHISHUIFALÜZHIDUBIJIAOYANJIU
作者/全国人大常委会预算工作委员会　编

出版·发行/中国民主法制出版社
地址/北京市丰台区玉林里 7 号（100069）
电话/63292534　63057714（发行部）　63292520（人大室）
传真/63056975　63056983
http：//www.npc.gov.cn
E-mail：MZFZ@263.net
经销/新华书店
开本/16 开　787 毫米×1092 毫米
印张/21　字数/205 千字
版本/2010 年 3 月第 1 版　2010 年 3 月第 1 印刷
印刷/北京东海印刷有限公司

书号/ISBN 978-7-80219-683-4
定价/38.00 元

序

　　全面落实依法治国基本方略，加快建设社会主义法治国家，是党的十七大提出的战略要求。完善中国特色社会主义法律体系，是我们面临的一项重大战略任务。在这一体系中，财政、税收法律是不可或缺的重要组成部分。经过 1984 年、1994 年两次重大税制改革和多次税制调整，我国已经建立起比较完整的税收体系，在调整国民收入分配、积累国家建设资金、促进经济社会发展中发挥了极为重要的作用。但是，受多种因素的制约，我国的税收法律体系一直不够完整，占税收收入总额 70% 的流转税税法尚未建立，征税的依据长期依赖政府颁布的行政法规。作为我国第一大税种的增值税，其法律的制定工作也一直比较缓慢，社会各界、人大代表、专家学者及纳税人要求加快制定税收法律的呼声越来越高。

　　为适应经济社会发展和民主法治建设的需要，第十一届全国人大常委会决定将制定"增值税等若干单行税法"列入了常委会立法规划，增值税等若干单行税法的立法工作步伐明显加快。立法机关、工作机构与政府部门通力合作，扩展视野，反复进行税收法律制度比较，准确把握税收立法规律和发展趋势，广泛借鉴世界各国税收立法的成功经验，并结合我国实际，认真研究，深入探索制定科学、规范、具有可操作性的税收法律。

　　全国人大常委会预算工作委员会，是全国人大常委会的工作机构，承担着参与和推动财税立法的重要职责。多年来，我们从税收立法基础性研究入手,开展了分税种国际比较研究工作。"增值税法律制度比较研究",是分税种进行国际比较研究的第一章。这项研究立足于为我国增值税法律的制定提供权威的参阅资料,全面反映增值税法律制度发展趋势,并结合我国国情提出切实可行的立法建议。这项研究工作得到了财政部税政司、普华、安永、德勤和毕马威等会计师事务所的大力协助和首席专家白景明研究员、中山大学杨小强教授、中国政法大学崔威副教授、澳大利亚莫那什大学 Krever 教授、美国韦恩大学 Alan Schenk 教授、澳大利亚税务专家 Michael Evens 先生等国内外增值税权威专家学者的积极参与。"增值税法律制度比较研究"倾注了各方面专家学者大量的心血,是大家精诚合作共同努力的结果。

制定增值税法、车船税法等税收法律已经列入全国人大常委会 2010 年立法工作计划。我们希望,《增值税法律制度比较研究》一书的出版,将为承担增值税立法、从事增值税制研究、关心增值税法律制度和审议增值税法律的同志们,了解国外增值税法律制度提供有益的启示和参考。

期待我国增值税法能够早日颁布实施。

高强

2009 年 12 月 20 日

目录

CONTENTS

第一章
增值税基本原理、制度
与立法比较研究

自上世纪 50 年代法国成功地采用增值税以来,世界上已经有 150 多个国家和地区相继开征此税。增值税一经产生,即以其独特的优点和优势成为各国税制体系的重要税种,其发展速度之快在税收史上绝无仅有。增值税在法国首先成功,并风靡欧洲形成欧盟模式,成为世界其他国家设计增值税制度的起点。此后的发展中,由于采用增值税的历史背景和税制结构不同,各国在引进增值税时对增值税制在技术结构、具体制度方面进行了不同的选择,又形成了如新西兰、澳大利亚模式,以及加拿大、印度等不同的制度设计。正是由于各国在增值税制度方面仍然存在着较大的差异,因此,有必要在对国外增值税制度进行较全面了解的基础上,通过对典型模式、典型国家的增值税制度进行科学的比较分析研究,为完善我国的增值税制度提供有益的借鉴。

一、增值税基本原理

(一)什么是增值税

增值税概念的提出。增值税的概念最早是由美国耶鲁大学亚当斯(T. Adams)提出的,1917 年他在《商业税》一文中将工资、租金、利息和利润的总和列为营业毛利,认为营业毛利正好体现了国民所得增加部分。1921 年又提出了从销项税额中扣除企业外购货物所付税收计算营业毛利税的方法。同一年,德国的西蒙斯(C. F. Siemens)在其所著的《改进的周转税》中正式提出增值税的名称,并详细叙述了税制的内容。1953 年,美国密歇根州曾经试行过增值税。

增值税的称谓。增值税作为一个重要税种,其称谓除被大多数国家采用之外,在少数一些国家和地区还有其他的称谓。如加拿大等国称为货物和劳务税(Goods and Service Tax),巴西称为进口及货物流转税,墨西哥称为生产经营税,多米尼加称为工业产品和劳务销售税,台湾称为营业加值税,日本称为消费税,蒙古称为销售税等。但无论其称谓如何,都是指以货物和劳务为课税对象,以增值额为计税依据,多阶段、多环节征收的一种新型的货物劳务税。简单地讲,增值税就是对货物流转或者劳务提供过程中实现的增值额课征的税收。

对于增值额,可以看作是购销差价,即因提供货物和劳务而取得的收入价格(不包括该货物或劳务的购买者应付的增值税)与该货物和劳务外购成本(不包括为这些外购项目所支付的增值税)之间的差额。增值税就是以价格差额为税基计算征收的。但是,开征增值税的各国在计算增值税额时,并不是先计算增值税的税基——增值额,然后再计算增值税。而是采用以收入价格总额和购入成本价格总额分别乘以适用税率,各自得出税额后再相减求得最终应当交纳的净税额的办法。其中,被抵扣的税额通常以发货票注明的税额为扣税依据,这样得出的净税额大体相当于增值额部分应负担的增值税额。

从法律的角度看,增值额的概念仅仅是一个税收上的概念,其范围取决于各自国家具体的法律规定。各国在引进增值税时,都试图将新确立的新增值税的一般概念与被替代的税种尽量平稳地衔接起来。因此,各国对增值额基本概念的理解存在一些不同,使得各国在增值税制度方面存在一定的差异。

(二)增值税基本原理

增值税是对货物和劳务的最终消费课征的税收,表现为对货物和劳务贸易实现的增值额征税。由于货物和劳务在分工流转中实现增值的特点以

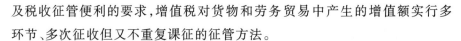

及税收征管便利的要求,增值税对货物和劳务贸易中产生的增值额实行多环节、多次征收但又不重复课征的征管方法。

(三)增值税税制要素

1. 计税依据

增值税的计税依据是课税货物的增值额,对于增值额可以从三个方面来理解。

第一,从理论上讲,增值额是纳税人在生产经营过程中新创造的价值,即货物价值(C + V + M)扣除生产资料转移价值(C)之后的余额(V + M)。但由于增值税类型选择的不同,对增值额的理解也不同。如生产型增值税还将折旧作为增值额的一部分予以课税;而收入型增值税只允许抵扣当期计提的折旧部分所含进项税,其增值税与理论上基本一致。消费型增值税允许将当期购入固定资产所支付的增值税款一次性扣除。从全社会看,生产型增值税的税基与国内生产总值(GDP)一致。

第二,从具体纳税人看,增值额通过纳税人的货物销售和劳务提供实现价值扣除外购价值的余额来认定。由于增值税类型选择的不同、征税范围及课税方法的不同,各国对扣除项目的范围不同,会使增值额的认定也不同。实际征收过程不是采用先计算增值额再计算税款的方法,而是采用销项税减去进项税的方法。

第三,从货物流转过程看,有形货物经历的生产和流通各环节所实现的增值额之和,相当于该货物的最终销售价值。而无形货物和劳务的价值实现在货物和劳务的提供中一次性完成,其增值可能体现在有形货物的价值中,也可能体现在最终消费的效用中。没有承继关系的劳务价值本身也是最终价值,可以有效地避免重复征税。

2. 纳税人

纳税人是承担或负责缴纳税收的单位和个人。纳税人的范围通常与一个国家确定的该税种的征税范围直接相关。出于税收征管便利和效率的考虑,通常将纳税人进行分类管理,税法可以根据经营规模和财务核算水平将纳税人分为登记纳税人(一般纳税人)和非登记纳税人。登记纳税人按照常规方法准确核算应纳增值税额,销售收入按适用税率计算销项税额,购进货物和劳务所支付的进项税额允许抵扣。非登记纳税人不作进销项核算,按简易办法征收增值税。

3. 税率

要充分体现增值税的优势、体现中性特征,提高征管效率,理想的增值税模式要求税率设置尽量采用单一税率。而从公平原则和缓解增值税的累退性角度考虑,又应当设置优惠税率,或者对基本生活消费品给予免税。为了消除各国税制差异对进出口的影响,避免进出口货物重复征税,对出口货物实行零税率。

4. 抵扣机制

通行的增值税计算方法并不直接计算增值额这一增值税的税基,而是采用税款抵扣机制,也就是销项税减去进项税的方法,计算出的余额就是纳税人最终应付的净税额。对于进项税可以凭借增值税发票注明的税款予以抵扣,有效地抵消了一部分在某一阶段上要付的增值税,使得税收抵扣机制成为增值税制的重要内容。

纳税人应纳的增值税额,是从销项税额(其在一个报告期内提供的货物和劳务作为计税依据乘以适用税率计算出一个数额)中抵扣进项税额(在购进或者进口用于生产经营的货物和劳务中已纳的增值税额)计算出来的。对于某一报告期内销项税额小于进项税额的情况,各国一般规定应当结转下期继续抵扣,一定期限内仍有抵扣余额或者累积较多时可以退税,也有的国家采取立即退税的办法。

抵扣通常是有限制的,只有与应税产出物有关的投入物所缴纳的增值税才可以抵扣。如果将已税的货物和劳务用于免征增值税的交易,则不得进行抵扣。除此之外,各国还在税法中列举了与有关交易相关的货物、劳务及进口品征收的增值税不予抵扣的情况。当纳税人同时从事应税活动和无抵扣权的免税活动或者不得抵扣税款的其他活动,则应当对税收抵扣额进行分摊与调整。

实施税收抵扣时,必须符合规定的要求,按照法律规定的程序办理。在增值税抵扣中,发票至关重要。因为发票开出的时间一般就是纳税义务发生的时间,发票所包含的内容通常被用来确定纳税人就其供应所应负的增值税义务,并用以确定他是否有权扣除就其购买所支付的税金。因此,发票必须符合税法所规定的内容。

(四)增值税的特点

增值税在税制要素设计方面充分显示出其他流转税所不具有的特

点和优势。

1. 增值课税,税不重征

增值税在生产和销售过程的各环节分阶段征收,但在中间每一环节,仅就流转额中的增值部分征税,最终实现仅对在最终消费环节全额征税,有效地避免了重复征税的问题。

2. 普遍征收,环环相扣

为使征税引起的厂商和消费者行为扭曲和效率损失最小化,理想的增值税制要求涵盖生产流通的所有行业和环节,课税对象可以涉及货物生产、批发、零售和各种服务业。其特殊的计税方法,使得在上一环节已经缴纳的税额可以在下一环节征税时扣除,使各个环节形成一个环环相扣的完整链条。

3. 税收中性

增值税对创造和实现增值额的各领域的一切货物与劳务普遍征收,且一般采用单一税率,即对所有货物和劳务一律平等课税。因此,增值税的课征对经济活动、对消费行为通常不发生影响。从生产经营者来看,无论生产经营什么,税负一样;从消费者来看,无论消费什么,税负也是一样。而且这种宽税基的增值税对现有收入未来的消费征税也是相同的。其结果是,在消费和储蓄之间的选择也是中性的。

4. 税负具有转嫁性

理想的增值税是对货物和劳务的最终消费支出征税。尽管从形式上看,税额并不是由消费者直接向征收机关缴纳,而是由纳税人在生产和销售过程中的各中间环节分阶段向征收机关缴纳。增值税本身并不构成各中间环节纳税人成本的组成部分,在其财务报表中也不表现为支出项目。这是因为,尽管每个纳税人都必须就其应税交易缴纳增值税,但实际上只是代政府征收税款,代消费者缴纳税款,纳税人在生产经营的每一环节所征的税款都全部包含在消费者所支付的价格中,纳税人已经缴纳的税款在每次销售时都将从消费者那里得到补偿,最终消费者才是增值税的最终负担者、实际负担者。增值税所具有的这种明显的转嫁性,也表明增值税属于一种典型的间接税。增值税在税负归属上所具有的心理优势,使其被认为是纳税人痛苦指数最小的税种之一。消费者以价税合计支付消费款时,自觉不自觉承受了相应的税收负担,承受多少有时也取决于货物和劳务的供求弹性。

对于增值税的以上特点,从税制演变的角度可以看出,增值税是在原营业税或者产品税的基础上,为了避免多阶段阶梯式课征的重复征税弊端改革而成的,计税方法与营业税有共同之处,只不过采取了抵扣的方式,税负归属的转嫁性表明其属于典型的间接税、流转税。从税率设计来看,一般采用比例税率,如果增值税在生产和销售的所有环节征收,其结果与最终消费者在购买货物或劳务时按照最终售价和适用税率征收的单一阶段的销售税是相同的。因此,有些政府当局认为增值税实际上是一种零售税,只是为了便于征管,才分散在生产、经营过程的各个环节。因此,增值税仍是一种以货物生产或者劳务买卖的增值额为计税依据的新型的货物劳务税。

(五)增值税的组织收入功能与缺陷

1. 组织收入功能

增值税具有较强的组织收入功能。增值税因其税源的充裕性、普遍性和征收的及时性等特点,具备了较强的组织收入功能:增值税的普遍征收使增值税的税源充裕、税基较宽,保证了财政收入的充裕性;增值税采用多环节征收、随货物和劳务的流转而课征的模式,保证了财政收入的及时性;以增值额为课税依据,较少受到企业经营费用和盈亏状况的影响,比所得税收入更具有稳定性;从宏观上看,增值税以国内生产净值为税基,税收收入规模随着国民经济的增长变化而变化,具有较好的收入弹性;增值税的税额抵扣机制形成了供需纳税人之间的双向制约机制,理论上可以有效避免税收流失,保证了财政收入的可靠性。同时,能够有效地控制减免税。增值税免税的基本含义是:经销者销售货物时不交增值税,即免销项税,同时被免销项税的经销者在购买投入物时要缴税,但不能要求就所缴投入物的税款予以抵扣,即进项税不能抵扣,因此,在规范的增值税下,如果实行减免税,则销售者只能开具普通发票,而无权抵扣生产免税产品耗用购进货物所含进项税金。对于购买者而言,购买免税货物因无抵扣凭证,则销售时不仅要负担本环节的应负担的税金,而且还应承担以前各个环节应负担的税金,这将使税金支出大为增加。如果购买者不是消费者,而且该免税货物供求弹性较大的话,则购买者通常不会购买免税货物,销售者通常也不会愿意经销免税货物。免税尤其是中间环节的免税,在规范的增值税中具有极大的特殊性,对于购销双方均无好处。因此,有的国家和地区在其增值税法中明确规定允许选择放弃增值税减免税权。增值税免税所具有的这种特殊性,使得减免税不再成为增值税制的必要内容,从制度上制约了减免税,在一定程度上保证了国家财政收入。

增值税在经济调节方面具有提高资源配置效率的功能。增值税的中性原则有利于减少对纳税人经济行为的影响,提高资源配置效率。增值课税避免了重复征税,税负不受货物流转环节多少和企业组织形式的影响,有利于促进企业专业化分工,不会影响企业生产方式的选择;税率结构通常单一,不会因为税率水平差异引起货物相对价格的变化而影响消费行为。

增值税具有促进公平竞争、实现经济公平的功能。增值额课税更能体现纳税人的负担能力,实现量能负担、纵向公平。普遍征收且不重复征收有利于实现征税范围内的纳税人公平竞争,体现横向公平。零税率制度使出口货物实现不含税出口,促进了不同税收制度国家之间进出口贸易的公平竞争,通过征收进口环节增值税也实现了进口货物与国产货物之间的公平竞争。

2. 税制缺陷

一是收入的隐蔽性使增值税很容易成为收入机器。由于增值税作为价外税在货物流转中具有层层转嫁的可能性,很难确定增值税的真正负担者,使得增值税成了"没有痛觉的收入来源"①。在一些国家,增值税成了政府财政扩张的税收工具,"要避免政府规模的膨胀,像增值税这样的印钞机就不能被用做削减财政赤字的工具"②。

二是累退性。由于理想的增值税通常采用标准的单一比例税率。由于增值税以消费为税基,而高收入群体的消费支出比例相对低收入者要低,从这一角度看,低收入者增值税负担要高于高收入者,增值税税种本身就具有了悖于公平的累退性。因此,一些国家为了克服这一缺陷,在税制设计时采取了一些修正措施。如:在标准税率之外增设一档优惠税率;对少数生活必需品实行免税或者零税率;允许低收入家庭的消费所支付的增值税在计算工薪所得时予以抵免;对低收入家庭生活消费支出定向免税或者通过转移支付给予补助。

三是具有价格效应。增值税的征收增加了直接面向消费者的应税货物

---

① 严才明:《增值税的效率分析》中国财政经济出版社,2008年2月第1版,第67页。
② 同上。

和劳务的成本,因为消费者要价税合付。如果货币政策支持这一成本的增加,增值税额就要反映在应税货物和劳务的价格上,例如对80%的最终消费品征收增值税,且有相应的货币供给,则10%的增值税率会引起消费成本增长8%,从而将导致消费品物价指数的上升。① 因此,增值税征收可能引起物价上涨,当然与货币政策有关,如果没有货币政策的配合,则会反向影响工资或就业水平。增值税引起物价上涨是一次性的,虽然也可能会引发通货膨胀,却不会提高通胀率。在一定条件下,增值税的征收会引起新一轮的物价波动并刺激通货膨胀。增值税引起的消费物价指数的提高会引起劳动者生活成本的提高而触发加薪欲望,可能会启动工资—物价交替波动。当然这种效应是否会发生及发生的程度取决于货币政策。

二、增值税的类型

从理论上讲,增值税是对增值额(劳动者新创造的价值 V + M)进行征税,但从各国增值税实践的情况来看,增值税的征税对象并非纯理论上的增值额,而是由各国税法规定的法定增值额。在实践中,由于各国对增值额的理解不同,或者由于经济政策、财政承受能力、税收征管水平等因素,法定增值额与理论上的增值额不一致。增值税税基的选择存在较大差异,主要体现在对外购生产资料,尤其是固定资产税额的扣除范围和扣除方式上。正是由于各国对厂房、机器、设备等固定资产所含税金存在不同的处理方法,据此,可以将增值税划分为三种类型,即生产型增值税、收入型增值税和消费型增值税。

所谓生产型增值税,是指在计算增值额时,产品销售收入中只允许扣除购买的原材料等劳动对象的消耗部分,不允许扣除购进固定资产的价款或其折旧,计税依据相当于工资、利息、租金、利润和折旧额之和,从整个社会形态看,形成的增值额大体相当于国内生产总值额(GDP)。由于相当于以国内生产总值为计税依据,故称为生产型增值税。生产型增值税在征收时,不允许扣除固定资产价值中所含的税款。

所谓收入型增值税,是指在计算增值额时,销售收入中既要扣除劳动对象的消耗部分,又要扣除固定资产投资价值的折旧部分,金额相当于纳税人

---

① 同上,第39页。

的工资、利息、租金和利润之和。从整个社会来看,按照西方早期经济学家的生产三要素理论,上述计算内容与纳税人分配给各个生产要素的收入总额相同,即作为计税依据的增值额相当于国民收入,故称为收入型增值税。收入型增值税对资本性支出所含税款的扣除,只允许扣除当期其折旧部分所含的税款。

所谓消费型增值税,是指在计算增值额时,销售收入中既要扣除劳动对象消耗部分,还要扣除本期购进的全部固定资产(外购资本品)的金额,即将当期企业购进的中间产品和资本品都排除在税基之外,即仅限于对个人和家庭消费性支出征税,其税基等同于同期个人消费开支的总额。从整个社会来看,作为计税依据的增值额相当于国民收入中的消费资料价值部分。由于相当于以国民收中的消费资料价值为计税依据,故称为消费型增值税。消费型增值税允许将购置的所有投入物,包括长期性投入物在内的已纳税款一次性地予以全部扣除。

出现三种增值税类型的原因,在于对固定资产投资(资本品)处理方式的不同。由于生产型增值税扣除范围中不包括购进固定资产的投资,其确定的增值额大于理论上的增值额,税基最大。生产型增值税在一定程度上存在重复征税弊端,并且会人为地提高新投资的成本,影响纳税人投资的积极性;但对资本有机构成低和劳动密集型的行业或企业有利。有少数经济不发达的国家选择了生产型增值税。消费型增值税的扣除范围中包括了当期购进的全部固定资产投资,增值额小于理论上的增值额,税基最小。消费型增值税可以彻底消除流转税重复征税带来的弊端,可以将对投资的不利影响减少到最低程度,有利于鼓励投资,加速设备更新,推动技术进步。收入型增值税的扣除范围包括购进固定资产投资在当期的折旧费用,其确定的增值额等同于理论上的增值额。从理论上讲,应当属于一种标准的增值税,但由于固定资产价值的损耗与转移是分期进行的,而其价值转移中不能获得任何凭证。因此,选择这种类型很难采用规范的发票扣税法。世界上实行增值税的国家大都选择消费型增值税。

三、国际上增值税开征的基本情况

(一)增值税在法国的实践

在实行增值税以前,法国开征的流转税为营业税,这是一种多环节对货物或者流转额课征的间接税,其排斥生产的社会化分工、促使企业向全能型方向发展的固有弊端,严重阻碍了法国经济的恢复与发展。为了解决这一问题,法国政府于1936年实行一次征收制的"生产税",即在生产的最后一个环节课征营业税,生产过程中加工原材料等都不再征税,只对最后产品征税。该税仅对成品进行一次征收,使得同一产品,无论如何生产,只要产成品售价相等,则单位产品的税收含量相同。生产税的征收虽然解决了同一产品因生产经营环节不同而税负悬殊的问题,但却带来了新的弊端:不仅造成区分中间产品和产成品的困难,而且,仅对成品征税,使得生产中间产品的企业有税负能力而不负税,从而形成企业之间新的不公平,影响了国家财政收入及时、均衡入库。"生产税"(营业税)的实践使人们认识到原营业税的弊端不在于多环节征税,而在于多环节全额征税。

1948年,法国政府把一次课征的"生产税"改为分环节征收、道道扣税的"产品税",并保持原生产税的税率,对每一工业企业,无论生产的是制成品、原材料,还是半成品,均按销售收入全额乘以规定的税率求出整体税金,再把以前环节所缴纳的税款从中予以扣除,但扣除范围不包括投资性支出所支付的税款。这样,既消除了重复征税的弊端,又保留了原营业税制在每个生产经营阶段都征税的优点。尽管这次改革尚未将购入的固定资产已缴纳的税款纳入扣除范围,但此时的产品税已基本上具有了增值税的性质,可以看作是增值税的雏形。

1954年,法国对改革后的产品税制进行了进一步完善,将扣税范围扩大到购入的固定资产(投资性支出)已纳的税款。对应税生产经营所用的一切投入物全部实行抵扣原则,并在整个生产制造阶段和批发环节广泛实施,同时将产品税改称增值税。这标志着增值税在法国的正式确立和在世界上的正式诞生。

当时法国征收增值税是很慎重的,一是适用范围仅限于工业生产和商业批发环节,对零售商则不征收增值税;二是对工业商业性产品征收增值税,而对农产品、银行、保险以及自由职业者不征收增值税;三是对企业购买物料所支付的税款,如果大于应缴纳的税款时,只能抵扣下期税款,一般不向纳税人退税。从1954年至1966年之间,增值税虽然已经基本形成,但仍有不足之处:不是对所有货物实行;不能及时补偿制造商或者其他人所付出的税款。

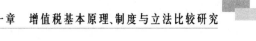

1966 年至 1968 年,法国政府又进一步将增值税的征收范围扩展到货物零售环节,使得整个货物生产和销售都覆盖于增值税制之内。同时,决定农民可以自愿选择是否缴纳增值税。1971 年,法国税务当局决定对企业多交的税款实行退税的政策。1978 年,进一步将增值税的征收范围扩大到与经济生产直接有关的设计师、建筑师、工程师等自由职业者,最后形成了现行的增值税模式。

需要说明的是,欧盟的一些相关规定对法国的增值税制度产生了重要影响。欧盟成员国为了在欧盟内部建立一个统一的市场,这些国家的代表于 1967 年签署了若干个有关增值税的法案,要求各成员国据此修订各自国内相关的法律规定。这些关于征税范围、计税基础、税款缴纳、适用条件的各个法案是相互衔接的,同时,要求各成员国在税率、免税和税款抵扣等规定上协调一致。

(二)增值税在欧盟的实施

在欧洲,特别是欧共体内部,各国多阶段累积课税的营业税,直接与欧共体实行经济一体化的要求相矛盾。为了早日建成一个货畅其流的统一大市场,欧共体经过多年的研究论证,增值税被认为是促进税收中性、均衡税负、促进生产力发展、提高工业化程度的最佳途径,并决定采用法国的模式以建立共同的销售税制度。欧共体和欧盟国家增值税改革可以划分为准备阶段和四个实施阶段。

1. 准备阶段(1954 年 1 月 1 日—1967 年 4 月 11 日)

法国 1954 年和 1955 年的增值税改革经验被欧共体重视,1960 年欧共体财政和金融委员会受其委托提出增值税历史上最重要的研究报告:Neumark 报告。Neumark 报告建议欧共体理事会:实施增值税,并废除成员国之间的税收边界。Neumark 报告当时明确提出政策妥协意见:将零售环节纳入增值税将面临难以克服的管理困难,建议理事会将其从增值税体系中排除,即为保证增值税实施,可以考虑实施增值税类型的税收。

2. 第一阶段(1967 年 4 月 11 日—1979 年 1 月 1 日)

欧共体理事会发出 67/227/EEC 指令,要求所有成员国都采用共同的增值税税制。为减轻实施增值税对财政预算、经济和社会(包括政治、文化、社会习惯等)产生的重大影响,欧共体理事会采用了两条增值税改革保障措施,即妥协和延期。

第一,欧共体理事会对实施增值税采取的政策妥协。欧共体成立的主要目的是建立类似国内市场竞争环境的统一市场,实现扩大社会分工范围,提高经济效率和增强整体综合竞争力。全体成员国统一实施增值税,保证货物和劳务的自由流通不受到重复征税,取消成员国间贸易进口税和出口免税。欧共体理事会经过反复争论,最后决定选择政策妥协,即增值税只推广到批发环节,对零售环节或零售环节的前一环节另行实施独立的补充性税收。此外,欧共体理事会在资本性货物增值税税收待遇方面也采用妥协政策,允许成员国有权选择适合本国实际的生产型、收入型和消费型三种类型增值税中的任何一种。

第二,欧共体国家的实施延期。欧共体理事会规定成员国实施增值税的最后时间是 1970 年 1 月 1 日,其间有长达 32 个月的实施准备期,并规定了部分成员国的延期时间。即便如此,当时 6 个成员国中意大利还是分三次申请了实施增值税的延期。

3. 第二阶段(1977 年 5 月 17 日—1991 年 12 月 16 日)

这期间欧共体理事会作出的 77/388/EEC 指令(第 6 号指令),制定了现代增值税的总体框架,是国际增值税历史上具有革命性作用的指令。77/388/EEC 指令中妥协政策条款依然存在。规定成员国出于周期性的经济原因,可以全部或者部分将全部或部分的资本性货物或其他货物排除在增值税的抵扣系统之外。77/388/EEC 指令依然存在延期实施。允许部分国家宽限 12 个月实施 77/388/EEC 指令。希腊是 1981 年加入欧共体,按照加入欧共体时的承诺,希腊应当在 1984 年 1 月 1 日实施增值税。但是希腊政府在 1983 年 7 月 19 日和 1985 年 10 月 16 日两次以技术和经济原因为由申请延期。希腊政府两次违背国家诺言,选择延期实施增值税改革,造成了国家信用的巨大损失。

4. 第三阶段(1991 年 12 月 16 日—1999 年 3 月 25 日)

这一阶段,提出了增值税税收管辖权的国际优化和协调问题。在增值税的目的地原则下,欧共体各国需要在边境实施出口环节增值税退税和进口环节增值税的征收。这种财政边境增值税调整导致政府在增值税征收和退税所付出的成本、纳税人依从税法成本以及涉及税款的占压成本不能成为有效财政可用财力,形成资金空转,对于政府和纳税人都是社会效率的损失。废除欧共体国家间财政边界的理论形成并开始成熟。欧共体理事会

91/680/EEC 指令要求废除财政边界。但是增值税征税原则的改变引起两个问题:一是避免成员国彼此税收分配不均,必须在来源地原则下搭配清算制度;二是如何调和欧共体会员国之间增值税税率存在的明显分歧。因此,欧共体理事会仍然采用了政策妥协和过渡期政策。欧共体理事会 91/680/EEC 指令规定从 1993 年 1 月 1 日开始实行 4 年过渡期制度,实施目的地与来源地并行的混合制。

5. 第四阶段(1999 年 3 月 25 日至今)

欧盟成员国增值税实施标准税率的协调。1999/49/EC 指令指出欧盟成员国实施统一的增值税标准税率是保证财政边境增值税调整达到预期目的的关键。欧盟理事会对统一标准税率的政策妥协和政策出台的延期:欧盟理事会在制定增值税税率改革措施时考虑到欧盟成员国增值税税率协调的困难程度,直接采用延期出台增值税改革政策的策略,避免了多数成员国可能存在的多次申请实施延期的难堪。至今欧盟理事会对于统一增值税税率仍旧保持继续延期的策略。

1967 年 4 月欧共体颁布的关于成员国协调流转税立法的第 1 号和第 2 号指令规定所有共同体成员国须于 1972 年 1 月 1 日前采用该共同税制,后经批准,比利时和意大利适当做了推迟。最终于 1973 年在意大利实行增值税后,欧共体最初成员国全部完成了向增值税的过渡。其后加入欧共体的国家也按要求先后实行了增值税。这些国家实行增值税的时间分别是:爱尔兰,1972 年;英国,1973 年;葡萄牙,1986 年;西班牙,1986 年;希腊,1987 年。

(三)增值税在世界范围内的开征情况

在欧共体内部逐步全面开征增值税的同时,欧洲其他国家也先后引进了增值税,以后又逐步扩展到非洲、拉美、亚洲等地的一些国家,增值税在国际上得到广泛采用。截至 2007 年,目前开征增值税或者类似性质税种[1]的国家和地区有 150 多个[2]。

---

[1] 名称和叫法不一样,有的称货物和劳务税,如加拿大、澳大利亚、新西兰等;有的称消费税,如日本;有的仍称销售税,但允许进项抵扣,等等。

[2] 参见国家税务总局税收科学研究所研究报告,2009 年第 1 期,《借鉴国际经验,进一步优化中国中长期税制结构》,第 20 页。

截至 2007 年已经实行增值税的国家(地区)一览表

> 阿尔巴尼亚、阿尔及利亚、安提瓜和巴布达、阿根廷、亚美尼亚、澳大利亚、奥地利、阿塞拜疆、孟加拉国、巴巴多斯、白俄罗斯、比利时、伯利兹、玻利维亚、波黑、博茨瓦纳、巴西、保加利亚、布基纳法索、柬埔寨、喀麦隆、加拿大、泽西岛、中非、乍得、智利、中国、哥伦比亚、刚果(布)、库克群岛、哥斯达黎加、科特迪瓦、克罗地亚、塞浦路斯、捷克、丹麦、多米尼克、多米尼加共和国、厄瓜多尔、萨尔瓦多、赤道几内亚、爱沙尼亚、埃塞俄比亚、法罗群岛、斐济、芬兰、法国、法属波利尼西亚、加蓬、格鲁吉亚、德国、加纳、希腊、危地马拉、几内亚、圭亚那、海地、匈牙利、冰岛、印度、印尼、伊朗、爱尔兰、曼岛、以色列、意大利、牙买加、日本、约旦、哈萨克斯坦、肯尼亚、韩国、吉尔吉斯斯坦、拉脱维亚、黎巴嫩、莱索托、列支敦士登、立陶宛、卢森堡、马其顿、马达加斯加、马德拉岛、马拉维、马里、马耳他、毛里塔尼亚、毛里求斯、墨西哥、摩尔多瓦、摩纳哥、黑山、蒙古、摩洛哥、莫桑比克、纳米比亚、尼泊尔、荷兰、新西兰、尼加拉瓜、尼日利亚、挪威、巴基斯坦、巴勒斯坦、巴拿马、巴布亚新几内亚、巴拉圭、秘鲁、菲律宾、波兰、葡萄牙、罗马尼亚、俄罗斯、卢旺达、圣文森特和格林纳丁斯、萨摩亚、塞内加尔、塞尔维亚、塞舌尔、新加坡、斯洛伐克、斯洛文尼亚、南非、西班牙、斯里兰卡、苏丹、苏里南、瑞典、瑞士、塔希提岛、中国台湾、塔吉克斯坦、坦桑尼亚、泰国、多哥、汤加、特立尼达和多巴哥、突尼斯、土耳其、土库曼斯坦、乌干达、乌克兰、英国、乌拉圭、乌兹别克斯坦、瓦努阿图、委内瑞拉、越南、赞比亚、津巴布韦。

(四)小结

增值税自 1954 年在法国首度开征以来,至今已有 50 多年的历史,就一个税种来讲并不算长,但从其发展速度来看,则非常迅速,至今已经有大约 150 多个国家采用了这一税收形式。这充分说明了法国增值税的典型意义。对于法国和世界来讲,开征增值税具有以下重要影响和意义。

第一,增值税有利于协调产业结构,保证财政收入的稳定增长,促进经济发展。法国开征增值税时,正是法国国内经济"起飞"的前夕,从 20 世纪 50 年代末起,法国经济进入持续快速发展的时期,在这一阶段,法国基本上实现了现代化。虽然进入 20 世纪 70 年代以后,法国经济也陷入了"滞涨"的局面,但其国内生产总值的增长速度一直居于西方国家的前几位。尤其值得一提的是,二战后法国经济经过 50 多年的发展,产业结构发生了重大的变化,结构日趋合理,这与增值税所发挥的作用是密不可分的。增值税能够避免重复征税和税负不公的问题,有利于专业化协作生产的发展;增值税能够适应各种生产组织结构的变化,实现税负的均衡,有利于保证财政收入的稳定。

第二,增值税有利于促进对外贸易活动的发展。对于一个开放的国家来说,对外贸易是促进经济发展不可忽视的因素。二战结束后,法国的对外贸易发展很快,在国际贸易中的比重大大提高,国际贸易额位于西方国家的前列。其中增值税以其不存在重复征税,出口退税,对减轻出口的税收负担、扩大法国产品出口,提高其产品在国际市场上的竞争力发挥了重要作用。

第三,法国增值税的开征及其优越性促进了世界范围内的税制改革。增值税有效地解决了重复征税问题,而且作为间接税以其税负可以转嫁的特点减少了征收的阻力,使得增值税为大多数国家所采用。这些国家结合自己的国情,制定了不同类型的增值税制度。从某种意义上讲,法国增值税的创立推动了世界范围各个国家的税制改革。这也构成了各国开征增值税的基本动因。当然,具体到各个国家,由于国情的不同,增值税的开征和改革,又呈现出具体路径的差异和具体制度设计的特点。

四、增值税在几个典型国家开征及改革的情况

(一)新西兰开征增值税的情况

新西兰在上世纪80年代进行税制改革,以增值税代替了税率档次繁多的营业税。在新西兰,增值税被称作货物与劳务税。从1986年开始,在全国范围内开征了货物与劳务税。由于增值税的税负可以转嫁,其最终负税人仍然是消费者个人。因此,大范围地引进增值税,扩大增值税征收范围需要相应降低直接税尤其是个人所得税的税率,使纳税人的税负不致过重。当时,新西兰同时调低了个人所得税最高边际税率,从原来的66%降到30%,还降低了公司税税率。

新西兰实行的货物和劳务税被称为现代增值税类型的代表。根据《货物与劳务税法》规定,在新西兰境内的税务登记者发生的销售货物、提供劳务以及进口货物的行为,都属于增值税的征税范围。不仅对提供产品征税,而且对提供劳务,包括政府机关也征税,这是当今世界实行增值税范围最广的一个国家。如新西兰国家税务局,为政府收税而取得的业务经费,作为业务收入和销项税金,扣除进项税金就要按规定交纳增值税。新西兰对增值税实行一档税率,统一为12.5%,计算比较方便,没有减免。除对年营业额在3万新元以下的小企业不征税外,其余一律征收。据介绍,在新西兰,年营业额在3万新元以下的企业极少,所以实际上是都征收的。增值税按月申报,当月销项税金大于进项税金就缴税,反之,就按月申请退税。发票管理比较简单,除规定发票必须有税号和品名、单价、数量、金额外,印多少、印几

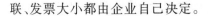
联、发票大小都由企业自己决定。

（二）新加坡开征增值税的情况

增值税在新加坡被称为货物和劳务税。它是一种税基宽广的消费税，对于在新加坡进行的供应货物和劳务的行为以及向新加坡进口货物的行为征税。国际上一般认为，新加坡税基广泛的货物和劳务税，属于"现代增值税制度"。

新加坡在 1994 年 4 月 1 日引入增值税，它是新加坡税制改革的一个重要组成部分。它宣告了长期财政政策的根本性改革，即从以对所得征收的直接税这个重点转向对消费所征收的间接税。在这个过程中，新加坡降低了其公司所得税和个人所得税的税率以鼓励新投资，鼓励新加坡的经营者和企业到海外进行投资并在当地发展新的市场。

1994 年引入货物和劳务税时，标准税率是 3%，在 2007 年 7 月 1 日提高到 7%，这是提高政府财政收入、用以弥补政府在基础设施建设以及社会安全方面赤字的重要措施。将来还将进一步降低所得税，税收将继续朝向间接税的方向发展。1994 年引进货物和劳务税以及随后提高货物和劳务税的税率都有一些类似的配套措施。

（三）澳大利亚增值税的开征情况

2000 年 7 月 1 日，酝酿、讨论达三年之久，并几经波折的增值税终于在澳大利亚开征了，称为货物和劳务税。这是澳大利亚自上世纪 30 年代以来所进行的最大的一次税制改革，也使澳大利亚成为经合组织（OECD）29 名成员国中倒数第二个开征增值税的国家，目前仅有美国未开征增值税。

澳大利亚改革之前的税收制度是上世纪 30 年代制定的，已经明显落后于时代，亟须彻底改革。如所得税对高收入者征收重税，挫伤了公民的劳动生产积极性；被货物和劳务税所取代的销售税不仅多税率，而且税负重达32%，并只对货物、不对劳务征，显得不公平；另一个被取代的金融保险机构税更被澳大利亚学者兰·丁尼松冠以"臭名昭著"之恶名，税制比较繁琐，不利于经济的发展。随着人类迈入二十一世纪，以高科技信息、生物产业为主的经济发展模式取代了传统的经济发展模式，再加上全球经济的一体化，使得各国间的经济竞争越来越激烈。没有一个顺应市场经济发展的良好的经济体制，也包括税收体制，是难以在未来世界经济发展格局中抢占一席之地的。因此，正是在看到了现行税制弊端，并着眼于未来经济发展的考虑，时任澳大利亚霍华德政府才不得不作出改革税制的决定,并通过税改以简化税制,重新设计澳大利亚公司管理体制的核心,以吸引更多投资,使澳大利亚成为环太平洋区域的金融中心。货物和劳务税的开征实现了澳大利亚时任总理约翰·霍华德的竞选承诺。1999 年 10 月,以自由党领袖、澳大利亚总理霍华德为首的执政联盟在大选中击败对手,再次授权组阁,成为两届连任政府。但大选的结果对执政联盟并不十分有利,他们只以微弱优势得胜。而得胜的关键在于向国会提交了以开征货物和劳务税为主要内容的一揽子实质性的税改方案,从而赢得了下议院大多数议员的支持。因此,为了兑现竞选时的承诺,以霍华德为首的政府经过不懈的努力,终于开征了货物和劳务税。

澳大利亚货物和劳务税的开征也经过多次协商、谈判与讨价还价,执政联盟最终与民主党就税改方案达成妥协。新税改方案包括免除了基本食品的货物和劳务税,免征部分必需药品与医疗劳务、学校课本和大部分慈善活动的增值税,增加退休金,取消原方案中降低高收入者个人所得税的计划。这样这次税改在几经周折之后才在参议院表决中获得通过,这使得联邦政府酝酿多日的税制改革终于成为现实。

当然为了保证货物和劳务税改革的顺利进行,同时进行了相关的税制改革。主要包括:2000 年 7 月 1 日以后,个人所得税率从原来的 20%—47%(按高低不等)分别下降 1 至 4 个百分点。同时,个人所得税的免征额由 5000 澳元上升至 7500 澳元。公司税和资本利得税由 39% 降低至 30%。取消金融保险机构税、销售税、印花税等 6 种税。开征酒类平衡税和豪华汽车税。豪华汽车税是指价值超过 60000 澳元的豪华汽车,将就其超出部分缴纳一种税率为 25% 的零售税。

（四）印度实行增值税的情况

印度是一个联邦制国家,各邦拥有较大自主权力。长期以来,各邦税收自治,联邦政府难以统一进行协调。为了改革间接税制度,1972 年成立间接税调查委员会,实施简化间接税的改革尝试。在邦和地方,税收改革委员会呼吁进行税制简化和合理化改革的主要动机是为不断增长的公共消费和投资需求筹集更多的财政资金。委员会极力推荐采用增值税概念,提出了"有限度增值税",即制造环节的增值税或者增值税类型的税收。印度政府在 1985 年公布的"长期财政政策"中就包括了引进有限度增值税的提议,紧接着在 1986 年 3 月 1 日实施了"有限度的增值税"方案。最初,有限度增值税只选中了中央消费税税目表第 37 章中的货物。即有限增值税只是被有限制地适用于极少数的制造业货物,而且从联邦消费税向有限增值税的转化渐进式地持续了数年。印度的增值税改革首先是从个别邦生产领域的个别行业开始。改革成功后,向多数邦和生产领域的多数行业推广,其覆盖范围逐步缓缓地扩展到了除烟草和其他几项货物外的所有制造部门,以后又推广到批发环节,但是始终没有延伸到零售环节。1994 年 3 月 1 日,有限度增值税又扩展到了资本性货物。

2001 年 4 月,印度政府提出要取消销售税,在全国范围实行增值税。财政部长辛哈坚持认为:中央政府应当努力在全国范围内实行统一的增值税制度,不能仅仅在各邦分别实行,否则就失去实施增值税的意义;增值税属于中央税,但可以对各邦进行转移支付。印度在全国实施增值税的主要阻力是立法障碍。按照印度的政治体制,涉及各邦的税收政策必须经过各邦立法通过后才能生效,但是截至 2003 年 4 月仅有 12 个邦通过了相应立法,并且所通过的增值税立法具体方案与中央政府提出的建议存在许多重大分歧。由于增值税对各邦利益和某些具体行业利益造成重大伤害,实施增值税的提议已经导致印度各利益集团冲突尖锐化。反对者不仅在议会对支持者给予政治打击,同时不断举行全国规模的示威或罢工游行。印度政府颁布的增值税最后实施期限分别是 2002 年 4 月 1 日、2003 年 4 月 1 日和 2003 年 6 月 1 日,但是由于种种原因被迫连续推迟了三次。

2005 年 1 月,各邦财政长官委员会达成共识,并发布了《邦级增值税白皮书》宣布在 54 个邦全面实施增值税,从 2005 年 4 月 1 日起首批 21 个邦开始实行增值税。

联邦政府在各邦推广增值税有两个目的,一是统一和规范,为全面实行增值税奠定基础;二是可以加强管理,提高联邦所得税的收入。为了推行增值税,联邦政府承诺对收入减少的邦提供 3 年的补助,第一年补助减少额的 100%,第二年补助减少额的 75%,第三年补助减少额的 50%。一年内建立信息交换系统的网络。实行增值税以后,取消已有的销售税、销售税附加、附加费和特别附加税,同时,也将取消中央销售税(CST)。有关实施增值税的具体细节,将由各邦的增值税法具体规定。

印度从 2005 年 4 月 1 日开始实行有区别的联邦增值税和邦增值税。印度中央政府被迫在增值税法律条款中,切实考虑增值税反对者特别是地方政府的利益诉求,降低增值税税率。印度增值税的实施付出了妥协的代价。尽管如此,印度 28 个邦中的 21 个第一批实行增值税制度,由反对党执政的 7 个邦没有实行增值税制度,他们担心新税制会使地方税收受损,同时也不愿意放弃自己手中的征税权。

在印度,增值税是指联邦增值税、劳务税和州增值税三个税种。劳务税和联邦增值税,由联邦立法开征并具体征收。它们是环环抵扣的增值税,对于货物或者劳务的流转额征税,购进时所缴纳的进项税额予以抵扣。由于两个税种都由联邦征收,劳务与货物的进项税额可以相互抵扣,即当提供劳务时,为该劳务购进货物或劳务的进项税额都可以抵扣,反之亦然。州增值税,由各州对州内销售货物的行为征收,也是环环抵扣的增值税。货物的销售者可以抵扣其在购进货物时在该州缴纳的增值税进项税。对于向其他州缴纳的增值税不允许扣除。

劳务税于 1994 年引进,根据 1994 年的《财政法》征收和管理。最初只限于三种劳务(保险、股票经纪和电信)需要缴纳劳务税。随着时间的推移,征税的范围不断扩大。目前,已经有一百多种劳务需要缴纳劳务税。尽管当前应税劳务的范围非常广泛,涉及各种各样的劳务,仍然有很多劳务是不征税的,例如法律劳务、医疗劳务以及宾馆提供的劳务。

联邦销售税是对跨州销售货物所征收的单环节销售税。联邦销售税由联邦立法开征,由销售发生地的各州征收。该税收没有抵扣机制,并且是最终税负,不能用于抵扣任何其他税收。议会已经提议每年降低税率 1%,目前税率已经从 4% 降低到 2%,在 2010 年将取消该税。

各州有权对州内货物的销售征收增值税。在早期,所有的州都遵循对于销售的单一环节征税的制度,没有抵扣机制,往往在第一次销售(批发)环节征税。2003 年以来,各州逐渐从单环节征税转变为具有环环抵扣机制的增值税。增值税制度带来了较少的逃税、较高的税收遵从度以及各州较高的税收收入。州增值税由货物销售所在州征收和使用,即销售时该货物所在的州。目前,州增值税大约占各州税收收入的 60%。

为了克服现行增值税制度的缺陷,印度政府提出了在 2010 年统一增值税制的改革方案,该方案将目前割裂的三种增值税制合并,征收一个统一适用于所有货物和劳务,覆盖生产、加工、销售所有环节的货物劳务税(GST)。

该税制被初步设计为符合目前世界上现代增值税制的模型,税基宽泛、税率简化、尽量少的免税项目。同时,该税制仍然具有印度的特色,即是"双元"的货物劳务税:联邦和州将对同一税基按某个税率分别征收各自的税收,例如联邦对所有的货物和劳务征10%的税,州对同样的税基征收5%的税,相互之间可以相互抵扣,但是两套税务机构分别课征,各自入库。据印度州财长委员会主席、西孟加拉邦财政部长阿希姆·达斯古普塔先生的介绍,这是印度联邦制度的产物,各州不可能放弃自身的税收主权,而独立的税率决定权、税收征管权,是维护州税收主权的底线。他认为,各州能够在统一税基问题上达成一致,已经是联邦制度的奇迹了。

目前,增值税制的改革是政府和社会各界共同关注的一个热门话题,也被认为是印度近年来较大规模的一次税制改革。但是,该项改革仍然面临很多的困难:一是宪法的障碍,由于宪法明确划分了联邦和州在间接税方面的税收权限,一旦改革,就需要修改宪法,由于宪法修订程序严格,未来改革具有不确定性;二是联邦和各州之间的利益博弈平衡点不容易找到,现在各州基本上达成一致,但是在设定税率时,联邦和各州必然要进行大量博弈。

(五)俄罗斯实行增值税的情况

上个世纪80年代后期,前苏联试图引进增值税,根据当时欧盟的模式,起草了增值税法草案。世界银行也向前苏联提供了引进新税制的建议。但是,由于缺乏关于增值税详细的技术性理解,最终导致增值税引进失败。俄罗斯从1991年开始实施总统销售税。该税作为一种流转税,其税基是销售额,税率是5%,适用了与增值税相类似的抵扣制度。

1991年,俄罗斯联邦推行税制改革,重新研究开征增值税。增值税法草案从起草到议会通过,只用了不到一年的时间,增值税法从1992年开始实施。这种快速的引进新税种的程序导致联邦税务机关和纳税人在执行增值税法中产生了很多的困难和矛盾。例如,税法对增值税的一些基本概念,如"进项税额"、"销项税额"和增值税的抵扣程序、纳税申报的义务等都缺乏明确的规定和恰当的解释,导致一些混淆性认识始终存在。在一定时期内,增值税和总统销售税共同存在。而且,随着增值税的引进,总统销售税取消了抵扣机制,该税的税基成为包含增值税的应税销售额。

2000年,俄罗斯联邦议会批准了《联邦税法典》的第二部分(实体部分),其第一节(总第八节)的第一章(总第二十一章)为增值税法。但是,如同 1991 年引进增值税一样,2000 年重新制定税法未能对增值税的基本概念和运作方式进行充分的理解和阐释,无论技术条件,还是执行程序都不够明确清晰。因此,2000 年增值税法的制定实施对俄罗斯增值税并未进行根本性的变革。

2004 年,总统销售税被取消。随后,增值税法不断被修改,目的是使该法律能够更容易为企业所接受。但是,这种零敲碎打式的改革路径,并没能对税制实现根本性的改变。在 2008 年的总统选举中,增值税争议颇大,原总统普京宣称他将考虑取消增值税,用销售税(Sales Tax)来代替增值税。但自从新总统当选以来,这一问题尚未被公开讨论。另外,经济部长提出建议降低增值税税率,将 18% 的标准税率降至 12% 或者 13%,以提高纳税人的税收遵从度,对此,财政部长表示反对。经过多方讨论,议会和政府达成一致意见,在 2010 年之前,不改变增值税的现状。同时,为了应对全球金融危机,减轻企业的增值税负担,俄罗斯延长了增值税的纳税申报期,将按月申报纳税改为按季申报纳税,并采取措施加快增值税退税进度,以减缓企业资金压力。

(六)阿拉伯联合酋长国拟开征增值税的情况

海湾合作理事会国家高度重视国际货币基金组织提出的引进增值税的建议。因为增值税会为海湾合作理事会国家提供一个持续、稳定的财政收入,这些国家正在试图将其经济和财政收入来源多样化。目前,海湾合作理事会国家尚没有任何形式的间接税。增值税的引进将成为代替现存的关税的新的间接税。现行的关税税率是 5%,随着阿拉伯联合酋长国正在中东、亚洲、美洲和欧洲与其主要的贸易伙伴缔结一系列自由贸易协定,这一税种的收入将逐渐萎缩。

从 2006 年起,阿拉伯联合酋长国就开始从事增值税的研究与发展。通常认为,阿拉伯联合酋长国发展和执行增值税将会成为其他海湾合作理事会国家的领航员,阿拉伯联合酋长国的增值税将会成为一个模本。到目前为止,阿拉伯联合酋长国所研究引进的是基于 OECD 的标准以及国际货币基金组织所推荐的"传统上最好的"增值税制度。这一增值税制度将采取来自欧洲增值税制度以及其他国家最近发展的增值税制度中最好的实践特征。阿拉伯联合酋长国的联邦主管机关正在审议增值税立法草案及其执行法规。

（七）美国没有实行增值税制度的原因①

据国家税务总局科研所有关研究人员 2008 年对 220 个国家和地区的统计，开征增值税及其类型税收的国家有 153 个，增值税和销售税均未开征的有 33 个，开征销售税而不开征增值税的有 34 个②，其中包括美国。美国稳坐世界经济强国的头把交椅，又是近年来国际税制改革的主流，但喜好改革的美国人，对于增值税却一直举棋不定，犹豫不决。

1. 美国为引入增值税所做的努力

尽管美国至今没有引入增值税的制度，但美国人对增值税一直有着浓厚的兴趣。早在 1918 年，美国哈佛大学的教授亚当斯与德国人几乎同时提出了增值税的主张，并向美国政府建议以此取代当时盛行的周转税。1953 年，美国密歇根州为了应付连年的赤字，开征了增值税。采用生产型和税基扣除法。原定一旦财政收入好转便停征。但因受到普遍欢迎，于 1967 年才废止。上世纪 70 年代末国会议员厄尔曼在第 5665 号众院议案，即"1979 年税法改革案"（未成功）中提出用增值税代替部分工薪税（520 亿美元）、个人所得税（500 亿美元）、公司所得税（280 亿美元），他的建议受到了人们的注意。1983 年，查里斯·高尔文在讨论增加国防开支预算问题时提出向美国公众开征增值税的一条途径是说服他们相信对所有的采购活动开征 10% 的增值税可以筹集国防资金，实现预算平衡。这实际上是为了增加财政收入而开征增值税的建议。1984 年理查德·林霍尔姆提出用 15% 税率的增值税和 2% 税率的净值税（net worth tax）来代替公司所得税和个人所得税及遗产税。增值税是组织收入的主要税种，净值税起到公平税负的作用。这一建议实际上是强调增值税中性和收入弹性大的特点。1985 年参议员罗思提出开征经营交易税（business transfer tax），即对营业额超过 1000 万美元的经销者对其增值部分（主要是工资和利润）征增值税。这种增值税在货物出口时还给予退税。美国在 1986 年税改之后沉寂了一段时间，上世纪 90 年代美国人又对增值税产生了兴趣。1993 年美国国会收到了关于实行增值税的报

---

① 参见张玉晔：《税务》2003 年第 12 期。

② 阿富汗、安哥拉、阿鲁巴、不丹、布隆迪、科摩罗、刚果（金）、古巴、朝鲜、吉布提、东帝汶、埃及、厄立特里亚、冈比亚、格林纳达、法属瓜地洛普和马提尼克岛、关岛、洪都拉斯、老挝、马来西亚、马绍尔群岛、密克罗尼西亚、缅甸、荷属安的列斯群岛、北马里亚纳群岛、圣多美和普林西比、塞拉利昂、所罗门群岛、索马里、斯威士兰、叙利亚、美国、美属维尔京群岛。

告;1995 年 1 月两名议员提议引入增值税;1995 年 5 月吉尔伯特·巴梅特卡夫再一次提出开征增值税的设想;1996 年 1 月在布鲁金斯学会的会议上,佛罗里达州的民主党人、众议员吉宾斯提出以增值税取代公司所得税和个人所得税的主张。他的增值税设想实际上是欧洲模式。

2. 美国没有征收增值税的原因分析

第一,增值税本身具有缺陷,现实中的增值税不等于理想的增值税。上世纪 70 年代时任卡特政府认为:增值税会引起物价和工资的上涨,会加重通货膨胀①。增值税具有累退的性质②。在美国,公平是税制改革的首要考虑目标,具有累退的性质有违公平目标的增值税很难被采纳。增值税的税务成本高。增值税的税务成本包括征税成本和纳税成本,据美国财政部 1984 年的估计假如审计比率为 2.2%,实行一项简单的增值税需要增加 20694 名税务人员,当整个税制完全运转起来征税成本预算总额将达到 7 亿美元。像其他税种一样,增值税的纳税成本高于征税成本③。国内外的资料都表明,增值税显然不像人们认为的那样是一种简单的税种,它的税务成本很高。增值税税负易于转嫁,税收归宿不确定。纳税人可以通过调整价格,把税负向前或向后转推。增值税实行的抵扣办法,虽有相互稽核的作用,但同时也产生了逃税避税的动机。增值税发票的管理也是一项复杂的工作。现实中的增值税毕竟还不是理想的增值税。

第二,所得税是美国的主体税种,增值税的税收收入相对不会很大。美国政府自 1909 年开始征收公司所得税,1913 年开始征收个人所得税以来,所得税在政府的收入中占了举足轻重的地位。1996 年美国政府的收入共计 23290 亿美元。其中个人所得税 7710 亿美元,所占比重为 33.1%;公司所得税 2320 亿美元,所占比重为 10.0%。尤其是在联邦政府,个人所得税和公司所得税的收入合计为 8240 亿美元,占联邦政府收入的比重为 53.6%。如

---

① 不过今天的税务学家认为卡特时期主要是混淆了价格的一时上涨和持续上涨的区别,增值税和通货膨胀之间没有必然联系,各国引进增值税的实践也证明了这一点。

② 增值税为了满足中性要求,在税率上力求采用有限或单一的比例税率,这样便形成了增值税的累退的性质:收入越高的阶层,实际承担的税负占总收入的比重则越低;收入越低的阶层,实际承担的税负占总收入的比重则越高。

③ 国会预算办公室估计:用欧洲型增值税征收 1500 亿美元税收的话,征税成本在 50 亿美元—80 亿美元之间,或者说是税收收入的 3.33%—5.33% 之间。在英国,增值税的税务成本与税收收入的比率只比个人所得税低一点,个人所得税是 4.9%,增值税是 4.7%。在瑞典,实施增值税比所得税更昂贵,增值税的税务成本占税收收入的 3.1%,而所得税只有 2.7%。

果在美国征收税率为 5% 的增值税,在第一年可以得到将近 1000 亿美元的税收收入;在 5 年里总共可以得到 6000 亿美元以上的税收收入。但是与美国联邦政府的税收收入进行简单的比较可知,即使每年有 1000 多亿美元的税收收入,也不过是联邦政府 1992 年个人所得税收入的四分之一(个人所得税税收收入 4765 亿美元),与公司所得税基本持平(公司所得税税收收入 1003 亿美元),是联邦政府税收收入的十分之一左右(联邦政府 1992 年税收收入为 10918 亿美元)。所以,美国国内有些人认为增值税增加的收入太少,因此不肯支持它。

第三,现行的零售销售税,不利于增值税的开征。零售销售税(属于州税)是美国现行消费税的主体税种,它是从 19 世纪初期营业税的基础上演变而来的。目前,美国有 45 个州和哥伦比亚特区征收零售销售税,并有扩大使用的迹象。零售销售税具有以下特点:(1)很少或完全没有叠加,对于消费品而言因其按最终价格征税,批发和零售加成不会因税收而上升;(2)简便易行,税收归宿明确,仅在零售环节征收,重复征税现象不明显;(3)税务成本相对较低,零售销售税的总体平均纳税成本占税收收入的 3.2%,如果把这些估计值相加,税务成本占税收收入的 3.6%—4.2%,而英国 1995 年增值税税务成本占税收收入的 4.7%;(4)目前的零售销售的税率大多在 3%—7% 之间,如果要开征税率至少两倍于此的增值税,对于税务部门来说,征管的困难将大增。

第四,联邦税制的特点是没有开征增值税的政治原因。美国是一个联邦制国家①,这种政治上的特色反映在税收制度上就是美国的税收分为联邦政府、州政府和地方政府三个级别。目前,联邦政府的主要收入来源依次为:个人所得税、社会保险税、公司所得税、国内产品税、遗产与赠与税和关税。州政府的主要收入来源依次为:零售销售税、个人所得税、公司所得税、国内产品税、财产税等。这样已经形成既定的利益格局。如果要开征增值税,如何协调联邦和州两者之间的关系是一个现实的难题。如果由联邦政府开征增值税,州政府征收零售销售税。这种方式主要缺点是纳税人的纳税成本会剧增。纳税人将面临两种完全不同的税制,为此要进行两种纳税

---

① 美国宪法第一章第八条授予联邦政府建立并征集税收的法律权力。美国宪法第十修正案规定:凡是宪法授予联邦政府之外,或未明确禁止州政府行使的权力,都应属于各州政府和人民。这一条款的隐含意义是各州政府也有征集税收的权力。

登记,造成重复纳税,必然会遭到纳税人的反对。如果联邦政府征收增值税,取消州政府的零售销售税,这种方式是州政府难以容忍的。因为这样一来,州政府的经济权力将大大缩减,既得利益受到极大损害,所以在政治上很难通过。那么,较好的选择就是联邦政府和州政府都开征增值税。联邦和州同时征收增值税,其他联邦制国家也有先例。这里的问题主要是两级政府之间的税收分成如何确立。在德国,联邦和州大致以7∶3的比例分成,增值税由各州以共同的税率和共同的税基征收,它的实际操作控制在各州手中。德国与美国的不同之处在于德国没有开征零售销售税,所以,如果美国要在联邦和州同时开征增值税,困难将比德国更大。

此外,其他国家(尤其是发达国家)在开征增值税的实践中暴露出来的问题,也加大了美国的顾虑。比如开征增值税的过渡期间,期初存货的税款抵扣问题很难处理。又如增值税如何对金融机构征税的难题:增值税的税基只适用于实际流量(真实交易),而不包括金融业务。在美国,实际交易与金融交易常常是同时发生的。比如汽车交易商销售一辆豪华轿车,除了售价,还有分期付款。如果对金融交易不征税,将使金融服务的消费者面临比标准税率低的实际税率,由此扭曲了其对金融服务的选择。再如对不动产、农业是否征税,如果征税,政治上、管理上是否行得通等等问题,都制约了美国决定推行增值税。

(八)小结

半个世纪以来,增值税经历了探索、发展到完善的过程。通过对以上所选择的后起开征增值税的典型国家具体开征增值税路径的描述,我们可以发现:

第一,虽然各国都在开征增值税,但在具体制度的设计方面并不完全相同,存在着一些差别,形成了不同的类型。国际增值税专家通常将其划分为三种类型:(1)不完整型增值税。它具有初期增值税多选择性的特征,或者征税范围不到位,或者类型特殊,或者税率结构复杂,或者特殊规定过多。因此,属于一种尚处于改革进程中的增值税。一些国家,特别是一些大国,在实行增值税时通常选择这一类型。如印度和我国。(2)欧盟传统型增值税。该类型增值税是在法国原增值税基础上发展而成的。这类增值税通过欧盟发布指令,确立共同运行规则,使增值税能在欧盟各国之间共同运行。但由于各国原有税制基础不同,又保留了许多特定的临时性条款,从而增加了增值税制的复杂性。国际增值税专家认为它是政治协调下的产物,从科学性来说,不能算作好的类型。(3)现代型增值税。该类型增值税是由新西兰于1986年10月起开始实行的。国际增值税专家认为,它坚持了欧洲增值税的基本原则,却避免了欧洲增值税制的复杂性,使增值税由不定型转为定型的增值税。这种类型的增值税,自1986年以来已被亚洲、北美、南美、非洲和南太平洋的许多国家所采用。但选择此种类型增值税的国家通常是一些领土面积较小、经济结构相对简单、税制比较单一的国家。如新西兰、新加坡等。

现代型增值税具有以下特点:(1)它按照增值税属于对国内消费的货物和劳务普遍征收的税种特征,除极其特殊的行业(如金融保险)以免税方式不征收增值税而另征其他税外,最大限度地把所有货物和劳务纳入增值税的征税范围,是征税范围最完整的增值税。它与消费税配合形成最佳货物劳务征税制度结构。(2)它按增值税属于最终消费者负担的消费行为税的性质,对货物、劳务按单一税率征收增值税,从而大大减少了因税率划分给增值税带来的复杂性。(3)它按照国际公认的目的地征税原则,对出口产品由出口国按零税率全部退还该产品已缴纳的税款。避免了国际间的重复征税,以利于货物、劳务在全球范围的正常运行。(4)它按照增值税既征税又扣税这一特殊税收机制的要求,以税收法律规定的方式保护国家依法征税权和纳税人的抵扣权不受侵犯。除税法明文规定的免税项目外,不得任意减免增值税或任意中止或降低抵扣标准,从而保证了增值税征扣税机制运行的科学性和严密性。(5)它合理地确立了增值税纳税人的注册标准。标准以上的均纳入增值税纳税人范围,统一按增值税办法纳税;不达标准的低收入者(除自愿申请,并经批准成为增值税纳税人的极少数小企业外)均实行增值税免征办法,以有利于通过税收手段对低收入者实施必要的扶持政策。正因为这一类型具有以上特点,国际增值税专家认为,它是当今增值税的最佳模式,具有税制简化、机制严密、对经济扭曲程度最低、征纳成本最低、易于管理等诸多优点。

第二,从开征的过程来看,都是在各国经济发展对税制改革提出需求的情况下进行的。但由于国情不同、政治制度不同、原来的税制不同等因素,开征的过程或者改革的过程存在着巨大的差异。如新西兰、新加坡的税制改革相对容易,制度设计相对规范。而印度在实行增值税的过程中,充满了艰辛,联邦和邦之间的利益协调,使得增值税改革的进展异常缓慢,其中充满了政治上的妥协和时间上的拖延。澳大利亚在推行增值税改革的过程中,还充满了政党间的妥协等。这就使得各国开征增值税的具体路径各不相同。因此,各国在选择和开征增值税的过程中,必须要从本国的国情出发,选择合适的路径,才能取得成功。

第三,通过对世界大国[①]增值税类型选择的研究[②],可以发现在认识和采纳消费型增值税的过程中,面对国内维持现状的力量以及对政治和经济的强大影响,增值税改革的决策是异常痛苦的过程。其改革进程也充斥着政策妥协与延期实施。

仅就对固定资产是否征收增值税的选择过程而言,在欧共体成员国中,不同的国家均采取了不同的过渡性和临时性措施,几乎都经过了6—10年的过渡期,才完全过渡到消费型增值税。在过渡期内,实行的是"半生产型"增值税,即将固定资产按法定低税率进行抵扣,而不是按标准税率完全抵扣。比利时采用672/28/EEC指令第17款,允许对部分资本性货物排除在抵扣体系之外的规定,1971年至1980年间对投资货物允许部分抵扣,1980年以后才允许全部抵扣,其不准抵扣比例见附表[③]:

附表:比利时固定资产不准抵扣税率表

年 份	1971	1972	1973	1974	1975	1976	1977	1978	1979	1980	1981以后
不准抵扣比例	10%	7%	5%	5%	5%	5%	5%	5%	5%	5%	0%

可以看出,比利时1971年不准抵扣的比例为10%,1972年降到7%,之后全部降到了5%,换句话说,比利时是采取逐步增加可以抵扣比例的方式,用了10年时间逐步消化了固定资产增值税抵扣对财政造成的压力或风险。

瑞典采用相同的部分抵扣政策,而且规定投资货物的购置价值中属于国家补贴部分或可以利用的投资基金部分不允许抵扣,瑞典还规定下列资产不允许抵扣:经济寿命少于三年的资产、已使用过的固定资产、发动机驱

---

① 国土面积大的国家如印度、美国、俄罗斯、巴西和巴基斯坦等国,欧盟作为一个整体看待。

② 杨震:世界大国增值税类型选择的规律。见《涉外税务》2005年第2期,13—18页。

③ 1972年的标准税率为18%。资料来源:参见杨桂珍:《我国增值税转型问题研究》,江苏大学同等学力申请硕士论文,2005年。

动车辆和拖车、飞机、船舶、单节机动有轨车和集装箱、装饰物品等。瑞典通过规定和列举的方法对资产进行剔除列举。

荷兰在过渡期采用征收特别投资税的方法,其实也等同于资本性货物部分抵扣政策。意大利在实施增值税时,采用列举法对资本性货物规定是部分抵扣还是不允许抵扣,另外还规定了大量过渡措施,如规定权责发生制和收入实现制的适用范围,增值税适用的行业等。

第四,增值税征税范围也呈现出逐步扩大的趋势。如从制造业或者部分行业或者产品开始,逐步扩大到销售业、全部行业或者全部产品,再扩大到资本品以及服务业等,形成较规范的增值税制度。各国在进行增值税制度改革时,通常根据自己的国情,选择合适的路径,实现了增值税制度的逐步完善。

五、增值税在我国的开征及改革进程

到目前,增值税在我国大致经历了试点、确立和转型改革三个主要阶段。

(一)增值税试点阶段

在 1980 年前后,我国开始在柳州、长沙、襄樊、上海等城市,选择重复征税矛盾最为突出的机器、机械和农业机具两个行业进行增值税试点。1982年,财政部制定了《增值税暂行办法》,决定对上述两个行业的产品以及电风扇、缝纫机、自行车三项产品在全国范围内试行增值税。1984 年,工商税制全面改革,国务院正式颁布了《增值税条例(草案)》,增值税正式成为我国税制体系中的一个独立税种,与产品税、营业税并列作为流转三税之一。征税范围也扩大到 12 类产品,即 12 个税目。在计税方法上,分甲乙两类产品分别试行"扣税法[①]"和"扣额法[②]";扣除金额或者扣税数额计算可以按当期购入数算,也可以按实际耗用数算,增值税的征收可以由主管税务机关分别采取定期定率、分期核算、年终结算的方法进行。

1987 年,财政部进一步扩大增值税试行范围,将一部分轻工产品、建筑、

[①] 扣税法在按产品销售收入和适用税率计算应纳税额后,允许扣除规定扣除项目内生产应税产品外购部分的应纳税额。

[②] 扣额法将产品销售收入在扣除规定扣除项目内为生产应税产品而外购的金额后再依率计算应纳税额。

有色金属和非金属矿产品征收增值税;税目扩大到 30 个,并将"扣税法"和"扣额法"统一为扣税法,扣除税额按扣除项目金额和扣除税率计算;扣除项目包括为生产应税产品所耗用的外购原材料、低值易耗品、燃料、动力、包装物以及委托加工费用,扣除税率除列举外,统一按照 14% 的税率计算。并规定纳税人将自己生产的应税产品用于本企业连续生产应税产品的,不再重复纳税,委托加工收回产品受托方已经完税的,也准予扣除。从 1989 年开始,又在扣税法的基础上逐步统一实行了"价税分流购进扣税法",即规定企业在成本利润会计核算中不再包括增值税因素。

(二)增值税正式确立

1994 年 1 月《增值税暂行条例》开始施行,扩大了增值税的征税范围,凡在我国境内销售货物或提供加工、修理等劳务以及进出口货物都需征收增值税。即将增值税的征收范围扩大到整修货物加工销售范畴,并在生产、批发、零售和进口各个环节分别征收。增值税制本身也得到了进一步完善。一是仍然实行生产型增值税;二是税率简化,只设置了标准税率17%、优惠税率3%和出口产品零税率三档税率;三是延续了价税分离的计税方法,采用发票抵免法计算增值税;四是按照经营规模标准和财务核算能力,将纳税人分为一般纳税人和小规模纳税人,小规模纳税人依据 6% 和 4% 的征收率简易方法征收。

我国为何实行生产型增值税?我国 1994 年进行的增值税改革,主要是替代原流转税制下的产品税等多个税种。在替代过程中,由于增值税改革属于重大税制改革,对政治经济均产生较大影响,为保证改革的顺利实施,采取了基本维持原税负的税制改革原则,使纳税人在承受税制改革变迁成本的同时享受实施增值税带来的便利,避免由于税负增加导致税制改革失败。维持原税负就使增值税税基和税率的设计较多地维持原税制的某些既得利益。

实行生产型增值税更符合我国当时经济和财政状况。1994 年以前固定资产实际税收负担情况很难确定[①]。固定资产消费占我国经济的比重过大,

---

[①]　1992 年以前我国的流转税是依据流转环节进行征收的,任何货物在消费以前,经过的流转环节不同,税负是不同的;由于执行不同的税收政策和减免税大量存在,不同规模、不同区域、不同经济性质、不同时间、不同生产企业的相同货物的税收负担是不同的。即使对单个简单货物都无法确定其真实的税收负担,更不用说确定 1992 年 8080 亿元固定资产投资的税负情况。

1988 年至 1996 年固定资产投资占 GDP 的比重均值是 31.36%,如果选择实施消费型增值税,将税负全部压缩在剩余的 68.84% 的 GDP 中,其税负将大幅上扬。流转税占工商税收和财政收入的比重大。1988 年至 1992 年流转税占工商税收比重的均值是 84.13%,占财政收入的均值是 55.15%,工商税收 1988 年至 1992 年平均增收 189 亿元,财政赤字 1991 年、1992 年连续两年在 250 亿元左右。如果实行彻底的消费型增值税,财政收入可能出现大额减收,税制改革的风险很大。

针对当时过度膨胀的非理性投资,税收调控要发挥宏观限制作用。1992 年投资增长 44.4%、1993 年达到 61.8%,中央出于限制过度膨胀的非理性投资的考虑,对税制改革提出了配合宏观调控的要求。生产型增值税对投资过热的制衡作用就非常必要,如果实行纯粹的消费型增值税,在经济过热时期,反而会出现增值税收入下降的局面,不利于财政收入的稳定增长。因此,选择生产型增值税含有限制投资的因素。根据我国国情权衡利弊,生产型增值税显然更适合我国当时的具体情况。当时税务系统征管力量与消费型增值税对征管的要求不相适应。

同时,1978 年至 1994 年我国增值税通过"小步快走"的方式不断扩大增值税适用范围,增值税试点为我国实施增值税进行了有益的探索,积累了宝贵的经验,为实施生产型增值税奠定了初步基础。因此,1994 年的增值税制改革实行生产型增值税是适合我国当时情况的最优税制选择。生产型增值税在其开征初期,对保障国家财政收入、提高财政收入占 GDP 的比重和中央财政收入占国家财政收入的比重、抑制非理性投资膨胀起到了重要作用。

随着宏观经济环境和财政经济情况的变化,生产型增值税的弊端进一步显现,对于生产型增值税的弊端,可以从制度层面和经济层面进行分析。

就增值税法律制度而言,我国的生产型增值税法律制度存在以下主要缺陷和不足:一是没有解决重复征税问题。由于不予抵扣的固定资产所含的进项税额,只能进入成本,在销售时成为销售额的一部分计算销项税额,这样便存在重复征税;而且相关生产环节越多,重复征税的问题越严重。二是不利于征管。不允许抵扣固定资产所含进项税额使得相关的抵扣链条发生断裂;同时,需要对固定资产和非固定资产进行区分,必定会增加征、纳成本。三是征税范围较窄,与营业税平行征收。两税平行征收破坏了增值税

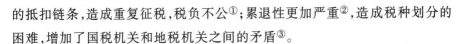

的抵扣链条,造成重复征税,税负不公①;累退性更加严重②,造成税种划分的困难,增加了国税机关和地税机关之间的矛盾③。

就对经济的影响而言,生产型增值税的弊端主要体现在:一是不利于降低投资税负,影响经济增长。生产型增值税17%的税率相当于消费型增值税23%税率的负担水平,对扩大投资带来不利影响。二是会抑制基础产业和资本、技术密集型产业的发展,不利于高新技术产业的发展,不利于促进产业结构调整和升级。三是不利于统一内外资企业之间增值税税负。我国现行税制对外商投资企业在投资总额内购买国产设备准予退还已缴纳的增值税,对部分进口设备实行免征进口环节增值税,实际上相当于给予了部分外资企业和进口设备消费型增值税的待遇,从而使内资企业和国内生产的设备处于不利的竞争地位。四是不利于提高国内产品的竞争力。生产型增值税一个明显的缺陷是对进口产品征税不足、对出口产品退税不足,导致我国产品在增值税税负成本上要高于多数实行消费型增值税国家的产品,这使得国内产品在国内国际两个市场的竞争力大大降低。

消费型增值税能够在不同程度上避免以上问题的出现。相对于生产型增值税,消费型增值税由于税基范围的减小,如允许对部分固定资产投资所缴纳增值税款进行抵扣等,有利于鼓励投资,特别是民间投资,尤其是有利于促进产业结构调整和技术升级,对经济的增长将起到重要的拉动作用。实行消费型增值税,有利于消除重复征税,公平内外资企业和国内外产品的税收负担,使得我国与国际流行的增值税制度更为接近,为我国企业参与国

---

① 税人外购:为了解决实践中出现的问题,有关规定做了相应的调整。《财政部、国家税务总局关于运输费用和废旧物资准予抵扣进项税额问题的通知》财税字1994年第12号,规定对增值税一般纳税人外购货物(固定资产除外)所支付的运输费用,根据运费结算单据(普通发票)所列运费金额依10%的扣除率计算进项税额准予扣除,但随同运费支付的装卸费、保险费等其他杂费不得计算扣除进项税额。这一权宜做法带来的问题是,普通发票进入了增值税专用发票的抵扣链条,从而诱发了其他的问题。

② 国际知名增值税专家艾伦泰特认为,家庭收入增加时如果对消费项目未征增值税,那将更累退。当国家只在制造环节引进增值税而不对电力、电话、专业劳务、金融服务、旅馆和餐馆征税时,通常就是这种情况。——艾伦泰特编、刘翠微著《增值税:管理与政策问题》中国财政出版社1995年版,第10页。我国目前对大量的劳务规定在增值税的征税范围之外,也应属于这一情况。

③ 主要集中在增值税法上的混合销售行为和兼营制度。虽然税法规定了一些判断标准,但操作性很差。在实践中,对一些行为,既可以征收增值税,又可以征收营业税,随意性大,破坏了税法的严肃性。营业税属于地方税,由地方税务局征收,增值税属于共享税,由国税局征收。划分不清,引发矛盾。

际竞争提供更为良好的平台,有利于提高我国企业及其产品的竞争力。实行消费型增值税将使非抵扣项目大为减少,征收和缴纳将变得相对简便易行,从而有助于减少偷逃税行为的发生,有利于降低税收管理成本,提高征收管理的效率。当然,实行消费型增值税在短期由于税基的减少,会对财政收入造成一定的影响。但从长远看,其促进经济增长的长期效应对我国的财政收入也是有利的。

（三）增值税由生产型向消费型转变

党的十六届三中全会明确提出适时实施增值税转型改革,"十一五"规划明确在"十一五"期间完成这一改革。这一改革经历了局部试点到全国推开两个阶段。

1. 转型改革试点阶段

2004 年 7 月 1 日起,首先在东北三省开展了增值税转型改革试点。2004 年 9 月,经国务院批准,财政部、国家税务总局联合下发了《东北地区扩大增值税抵扣范围若干问题的规定》,批准在东北三省开展增值税改革,采用增量抵扣①的办法。2005 年 12 月底,财政部、国家税务总局进一步下发通知,将原固定资产增值税的增量抵扣方式调整为可以在增量之外办理抵退税。至此,东北地区在维持 17% 增值税税率不变的情况下,实现了用消费型增值税替代生产型增值税的目的。拉开了全国增值税改革的序幕。

东北地区增值税转型试点改革的主要内容是:对东北地区从事装备制造业、石油加工业、冶金业、船舶制造业、汽车制造业、农产品加工业②为主的增值税一般纳税人,自 2004 年 7 月 1 日起实际发生的购进固定资产、用于自制固定资产发生的购进货物或应税劳务、通过融资租赁方式取得的固定资产以及为固定资产所支付的运输费用,其进项税额允许先抵欠税,再计算应抵税额予以抵扣。

增值税转型促进了东北地区企业对机器设备及设备更新改造的投资,加快了企业技术进步;增值税转型推动了东北地区投资规模的扩大,一定程度上促进了产业结构的完善;增值税转型对地方财政收入的影响有了初步的了解;东北地区税收征管部门在转型过程中采取的应对措施也为全面转

---

① 纳税人当年准予抵扣的进项税税额不得超过当年新增增值税税额,当年没有新增增值税税额或新增增值税税额不足抵扣的,未抵扣的进项税税额应留待下年抵扣。

② 后增加了两个行业构成了八大行业。

型提供了经验积累。单从东北地区的经验看,消费型增值税制度要优于生产型增值税制度。

当然,从东北地区增值税转型试点的情况看,试点政策还存在一定的局限性,试点方案在实践中暴露出了一些问题。主要是:

(1)增值税改革对行业范围和企业规模等作了较"严苛"的规定,在一定程度上影响了政策的实际效果。一是试点行业仅确定了装备制造业、石油化工业、冶金业等八大行业,且剔除了电解铝、焦炭和石油等企业;二是对试点企业生产规模进行了限制,把部分企业从试点行业范围内划出,直接造成了政策执行面较窄。根据国家的产业政策,如果适当扩大允许抵扣行业的范围,包括东北三省电力、煤炭等产量大、份额高的行业,将有利于这些行业在经济发展中扮演更重要的角色。

(2)"先抵后退"政策影响了企业投资改造的积极性。"先抵后退"是指纳税人有欠交增值税的,应先抵减欠税,然后才能享受退税的政策。由于东北三省历史上政策性因素影响,企业历史陈欠税较多。如果把历史上由于政策性因素形成的账面欠税用新政策来消化,企业投资改造的积极性就受到了较大的影响。

(3)"增量抵扣"存在很多弊端,抑制了政策效果。在实际操作中,大部分企业并没有从税改政策中得到实惠。辽宁省2004年全省26468户认定企业,有税收增量的为12394户,占总数的46.83%。由于辽宁省2004年税收收入的大规模超常规增长,垫高了2005年基数,使增量抵扣方式的弊端更加突出。增量抵扣方式使新建或大规模投资企业不能及时享受政策优惠的同时,财政负担累积的风险也逐年增加。

(4)实行"免抵退"办法的出口生产企业购进固定资产退税困难。根据现行税收政策规定,大部分出口产品适用增值税零税率。如果出口生产企业出口的产品比重较大或产品全部出口,则税收增量很小甚至无增量,因此,其固定资产进项税额无法退税或退税较少。

(5)具体操作办法加大了税务机关的工作量。对固定资产进项税额实行按季增量计算退税,年末集中在当年入库税金中退税的办法,导致一方面纳税人申报计算与税务机关审核的工作量较大,纳税人购进固定资产发生的进项税额不能及时退税。另一方面,固定资产进项税额年末集中在入库税金中清退,给税务机关组织收入工作带来不利影响。目前防伪税控系统认证系统采取的固定资产发票与非固定资产发票分别认证的办法,在实际执行过程中,由于税务机关工作人员根据专用发票的票面信息,无法区分发票类别,只能靠纳税人自行划分并分别进行认证,因此认证数据统计结果与实际掌握的固定资产进项税额数据出入较大,采集的固定资产进项税额数据在征管工作中不具有实际意义,不但未起到方便管理的作用,反而增加了纳税人和基层税务机关的工作量。

2007 年以来,又先后在中部六省 26 个城市以及内蒙古自治区和汶川地震受灾严重地区的部分行业先后进行了转型试点,为在全国范围推开转型改革积累了经验,并奠定了基础。但是这种在局部地区、部分行业中进行增值税转型改革试点的做法,并不符合增值税中性的本质,不宜长久执行。尤其在全球经济形势严峻的背景下,在全国范围内全面推行增值税转型改革的紧迫性更加突出。

2. 全面推开阶段

为了进一步消除重复征税因素,在全国范围内降低企业设备投资税收负担,鼓励企业技术进步和促进产业结构调整,尤其为应对目前国际金融危机对我国经济发展带来的不利影响,努力扩大需求,作为一项促进企业设备投资和扩大生产,保持我国经济平稳较快增长的重要举措,最终,国务院决定自 2009 年 1 月 1 日起,在全国推开增值税转型改革。

增值税转型改革方案的主要内容。自 2009 年 1 月 1 日起,在维持现行增值税税率不变的前提下,允许全国范围内(不分地区和行业)的所有增值税一般纳税人抵扣其新购进设备所含的进项税额,未抵扣完的进项税额结转下期继续抵扣。为预防出现税收漏洞,将与企业技术更新无关,且容易混为个人消费的应征消费税的小汽车、摩托车和游艇排除在上述设备范围之外。同时,作为转型改革的配套措施,将相应取消进口设备增值税免税政策和外商投资企业采购国产设备增值税退税政策,将小规模纳税人征收率统一调低至 3%,将矿产品增值税税率恢复到 17%。

回顾增值税制度在我国发展演变的历程,可以发现,我国对增值税制度已经进行了三次重大改革:第一次是在改革开放初期计划经济条件下进行的。改革的目的是通过试行增值税,运用国外增值税排除重复征税的经验,改造旧的工商税制,以充分发挥税收功能,激活国内经济,推动我国工业向专业化方向发展。这次改革,我国虽然运用了增值税这个名称,但是当时的增值税从实质上讲,只是一种消除了部分重复征税因素的改进型产品税。所以,当时法国增值税专家并不认为这是增值税。

第二次是在1992年我国经济体制向市场经济转轨目标确立后,经济结构尚处在计划经济与市场经济两种体制同时存在并交叉运行的条件下进行的。改革的目的是通过建立统一的增值税,促进我国市场经济的形成,并继续推动内外资经济持续高速发展。这次改革虽然在我国正式确立了增值税制度,但由于从我国经济体制转轨的实际情况出发采取了一些并不完全符合市场经济规范的特殊做法。因而,欧洲的增值税专家认为我国的增值税应归类于一种不完整型增值税。

第三次是增值税由生产型向消费型的转型改革。这是在我国改革开放进入新的历史阶段,需要进一步完善社会主义市场经济体制,需要适应经济全球化进程的情况下,进一步提高我国经济竞争力的情况下进行的。转型改革有利于发挥增值税制度本身的制度优势和经济功能,也有利于税收制度的国际协调。这次改革刚刚全面推开,需要在实践中不断完善。同时,也应当看到,我国的增值税转型改革仍然没有到位,固定资产的抵扣范围仍有待扩大。

同时,由于营业税的存在,使得我国增值税的征收范围仍然没有包括大量的服务行业,如何实现对货物和劳务统一征收增值税,仍然需要通过改革来完成。因此,我国的增值税制度改革的任务仍然很重。不论国外的增值税专家的看法如何,我国进行的增值税改革,已被历史证明,它适应了我国当时经济体制改革阶段性目标的实际需要,促进了经济体制转轨和经济的快速发展。改革取得了成功,达到了原来改革所预期的目的。这更需要我们在借鉴国际经验的同时,认真研究分析我国税制的实际,提出切实可行的推进增值税制度规范完善的方案,特别是在扩大增值税征收范围的问题上,如何处理好与营业税的关系,如何处理好改革过程中中央政府与地方政府在财权分配方面的关系等方面。因此,如何谋划好下一步的改革,攻克增值税扩围改革这道坎,对进一步完善增值税制度,促进我国经济结构的调整和优化,充分发挥其对经济社会发展的推动作用具有重要的意义。

六、国际上增值税立法的基本情况

基于税收法定原则,制定增值税法是国际上开征增值税的国家必然采

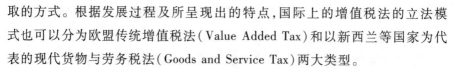

取的方式。根据发展过程及所呈现出的特点，国际上的增值税法的立法模式也可以分为欧盟传统增值税法（Value Added Tax）和以新西兰等国家为代表的现代货物与劳务税法（Goods and Service Tax）两大类型。

（一）欧盟及其成员国增值税立法情况

欧盟增值税立法主要体现为欧盟增值税指令和欧盟成员国依据指令制定的增值税法。欧盟增值税立法除了指令之外，相关规则也包含在议会规章中，欧盟委员会及欧洲法院对成员国是否遵守欧盟法律进行监督，如案例涉及欧盟法律的问题，各国的国家法院可以提出询问，最高法院有必要向欧洲法院寻求解释。欧盟增值税指令适用于所有成员国，成员国必须将之转换并应用于本国的国内立法，即成员国需要基于欧盟增值税指令来制定和颁布本国的增值税法规。当然，部分欧盟立法是有选择性的（如增值税归类），对于此类法律，当地立法者的自由权限更大。

1. 欧盟增值税立法——增值税指令

在多数欧盟国家，早在上世纪二三十年代就开始实行流转税，欧盟内部的税收协调开始于1960年，当时欧共体开始想要建立一个内部共同市场。1967年4月11日，欧洲理事会通过了增值税第一号和第二号指令，标志着现行欧洲增值税体系的诞生。这些指令的目标是希望欧共体成员国能够协调其国内的增值税立法，从而使不同欧共体成员国的国内增值税立法不会阻碍该地区的内部市场竞争。据此建立了一种统一适用的、多阶段征收但是并不产生税收累积的流转税，以代替成员国其他的流转税。但是，最早的增值税指令仅仅规定了增值税制度的基本结构或者框架，对于增值税的征税范围以及税率等全部留给各成员国自己去规定。

1970年，欧洲理事会决定原先由欧共体各成员国上缴的财政资金必须被欧共体自己的资金来源所取代，欧共体自己的资金来源应该根据"统一的评估标准"，按照一定的比例来筹集。为确保所有成员国缴纳公平的份额，评估标准的统一非常关键。为实现上述目标，欧洲理事会于1977年5月17日通过了第六号增值税指令（77/338/EEC），从而统一各成员国有关流转税的法律，即建立共同的增值税体系，统一征税范围的增值税制度开始建立。因此，通常认为从1977年起欧盟的增值税立法开始统一起来，但仍然允许各成员国对于标准的增值税规则制定例外性规定和减免税规定。而且，欧盟理事会并没有在成员国适用统一的增值税税率，导致增值税税率存在较大差异。当前,标准税率定在 15% 到 25% 之间,欧盟成员国可以适用一个或者两个低税率,最低税率为 5%。还有一些临时性的减免税制度存在。在不同的欧盟成员国中,增值税的征税范围仍存在一些差异。

1993 年欧盟实现了单一市场,成员国财政边界取消,成员国在边境进行的财政控制也被取消,各成员国无法对欧盟内部市场中所进行的货物流转征收增值税。为解决这一问题,需要对第六号指令进行改革,欧盟委员会建议从 1993 年的"目的地原则"制度(增值税是按照购买者所适用的有效增值税税率来征收)向"来源地原则"制度转化,也就是增值税应当按照供应者所适用的有效增值税税率来征收,又称为起运国征税原则,允许抵扣在国外产生的增值税,并统一增值税税率。对于向欧盟境外的供应行为,仍然适用目的地原则。由于各国税率的差异太大,这项建议没有被欧盟成员国所接受。因此,欧盟委员会决定,直到条件适宜为止,欧盟将采取过渡性的增值税制度,该制度将保持不同的财政制度,但是不保留边境控制。其目的是最终实现一个共同的增值税制度,增值税仅由货物的购买者缴纳,在整个欧盟成员国中实行来源地规则。该临时性制度适用于 1993 年至 1996 年,具体内容包括:在欧共体成员国内部进行的跨境 B2B 货物的购买和销售适用目的国原则,标准税率必须在 5%—25% 之间,低税率的最低标准为 5%,只要各成员国未对欧盟增值税最终达成共识,该临时制度将继续存在。

2006 年 11 月 28 日通过了指令(2006/112/EC),该增值税指令作为对 1977 年的第六个增值税指令所进行的若干修正的集合取代了原第六号指令,但主要是文字上的修改,内容无实质性变化,该指令将各种修正整合为一个立法。它规定了当前有效的欧盟增值税立法的明确观点。作为一项实践惯例,该指令包含了第六个增值税指令和新指令之间不同规定的过渡措施。

2007 年 1 月 1 日引入了对非欧盟企业提供电子劳务的特殊规定,从而为电子商务建立起一个更加公平的竞争环境。2010 年,关于劳务的提供地原则将发生重大变化。

欧盟增值税是一种对货物与劳务广泛课征的一般性消费税。几乎适用于所有在欧盟内部使用或者消费的货物与劳务的购买与销售。出口的货物或者向境外客户提供的劳务通常不征收增值税,对进口货物征收增值税。应纳的增值税依据货物与劳务销售价格的一定比例计算,纳税人可以从中

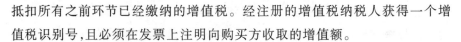

抵扣所有之前环节已经缴纳的增值税。经注册的增值税纳税人获得一个增值税识别号,且必须在发票上注明向购买方收取的增值额。

2. 欧盟成员国的增值税立法

欧盟各成员国根据各自的情况进行了相应的增值税立法。

比利时为了取代之前施行的销售和流转税,于1971年1月1日引进了增值税。其增值税规则规定在《税法典》(1969年制定)中,之后,增值税规则已经被多部法律所修改。最主要的变化发生在1977年12月以及1992年12月将单一市场的过渡性增值税制度规定在法律之中。最近的变化是从2007年4月1日,集团纳税安排被引进增值税制度中,该安排允许紧密结合的独立纳税主体选择作为一个集团来缴纳增值税。制定这一制度的目的是简化纳税人的纳税义务以及吸引更多的跨国集团到比利时投资和设立公司。而且,截至2007年5月18日,增值税法典规定无期限地延迟下列自然人应负的增值税债务:该自然人没有所得并且已经终止了其经济活动,并且没有其他的债权人。

英国于1973年4月1日将增值税制度作为加入欧洲经济共同体的一个部分而引入,英国的增值税制度比较完善。英国当时引入增值税是为了代替购买税[①]和选择雇佣税,标准税率是10%。英国还赢得了对于某些供应适用零税率的权利,同时,从1978年开始,英国政府有义务将适用零税率的货物和劳务向欧盟委员会进行报告,并且应当具有清晰的社会原因或者为了最终消费者的利益。1979年,英国增值税税率构成为:一个零税率;一个12.5%的税率,对奢侈项目征收;一个8%的低税率,对大部分货物和劳务征收。当保守派在当年掌权以后,首相杰弗里豪将这些税率都提高到15%的单一税率,以部分抵偿对于所得税税基和高税率大量削减所带来的冲击。到1991年,增值税税率提高到17.5%,目的是为"社团收费降低计划"提供财政支持,弥补地方政府从"选举税"中所遭受的损失。1993年,将增值税制度引入国内热能和燃料领域(1994年的税率是8%,1995年的税率是

---

① 在引进增值税之前,购买税是主要的间接税。购买税是1940年引进的,它对于范围广泛的货物的整个销售价格征收,但是不包括劳务、食物以及征收其他消费税的货物。在征收购买税的33年期间,有7种不同的税率同时存在,购买税制度的变革也特别快。购买税曾经由海关和消费税务署管理,在其发展历史中,以及最后被增值税所代替以后,税收和关税署基于其在管理以发票为基础的营业税的经验,对于新制度承担起管理的职责。

17.5%)。这一运动很不受欢迎,但是被增长的福利补贴所抵消。在英国 2001 年的预算中,低税率被降低到 5%。

(二)新西兰货物与劳务税法

新西兰的货物与劳务税法在 1987 年制定。根据该法规定,在新西兰境内的税务登记者发生的销售货物、提供劳务以及进口货物的行为,都属于增值税的征税范围。新西兰是当今世界实行增值税范围最广的一个国家,不仅对经济实体提供货物和劳务征税,而且对政府机关提供的货物和劳务也征税,如新西兰国家税务局,为政府收税而取得的业务经费,作为业务收入和销项税金,扣除进项税金就要按规定交纳增值税。新西兰对增值税实行一档税率,统一为 12.5%,计算比较方便,没有减免。除对年营业额在 3 万新元以下的小商人不征税外,其余一律征收。据介绍,在新西兰,年营业额在 3 万新元以下的商人极少,所以实际上都是征收的。增值税按月申报,当月销项税金大于进项税金就缴税,反之,就按月申请退税。发票管理比较简单,除规定发票必须有税号和品名、单价、数量、金额外,印多少、印几联、发票大小都由企业自己决定。

(三)澳大利亚货物与劳务税法

2000 年 7 月 1 日,酝酿、讨论达三年之久,并几经波折的澳大利亚货物与劳务税终于开征了。根据澳大利亚货物与劳务税法的规定,其主要内容包括:

1. 征税范围:增值税的征收范围涉及一亿多种货物和整个服务业。

2. 税率:(1)标准税率 10%;(2)零税率。适用于货物与劳务出口、食品、医疗保险劳务、教育、慈善活动、宗教活动、公共交通设施劳务以及 2000 年奥运会的各项劳务。

3. 免征范围:包括金融服务、住宅租金、私人出售财产、政府非商业性活动、政府收取的各项费用以及雇员的工资。

4. 征收管理:

(1)增值税由联邦政府负责征收管理。收入全部归各州政府所有,来替代每年联邦政府拨给州政府的款项。此举的目的是削弱州政府对税收的处理权或控制权,减少州政府之间为吸引企业到该州所进行的税收竞争。

(2)实行税务登记。对年销售应税货物及劳务超过 500 万元的纳税人

实行强制性登记,低于此数的纳税人实行选择登记,并发放企业税务编码。

(3)申报与缴纳。凡销售额超过2000万元的企业实行按月或按季申报,按月缴纳;不及2000万元的企业实行按季申报,按季缴纳。按季申报时间为10月、1月、4月、7月的21日。

澳大利亚在通过货物与劳务税法的同时,还明确了货物与劳务税开征的时间表。澳大利亚货物与劳务税开征的时间进度表大致为:

1. 1999年下半年:(1)实行税务登记,并对企业重新编组;(2)澳大利亚税务局开展货物与劳务税开征前普及宣传教育。

2. 2000年5月:完成货物与劳务税纳税人登记工作,并对每一登记的企业发给唯一的企业编码。

3. 2000年6月:(1)2000年6月30日前,企业应完成对存货详细盘点,并分类记录其数量、等级及销售税税额;(2)2000年6月30日前,在征纳双方的计算机程序中加入货物与劳务税的征收与管理程序。

4. 2000年7月:(1)以货物与劳务税取代销售税,企业存货已在2000年6月30日前缴纳的销售税可以抵扣;(2)降低个人所得税和公司税(包括资本利得税),提高个人所得税的免征额;(3)开征酒类平衡税和豪华汽车税;(4)澳大利亚税务局对货物与劳务税纳税人第一次寄发月申报表。

5. 2000年8月:(1)第一次收到按月申报的大企业的货物与劳务税报表;(2)年销售超过25万澳元的企业,一律按权责发生制计算应税销项;(3)申报表中要详列进项及销项税金。

6. 2000年10月:(1)第一次收到按季申报纳税人的货物与劳务税申报表;(2)废止金融保险机构税和印花税。

(四)台湾地区的增值税法

我国台湾地区的增值税法称为"加值型及非加值型营业税法"。2008年最新修订后的篇章结构为:总则、减免范围、税率、税额计算(一般税额计算、特征税额计算)、稽征(税籍登记、账簿凭证、申报缴纳、稽查)、罚则和附则。该法第一条将"纳税范围"规定为"在……境内销售货物或劳务及进口货物,均应依本法规定课征加值型或非加值型之营业税"。其所规定的加值型营业税及非加值型营业税,分别对应大陆所称的增值税与营业税,在形式上实现了两税合一。加值型之营业税依一般税额计算,包括销项税额和进项税额的计算;非加值型之营业税依特种税额计算,包括银行业、保险业、信托投资业、证券业、期货业、票券业及典当业等金融保险业的营业税、特种饮食的营业税、农产品批发市场承销人等的营业税等。由于两税在税额计算与税收征管上大相径庭，形式上规定于同一法，并不妨碍其区分不同行业、不同税目的制度设计。有学者认为，我国台湾地区的"加值型及非加值型营业税法"为大陆制定增值税法提供了很好的参照系：该法规定加值型营业税的税率，除另有规定外，最低不得少于5%，最高不得超过10%，其征收率由"行政院"确定：金融保险业等的税率为1%或3%，特种饮食业的税率为15%或25%，小规模营业人等的税率为1%，农产品批发交易税率为0.1%。

（五）典型的增值税法示范文本

目前，国际组织或研究机构作出的增值税主要示范文本包括：IMF大陆法系国家增值税法范本及其释义、美国律师协会增值税范本、OECD国际增值税（货物与劳务税）指南以及哈佛大学增值税法范本等。其中OECD国际增值税（货物与劳务税）指南明确了增值税法的框架和基本原则。

自20世纪90年代以来，OECD财政事务委员会通过其领导的与企业合作的工作，认识到国际消费税环境特别是双重征税以及无意识的双重不征税现象已经成为经济活动的障碍，特别是对劳务和无形资产贸易而言，阻碍了经济增长并且破坏了国际合作。因此，财政事务委员会开始着手制定关于对国际劳务和无形资产征收消费税选用的框架性原则，这些原则构成了《OECD增值税货物和劳务税指南》的第一部分。

《OECD增值税货物和劳务税指南》的主要框架如下：

第一章　基本原则

第二章　消费地原则的适用

第三章　对于特殊部门的劳务的征税

第四章　销售时间和归属规则

第五章　销售价格

第六章　遵从问题

第七章　双重征税的避免

指南确立了以下原则：第一，中性原则。税收应当尽量在各种商业类型之间保持中性和公平。经营者的决策应当由经济因素所决定，而不应当考虑税收因素。在类似环境中从事类似交易的纳税人应当承担类似的税收负担。

第二,效率原则。纳税人的遵从成本以及税务主管机关的行政管理成本应当尽可能减少。

第三,确定性和简化性原则。税收规则应当清晰和简单,便于纳税人理解,以至于纳税人可以预测一项交易的结果,包括何时缴税、在哪里缴税以及如何计算税款。

第四,效力和公平原则。税收应当在适当的时间产生适当的税款数额。在保持与所涉及的风险相适应的反避税措施时,潜在的税收逃避行为应当尽量减少。

第五,弹性原则。税收制度应当保持一定的弹性和动态性,以确保它们能够适应技术和商业发展的需要。

(六)增值税法的主要内容和框架结构

通过对各典型国家增值税法的考察和分析,可以看出,增值税法律应当包括的主要内容和框架结构通常是:

——总则(界定增值税、适用范围等)

——纳税义务人

——征税范围(应税交易和免税交易等)

——税率(标准税率、低税率和零税率及适用范围)

——应纳税额的计算(计算方法、抵扣权利范围及相关留抵税款的处理规则)

——纳税时间和地点

——征收管理的特殊规定(发票管理、反避税及征管方面的特殊事项)

——特殊规定(主要是对不动产、金融、农业等难以适用一般性规定的行业或者部门征收增值税的特别性规定)

——附则

七、我国增值税立法模式的选择

根据我国现行的增值税制度,综合各方面的研究认为,可以选择的增值税立法模式主要有两种:

一是在现有增值税暂行条例的基础上,制定一部符合现行增值税课税要素的增值税法,即通过法律确认增值税转型的税制改革成果,不涉及扩大征收范围的问题,以后进行扩围改革,可以通过修改法律的方式进行。

二是在充分借鉴增值税立法国际经验的基础上，根据我国增值税改革的方向，制定一部符合增值税基本原理、能够体现增值税制度优势、较为规范和理想的现代化的增值税制度。并以此引领未来增值税制改革的方向。即通过增值税法，明确增值税的征收范围涵盖货物和劳务，取消营业税制度，实行统一的增值税制度。

选择第二种模式，制定一部基于普遍性征税范围的现代货物与劳务税法，涵盖所有货物与劳务，取消营业税，不仅理论上是必要的，而且实践中是可行的，同时也是非常迫切的。拓宽增值税的征税范围，覆盖所有货物与劳务，可以使增值税的征税链条完整，有利于简化税制，更好地实现增值税的中性目标。将营业税的征收范围并入增值税，同时保留部分必须的特殊处理行业，细分纳税人和征税对象，设置不同税率、确定减免范围，并没有太大的技术难度，具备可操作性。而且，税务政策制定和征管部门的实践表明，随着现代经济的发展，经济的复杂程度不断提高，人为区分货物和劳务已经不可能。现行增值税和营业税并存的税制，重复征税问题非常严重，一方面营业税存在多环节重复征收；另一方面增值税和营业税彼此之间税负不能够相互抵扣，进一步加重重复征税。这种税制，已经严重阻碍了我国服务业的发展，更不利于我国产业结构的优化和产业竞争力的提升。并且，造成增值税和营业税征管中存在很多的漏洞和争议，大大增加了征纳双方的税收成本，损害了税制的效率。

在借鉴国外增值税立法经验的基础上，我们认为，我国的增值税立法应当采用第二种立法模式。其具体结构应当是：

第一章：总论，从总体上对该草案进行总括；第二章：纳税人，明确了增值税纳税人和起征点等相关问题；第三章：应税交易和免税交易，界定增值税的征税范围；第四章：税率，规定标准税率、低税率以及零税率及其适用范围；第五章：应纳税额，规定了增值税税款的计算方法，明确增值税的抵扣权利、范围以及期末留抵税款的处理方法等；第六章：纳税时间和地点，规定增值税纳税义务发生时间以及申报纳税的时间和地点；第七章：征收管理，规定出口退税、反避税、发票管理等与征收管理相关的事项；第八章：特殊规定，对一些较难以适用增值税一般规定的行业和部门（如金融业、农业、医疗劳务、教育劳务、房地产等）的增值税要素予以规定；第九章：附则，对于一些与增值税有关的其他事项进行规定。

　　对于具体制度和特殊行业的规定,可以在充分研究比较和借鉴典型国家有关制度的基础上,结合我国的具体情况,设计出科学合理规范的增值税法律制度。

第二章
增值税课税对象和
征收范围比较研究

一、增值税课税对象和征收范围概述

课税对象也称"征税对象"、"课税客体",是指课税的目的物或标的物。课税对象是区分不同税种的主要标志。在现代社会,课税对象主要包括:货物劳务、所得和财产等。征收范围也称"征税范围"或"课税范围",主要是指税法规定的课税对象的具体范围。凡是列入征收范围的都应征税,没有列入征收范围的不征税。一般来说,税法对某税种课税对象的具体化规定形成该税种的税目,而税目反映了具体的征收范围。例如,我国《消费税暂行条例》将生产、委托加工和进口应税消费品规定为课税对象,将烟、酒及酒精、化妆品、贵重首饰及珠宝玉石、鞭炮、焰火、成品油、汽车轮胎、摩托车、小汽车、高尔夫球及球具等14类消费品规定为具体税目。这些税目反映消费税的征收范围。

(一)增值税的课税对象

1. 增值税课税对象的基本规定

从各国征收增值税的实践来看,增值税的课税对象是"货物与劳务"应税交易,即销售货物和提供劳务等应税行为。不少国家或地区也称为"应税供应"(Taxable Supply)或"供应"。其中,货物主要包括有形动产和不动产,销售货物主要是指有偿转让货物的所有权;提供劳务主要是指以非实物形式为生产或生活有偿提供某种特殊使用价值的行为,例如运输、保管、包装和维修等为生产和再生产提供的劳务,餐饮服务、娱乐服务等为生活提供的劳务等。

2. 增值税课税对象的特殊规定

各国(地区)关于课税对象的特殊规定,内容不尽一致,概括起来有以下几种情形:

(1)针对货物自我销售行为①,处理方式主要有两种:第一,将自我销售行为作为课税对象,适用增值税。例如,英国、葡萄牙、希腊、卢森堡、匈牙利等国的规定。第二,不将自我销售行为作为课税对象,不适用增值税。如德国、奥地利、意大利等国的规定。

(2)针对劳务的自我销售行为②,各国有以下两种处理方式:第一,不对自我销售征收增值税。目前,德国、比利时等国采用这种方式。第二,对自我销售征收增值税。目前,法国、西班牙、希腊等国采用这种方式。

(3)针对货物私人使用行为③,处理方式主要有两种:第一,将使用货物的雇主或雇员视同向该企业支付了对价,企业需要缴纳增值税。例如,欧盟增值税指令规定,纳税人自己使用或提供其雇员使用的本企业货物,如果这些货物的进项税款可以抵扣,那么使用货物的行为应当缴纳增值税。第二,采取一定措施,追回这些货物发生的进项税额。

(4)对于劳务的私人使用行为④,各国的处理方式主要包括:第一,对劳务的私人使用不征增值税。目前英国、比利时、意大利等国采用这种方式。第二,对劳务的私人使用征收增值税。采用这种处理办法的有德国、法国、爱尔兰等国。

(5)针对分期付款销售货物行为⑤,各国的处理方式主要有三种:第一,货物销售时就缴纳增值税。这种办法实际上将货物销售的实现提前了。目

---

① 货物自我销售行为,是指为经营目的而使用本企业生产的货物。
② 劳务的自我销售行为,是指为经营目的而使用本企业提供的劳务。
③ 货物私人使用行为,是指将购进的货物或者原材料用于雇主或雇员的私人用途。
④ 劳务的私人使用行为,是指将购进的劳务用于雇主或雇员的私人用途。
⑤ 分期支付销售货物行为,是指分期支付货款,货物所有权的转移在最后一次货款付清时才实现的一种购货形式。

前,德国、意大利、比利时、荷兰、法国、爱尔兰、奥地利、丹麦等国采用这种方法。第二,以货物所有权的最终转让作为货物销售的实现,并履行增值税纳税义务。葡萄牙、挪威、西班牙、英国等国采用这种方式。第三,以合同约定的收款日期为增值税纳税义务时间。如我国现行规定。

(6)针对强制性出售和非自愿出售货物行为,主要有两种规定:第一,类似货物销售,征收增值税。丹麦、荷兰、爱尔兰等国采用这种方式;第二,许多发展中国家不作规定。

(7)针对货物捐赠行为,主要有三种规定:第一,将捐赠视同为销售行为,征收增值税。中国、土耳其、瑞典等国采用这种处理方式。第二,仅对固定资产捐赠视为货物销售,如西班牙等国采用该处理办法。第三,仅将超过一定金额的捐赠行为视为货物销售,如爱尔兰等国使用这种方法。

(8)针对混合销售行为①,处理办法大体有三种:第一,按混合销售(货物和劳务的总交易额)合并征税。这种方法对货物销售和劳务销售不加区分,多被单一税率国家采用。目前,主要有英国、法国、比利时等国采用该处理办法。第二,对混合销售中货物和劳务,按照各自适用的税率征税。第三,按混合销售的主要销售内容征税。如果混合销售是以货物销售为主,那么混合销售全部按货物销售对待。例如,机器的销售与安装,以机器的销售为主征税;如果混合销售以劳务销售为主,那么混合销售全部按劳务销售对待。例如,律师提供法律服务和卷宗,以法律服务为主征税。

(二)增值税的征收范围

从理论上看,增值税对货物与劳务销售行为普遍征收,那么征收范围包括国民经济中所有能产生增值额的货物与劳务销售的行业和环节。例如,国民经济各类产业(农牧业、采掘业、制造业、建筑业、交通运输业、商业和服务业等)和诸项环节。

但是,受经济发展水平、税收征管能力等因素影响,增值税征收范围在实践中主要分为以下两种情况:一种是对国民经济三次产业普遍征收增值税,包括货物与劳务销售和货物进口等各环节。特点是征收范围较广、抵扣链条较为完整。目前,世界上采用增值税制度的国家(地区)中大多数选择这种征收范围。其中,一部分国家(地区)经济发展水平较高,经济生活中货

---

① 混合销售行为,是指在一项销售中既有货物销售的行为,又有劳务提供的行为。

物与劳务销售行为紧密联系而无法区分。还有些国家(地区)与前一部分国家(地区)经济交往较多,受其影响而采用类似的增值税制度。同时,这些国家(地区)中不少对农业、金融、教育、医疗等采取了特殊处理方式。

另一种是只对货物销售和货物进口征收增值税,对劳务销售等不征收增值税,或者征收其他流转税。特点是征收范围较为狭窄,抵扣链条不够完整。采用这种征收范围的多为非洲的一些发展中国家(地区)。例如,塞内加尔和科特迪瓦等国。目前,我国对销售货物或者提供加工、修理修配劳务以及进口货物征收增值税,对提供其他劳务征收营业税。

二、有关国家(地区)增值税课税对象的基本情况

(一)澳大利亚货物劳务税的课税对象

澳大利亚货物劳务税的课税对象是应税销售[①],具体包括以下种类:1. 货物销售;2. 服务销售;3. 提供咨询和信息;4. 不动产转让;5. 各种权利的创造和转让,主要是指无形资产权利的转让;6. 金融销售;7. 从事某种行为、不从事某种行为、忍受某种行为或者状态的义务[②];8. 上述各种行为的结合。

构成应税销售的具体条件是:1. 纳税人从事有偿销售行为;2. 该销售是纳税人在生产经营过程中所进行的;3. 该销售与澳大利亚有关;4. 纳税人是货物劳务税登记主体或者被要求进行登记的主体。

(二)新西兰货物劳务税的课税对象

新西兰货物劳务税的课税对象是在新西兰境内的增值税注册登记纳税人发生的销售货物、提供劳务以及进口货物的行为。新西兰货物劳务税的征收范围非常广泛,除法律明确规定的免税项目以外,其他所有的货物、劳务都属于增值税的征税范围,包括金融服务、销售不动产等。免税范围包括:1. 符合一定条件的金融服务;2. 非营利主体销售捐赠货物和服务的行为;3. 通过租赁、服务占用协议以及占用许可的方式销售住房;4. 租赁土地用于居住;5. 销售其他财产用于居住等。

---

① 澳大利亚增值税法规定的课税对象,原文为"Tax Supply",本文译为"应税销售"。

② 例如,A 企业向 B 企业销售原材料。如果原材料涨价,但 B 企业表示如果 A 企业承诺不涨价,将支付 A 企业一定的补偿,那么 A 企业承诺不涨价(这种不从事涨价行为的义务)就是"课税对象"。

（三）欧盟增值税指令①规定的课税对象

欧盟增值税指令是欧盟在其成员国间接税协调方面的重要规则,成员国有义务将欧盟增值税指令有关规定体现在其国内增值税法律中(即欧盟增值税指令通过内化为各国法律规定而发挥效力)。各国不应作出与增值税指令内容冲突的规定,否则就可能被起诉至欧洲法院。同时,增值税指令会给成员国留下一定自由裁量空间。

欧盟增值税指令规定的课税对象包括:1.纳税主体在欧盟成员国境内有偿提供货物;2.纳税主体在欧盟成员国境内有偿提供服务;3.进口货物。针对欧盟成员国之间销售货物和服务有一些特殊规则。应税服务包括:1.转让无形资产的权利;2.不从事某种行为或者容忍某种行为或者情形的义务;3.按照公共主管机关的命令,以公共主管机关的名义或者按照法律的规定所提供的服务等。

（四）比利时增值税的课税对象

比利时增值税的课税对象是应税销售,具体包括:1.纳税主体在比利时从事的货物和劳务销售行为;2.从非欧盟国家进口货物;3.纳税人从另外一个欧盟国家获得货物。

销售货物是指增值税纳税主体在比利时有偿转让货物所有权。销售劳务是指增值税纳税主体在比利时有偿提供劳务。向比利时进口货物,是指货物从非欧盟成员国进入比利时。从任何欧盟成员国向比利时从事欧盟内部的货物销售行为,如果该销售是有偿的,就被视为发生在比利时。

（五）英国增值税的课税对象

英国增值税的课税对象是应税销售,具体要素包括:(1)在经营中所发生或者为了促进经营;(2)由纳税主体所提供;(3)在英国境内销售货物、服务或者进行的其他销售行为。例如,出租或者货物换货物的实物交易,从英国境外进口货物和某些服务以及货物和某些劳务从其他欧盟国家进入英国。

---

① 与欧盟区域经济一体化相对应,欧盟税收协调经历了从关税协调、间接税协调到直接税协调。在间接税协调的情况看,1967年通过的最早的两个增值税指令要求所有成员国都采用增值税代替其他流转税。1977年第六号增值税指令(77/388/EEC)在有关增值税税基的确定、纳税人的认定、税款的结清和交付等方面作出了统一的规定。2006年,欧盟通过了新的增值税指令(2006/112/EC)。

"销售货物"是指不同主体之间转让货物的所有权,包括:1.根据分期付款购买协议,货物所有权随后将进行的转让;2.销售水或者任何形式的电、热、冷气和通风;3.销售土地的主要利益(一般而言,是自由保有或者租期超过21年的租赁);4.将货物从经营领域永久转移用作私人目的。

"销售劳务"是指有偿从事某些不属于销售货物的行为,包括:1.转让货物的占有(租赁);2.用他人的材料加工生产货物;3.在经营以外使用经营者拥有的货物;4.同意不从事某种行为①;5.同意有偿授予、分配或者放弃某项权利;6.将经营货物出租给某些人用于私人目的。可以看出,英国对销售劳务的界定采用了"排除法"加上"列举法"。

(六)法国增值税的课税对象

法国增值税的课税对象是生产者或经营者为取得报酬而提供有形动产或劳务的所有交易行为,具体包括:1.在法国提供货物或劳务;2.在法国从欧盟成员国购进货物;3.在法国从欧盟成员国购进新的交通工具;4.从欧盟成员国以外进口货物。对于发生在法国境内非生产或经营的某些交易行为比如自产自用的产品也要缴纳增值税。

(七)荷兰增值税的课税对象

荷兰增值税的课税对象包括生产或经营者以取得报酬为目的而进行货物销售、提供劳务、购买货物(欧盟内)和进口货物(欧盟外)等交易行为。

(八)俄罗斯增值税的课税对象

俄罗斯增值税的课税对象是应税交易,即在俄罗斯境内销售货物、服务,以及向俄罗斯进口货物。如果满足下列条件之一,销售货物的地点就被视为是俄罗斯:1.货物位于俄罗斯并且不需要用船舶运输或者搬运;或者2.在用船舶运输或者搬运之时,货物位于俄罗斯。确定经营者的活动地点是否位于俄罗斯比较复杂,在实践中是通过个案分析判断的。

(九)南非增值税的课税对象

南非增值税的课税对象是所有货物和服务的销售行为,包括应当适用零税率的销售行为。具体包括:1.销售货物和服务的所有行为;2.任何主体向南非进口货物的行为;3.任何主体进口服务的行为。销售的形式包括销售、分期付款、租赁以及其他的销售形式。销售的原因包括自愿销售以及由

---

① 参见对澳大利亚增值税法课税对象的注释。

于法律规定而从事的强制销售。

（十）加拿大货物劳务税的课税对象

加拿大对货物劳务销售征收四种不同的税收,分别是货物和劳务税①、零售税②、混合销售税③和魁北克销售税④。货物和劳务税、混合销售税和魁北克销售税是多环节征收的增值税,零售税则是单环节征收的零售销售税,即税收只在销售时向最终消费者征收。

1. 加拿大货物劳务税/混合销售税的课税对象

加拿大货物劳务税/混合销售税的课税对象是"应税销售"(Taxable Supply)。"销售"这一概念被定义为包括任何财产(货物或房地产)的销售或任何形式劳务的提供。包括如下特定交易:(1)货物的销售或租赁;(2)劳务的提供;(3)房地产的租赁、销售或转让;(4)土地购买选择权的授予;(5)专利权或著作权的许可;(6)入场权(票)的销售;(7)货物或劳务的交换或互换;(8)赠与和奖励性分配。在加拿大所有的销售行为均应当课税,除非能够享有免税待遇。

货物和劳务税/混合销售税对进口到加拿大境内的货物和劳务也加以征收。就货物而言,货物在进入加拿大海关时缴纳相应的税收。就劳务或无形资产而言,税收根据反向征收机制转由进口商承担(即税收由进口商自我评估和缴纳)。

某些进口货物无须承担纳税义务,具体包括:(1)某些适用零税率的货物,如药品、医疗设施等;(2)奖章或奖品;(3)慈善机构或公共机构进口的货物;(4)为加工后再次出口而进口的货物;(5)根据保证合同免费替换的货物;(6)价值低于20加元的货物。

---

① 1991年,一种综合性的货物和劳务税被引进,代替了在货物制造环节征收的生产销售税。货物和劳务税在联邦层面征收,并以增值税的模式为基础。它适用于所有销售,包括货物、劳务、不动产或是无形资产。它是消费型模式,根据发票和抵扣法计算应纳税额。

② 零售税由各省开征。目前它适用于5个省。它是以消费为基础的税收,只在销售的最终环节,即向最终消费者和使用者销售时进行征收。一些省将其零售税与货物和劳务税进行合并,合并后的税种即为混合销售税。它已在3个省中执行,并在省级政府和联邦政府之间进行收入的分配。

③ 混合销售税与货物和劳务税适用相同的税基。其税收收入依照目的性原则在联邦政府和参与的省级政府之间进行分配。收入的分配将以政府所完成的调查数据为基础进行。

④ 魁北克销售税的征收与货物和劳务税相同,仅在魁北克境内予以征收,由魁北克财政局负责征收,该财政局也同时负责货物和劳务税在魁北克的征管。

2. 加拿大零售税的课税对象①

加拿大零售税的课税对象是"应税财产"的"销售"。"应税财产"被界定为任何可见、可衡量、感觉、触摸或任何能够以任何方式引起感官反应的个人财产。"销售"具体包括：(1)权利或所有权的转让；(2)交换或互换；(3)租赁或出租；(4)赊销或分期付款销售；(5)附条件销售合同下的占有权转移；(6)奖励性分配。此外，零售税还对如下项目征收：(1)电脑程序；(2)天然气；(3)人工气体；(4)通讯服务；(5)短期住宿；(6)劳务(包括有形个人财产的安装、组装、拆除、调节、修理或维护)和对有形个人财产(包括电脑程序)的服务、维护或保证合同；(7)保险费；(8)停车服务。

如果所制造的货物价值超过50000加元，则自用的产品也应当履行纳税义务。然而，以下自用的制造行为可以免于征税：(1)律师、会计师、工程师、公证人和建筑师等的印刷物的生产；(2)饭店、备办宴会商和其他从事食物和饮料提供者所提供的食物和饮料；(3)公立医院、学校和高等教育机构实施的制造行为；(4)宗教和福利机构的制造行为。

与货物劳务税/混合销售税不同的是，房地产的转让、专利权或著作权的许可使用、除特定劳务外的其他劳务均不属于零售税②的征税范围。

(十一)印度增值税的课税对象

1. 印度增值税概况

印度对货物和服务征收的主要间接税如下表所示：

表2-1　印度对货物和服务征收的主要间接税

课税对象	税种名称	征税主体	征收对象
服务	服务税	联邦	服务
货物的生产加工	联邦增值税	联邦	货物的生产加工
货物销售(州际)	联邦销售税	联邦	货物销售(州际)
货物销售(州内)	州增值税	各州	货物销售(州内)

---

① 零售税的纳税义务由应税项目的消费者或使用者承担。税收对在省辖区内消费的货物(指有形个人财产)和某些特定劳务(即加工、修理、货物安装和通讯)的购买者征收。

② 只有当货物的购买目的是消费的情况下，才予以征收零售税。如果购买货物是为了进行转售，则不会发生零售税的纳税义务。

在印度,增值税是指联邦增值税、服务税和州增值税三个税种。服务税和联邦增值税,由联邦立法开征并具体征收。它们是环环抵扣的增值税,对于货物或者服务的增值额征税,购进时所缴纳的进项税额予以抵扣。由于两个种税都由联邦征收,服务与货物的进项税额可以相互抵扣,即当提供服务时,为该服务购进货物或服务的进项税额都可以抵扣,反之亦然。州增值税,由各州对于州内销售货物的行为征收,也是环环抵扣的增值税。货物的销售者可以抵扣其在购进货物时在该州缴纳的增值税进项税。对于向其他州缴纳的增值税不允许扣除。

联邦销售税是对跨州销售货物所征收的单环节销售税。联邦销售税由联邦立法开征。该税收没有抵扣机制,并且是最终税负,不能用于抵扣任何其他税收。议会已经提议每年降低税率1%,目前税率已经从4%降低到2%,在2010年将取消该税。

2. 印度服务税的课税对象

印度于1994年引进服务税,最初只有三种服务(保险、股票经纪和电信)需要缴纳服务税。随着时间的推移,征税的范围不断扩大。目前,已经有一百多种服务需要缴纳服务税。尽管当前应税服务的范围是非常广泛的,涉及各种各样的服务,然而,仍然有很多服务是不征税的(例如,法律服务、医疗服务以及宾馆提供的服务)。对于服务出口而言,不需要缴纳服务税。而且,出口者可以主张全部退还已经缴纳的服务税。

3. 印度联邦增值税的课税对象

联邦增值税是对在印度进行的货物制造行为征收的一种税。制造被界定为包括生产和加工。征收联邦增值税,应当满足以下条件:(1)应当存在货物制造的行为,也就是说,作为制造活动的结果,应当有一个新的物品被制造出来。例如,全脂奶和脱脂奶被公认为两种不同的货物,因此,将全脂奶变成脱脂奶的过程就被视为制造。法律也规定了被视为制造的一些活动,例如,包装和安装商标就被视为一种制造活动,尽管没有产生出新的物品。(2)该货物应当是可以移动的。(3)制造的活动必须在工厂中进行。(4)该货物应当是可以在市场上销售的。

4. 印度联邦销售税和州增值税的课税对象

联邦根据联邦销售税法对于州际货物销售征税,各州根据各州立法对州内销售货物的行为征收州增值税。货物被界定为仅仅包括可以移动的货物。现金、股票、证券等被从货物的定义中排除,因此,它们是不需要缴纳销售税和增值税的。可以移动的财产包括无形财产。

销售货物的定义包括:(1)以租赁购买或者分期付款的形式转移货物;(2)社团、俱乐部、公司或者任何协会向其成员销售货物;(3)由拍卖人转移货物;(4)根据政府的指令,强制转让货物;(5)在执行工作合同的过程中转让货物;(6)转让任何使用货物的权利(例如,根据租赁协议);以及(7)宾馆、餐馆在提供服务的过程中为客人消费而销售食物或者任何其他物品以及销售饮料的行为。

(十二)新加坡货物劳务税的课税对象

新加坡货物劳务税的课税对象是应税销售,即在新加坡销售货物和劳务。该货物是有关主体在新加坡销售的。货物出口时,销售货物适用零税率。销售劳务属于国际劳务时,才适用零税率。在新加坡,金融服务以及居住财产(非商业使用)的销售和租赁是免税销售[①]。

只有当货物和劳务的销售是在新加坡进行的,该销售才需要缴纳货物劳务税。一般而言,如果货物在销售之时位于新加坡,那么应当缴纳货物劳务税。劳务销售被确认在新加坡进行,判断依据主要有:如果销售者在新加坡有固定的住所或者经营场所(包括代理机构)或者其经常居住地在新加坡;如果销售者在一个以上的国家拥有机构场所,与销售具有最密切联系的地点将被视为进行销售的地点;如果经营者在新加坡没有机构场所,则该服务被视为不是在新加坡销售的。

(十三)蒙古增值税的课税对象

蒙古增值税的课税对象包括:(1)在蒙古国境内销售货物;(2)为在蒙古国境外使用或利用而出口货物;(3)在蒙古国境内提供劳务;(4)为在蒙古国境内销售、使用或利用而进口的各种货物。

下述活动属于"货物销售":(1)出售企业的经营权或具体业务的经营权;(2)纳税人在停止生产、停止服务、被从增值税纳税人名单中除名时从商务资产中留作自用的货物;(3)根据蒙古增值税法规定退税的一切货物;(4)为偿还债务而给予的货物。

---

① 金融服务包括金融机构所从事的几乎所有交易。例如,贷款,发行或者销售证券或者债券,销售人寿保险,发行基金等。

下述活动属于"销售劳务"：（1）电、暖、气、水的销售，邮政、通讯及其他服务；（2）出租货物、让他人以其他方式占有、利用货物；（3）在旅馆及同类场所内出租场地或以其他方式让他人占有、利用；（4）在房屋建筑物内出租场地或以其他方式让他人占有、利用；（5）为储存货物而出租场地或以其他方式让他人占有、利用；（6）专利、著作权、商标、系统保障、其他资产信息的保存、转移与出租；（7）让他人玩有奖游戏。

（十四）台湾地区增值税的课税对象

台湾地区对销售货物、劳务及进口货物征收增值税，适用《加值型及非加值型营业税法》。加值型营业税就是一般意义上的增值税；非加值型营业税实际上是对金融业（银行业、保险业、信托投资业、证券业、期货业、票据业及典当业）的特殊处理，类似于目前大陆地区对金融保险业等征收的营业税。

台湾加值型营业税的课税对象包括：（1）在台湾境内销售货物或部分劳务；（2）进口货物。将货物之所有权移转与他人，以取得代价者，为销售货物。提供劳务予他人，或提供货物予他人使用、收益，以取得代价者，为销售劳务。但执行业务者提供其专业性劳务及个人受雇提供劳务，不包括在内。

有下列情形之一者，系在台湾境内销售货物：（1）销售货物之交付须移运者，其起运地在台湾境内；（2）销售货物之交付无须移运者，其所在地在台湾境内。

有下列情形之一者，系在台湾境内销售劳务：（1）销售之劳务系在台湾境内提供或使用者；（2）国际运输事业自台湾境内载运客、货出境者。

货物有下列情形之一者，为进口：（1）货物自境外进入台湾境内者，但进入政府核定之免税出口区内之外销事业、科学工业园区内之园区事业及海关管理之保税工厂或保税仓库者，不包括在内；（2）货物自前款但书所列之事业、工厂或仓库进入台湾境内之其他地区者。免税出口区内之外销事业，指依加工出口区设置管理条例规定设立之外销事业。科学工业园区内之园区事业，指依科学工业园区设置管理条例规定设立之园区事业。保税工厂，指依海关管理保税工厂办法规定登记成立之海关管理保税工厂。保税仓库，指依保税仓库设立及管理办法规定，经海关登记核准之保税仓库。

有下列情形之一者，视为销售货物：（1）营业人以其产制、进口、购买供销售之货物，转供营业人自用；或以其产制、进口、购买之货物，无偿移转他人所有者;(2)营业人解散或废止营业时所余存之货物,或将货物抵偿债务、分配与股东或出资人者;(3)营业人以自己名义代为购买货物交付予委托人者;(4)营业人委托他人代销货物者;(5)营业人销售代销货物者。上述规定同样适用于销售劳务。

信托财产于下列各款信托关系人间移转或为其他处分者,不适用上述有关视为销售之规定:(1)因信托行为成立,委托人与受托人间;(2)信托关系存续中受托人变更时,原受托人与新受托人间;(3)因信托行为不成立、无效、解除、撤销或信托关系消灭时,委托人与受托人间。

(十五)小结

通过比较上述国家(地区)有关增值税课税对象的规定,可以发现虽然有关规定的具体内容不尽相同,但基本可以概括为"销售货物或劳务,即应税销售或者应税交易"。同时,确定增值税课税对象有几个基本要素可以参考:一是应税交易是登记注册的增值税纳税人在经营活动中发生的;二是为了获取对价(即有偿)而发生的;三是应税交易与该国(地区)有联系。

不少国家(地区)将货物概括为"有形动产和不动产",将货物以外的都归结为"劳务",包括无形资产的提供或不开展某种活动等①。销售货物,一般是指获取对价的同时转移货物所有权。对于劳务销售,各国根据实际情况,采取了不同的处理方式。第一,采用排除法,即先规定对劳务销售普遍征收增值税,再将免税项目单独列示。目前,英国、法国、德国等大多数国家采用这样的规定。第二,采用列举法,即只对税法列举的劳务项目征税,对未列举的项目不征税。采用这种方式的国家包括:比利时、印度、瑞典、挪威等国。

各国对"对价"②的具体规定不尽一致,英国地区法院在判例中规定,对价意为从购买方、消费者或是第三方获得的或将要获得的所有利益。澳大利亚规定,对价是与他人提供的货物或者劳务相关的,或由其引起的各种形式的支付或者债务偿还期的延缓。

对于"与该国(地区)有联系",一般是指在该国(地区)或者从该国(地区)提供的货物劳务销售行为。

---

① 参见介绍澳大利亚增值税法有关课税对象的例子。

② 对价又称做约因,是普通法系合同法中的重要概念,其内涵是一方为换取另一方做某事的承诺而向另一方支付的金钱代价或得到该种承诺的承诺。从法律关系看,"对价"是一种等价有偿的允诺关系。增值税法中有关"支付对价"的概念类似于"等价有偿"的含义。

三、我国增值税征收范围和课税对象的基本情况和立法建议

（一）我国增值税征收范围和课税对象的历史沿革

20 世纪 70 年代末期,我国开始实行改革开放的基本国策,经济体制由计划经济逐步向社会主义市场经济转变,财税体制作为经济体制的重要组成部分也随之不断进行改革。为了调动企业生产经营的积极性,转变企业的生产经营机制,国家在 1979 年至 1984 年进行了两次"利改税",理顺国家与企业间的财务关系。同时,为了解决货物重复征税的问题,国家进行了增值税试点,将加工环节较多的工业企业协作生产和销售产品作为征税对象,将机器、机械和农业机具制造等行业纳入增值税征收范围。1982 年,财政部制定了增值税暂行办法,决定对上述两个行业的产品以及电风扇、缝纫机、自行车三项产品在全国范围内试行征收增值税。

随着第二步"利改税"的全面推行,工商税制进行了全面改革。经全国人民代表大会常务委员会授权,1984 年 9 月,国务院发布了产品税、增值税、营业税、盐税、资源税、国营企业所得税等六个税收条例(草案)。增值税正式成为我国税制体系中的一个独立税种。《增值税条例(草案)》公布以后,征收范围逐步扩大,从最初的 12 个税目增至 31 个税目,具体包括:化学纤维,纺织品,服装,地毯,陶瓷,玻璃保温容器,药品,日用机械,日用电器,电子制品,机器机械,钢坯,钢材,帽、鞋,纸,文化用品,日用化学品,玻璃制品和玻璃纤维制品,陶器,药酒,食品饮料,皮革、皮毛,其他轻工产品,其他工业品,有色金属矿采选品,非金属矿采选产品,其他非金属矿采选产品,建筑材料,有色金属产品,电线、电缆,工业性作业。

表 2-2　1984 年工商税制改革后流转税的征收范围和课税对象

税　种	征收范围和课税对象
增值税	甲类:机器机械及其零配件,汽车,机动船舶,轴承,农业机具及其零配件 乙类:钢坯,钢材,自行车,缝纫机,电风扇,印染绸缎及其他印染机织丝织品,西药,原料药,成剂药
产品税	烟类,酒类,皮毛类,其他轻工产品类,药类,橡胶制品类,矿产品类,电力、热力类,气体类,成品油类,化工类,黑色有色金属产品类,农、林、牧、水产品部分
盐　税	海盐、精制盐、粉洗盐、矿盐、湖盐、井盐等
营业税	商品零售、商品批发、交通运输、建筑安装、金融保险、邮政电讯、出版事业、公用事业、娱乐业、服务业、临时经营

经过近十年的试行开征,增值税在筹集财政收入、积累税收管理经验等方面发挥了重要作用。但是,由于增值税自身存在的问题,以及并存的复杂的产品税制,使得流转税制无法适应市场经济条件下的竞争压力和公平要求。1992 年 12 月,全国财政会议明确提出在工业生产环节和批发、零售环节全面推行增值税。1993 年 12 月,国务院公布了实行分税制财政管理体制的决定。1993 年 12 月 13 日,国务院发布《中华人民共和国增值税暂行条例》,确定了目前增值税的征收范围和课税对象,即销售货物或者提供加工、修理修配劳务以及进口货物。同日,国务院还发布了《中华人民共和国营业税暂行条例》,确定劳务、转让无形资产或者销售不动产属于营业税的征收范围。2008 年 11 月,国务院修改了增值税暂行条例,允许抵扣固定资产进项税额,降低了小规模纳税人的征收率,将纳税申报期限从 10 日延长至 15 日。但是,修改后的增值税条例并没有改变增值税的征收范围和课税对象。

表 2-3　1994 年分税制改革后增值税与原流转税制征收范围和课税对象

增值税	原　流　转　税
1. 货物的征收范围和课税对象	1. 原增值税征收范围的产品; 2. 原产品税征收范围的产品; 3. 原工商统一税征收范围的工业产品和产品零售; 4. 原盐税征收范围的盐、精制盐、粉制盐、粉洗盐; 5. 原营业税征收范围的商品零售、批发典当业中的死当物品销售、公用事业中的自来水、热力、煤气、石油液化气、天然气、转售电。
2. 应税劳务的征收范围和课税对象	1. 原增值税征收范围的工业性作业; 2. 原营业税征收范围的工业加工、修理修配(包括服务型修理修配); 3. 原工商统一税征收范围的加工、修理修配。

(二)我国增值税征收范围和课税对象的规定

2009 年 1 月 1 日,修订后的《中华人民共和国增值税暂行条例》正式施行。修订后的增值税暂行条例第一条规定"在中华人民共和国境内销售货物或者提供加工、修理修配劳务以及进口货物的单位和个人,为增值税的纳税人,应当依照本条例缴纳增值税"。

根据上述规定,增值税征收范围主要包括销售货物和提供加工、修理修配劳务的有关行业;课税对象包括:销售货物;提供加工、修理修配劳务;进口货物。增值税暂行条例实施细则对课税对象进一步明确为:货物,是指有形动产,包括电力、热力、气体在内。销售货物,是指有偿转让货物的所有权。加工,是指受托加工货物,即委托方提供原料及主要材料,受托方按照委托方的要求制造货物并收取加工费的业务。修理修配,是指受托对损失和丧失功能的货物进行修复,使其恢复原状和功能的业务。提供加工、修理修配劳务,是指有偿提供加工、修理修配劳务;但是,单位或个体工商户聘用的员工为本单位或雇主提供加工、修理修配劳务,不包括在内。除了增值税暂行条例外,增值税暂行条例实施细则和财税部门发布的规范性文件,对一些销售行为适用增值税作出了规定,主要包括:银行销售金银的业务,货物期货(包括商品期货和贵金属期货),典当业死当物品的销售业务和寄售业代委托人销售寄售物品的业务,应当征收增值税。

1. 视同销售行为

根据增值税暂行条例实施细则的规定,单位或个体工商户的下列行为,视同销售货物:将货物交付他人代销;销售代销货物;设有两个以上机构并实行统一核算的纳税人,将货物从一个机构移送其他机构用于销售,但相关机构设在同一县(市)的除外;将自产或者委托加工的货物用于非增值税应税项目;将自产、委托加工的货物用于集体福利或个人消费;将自产、委托加工或购进的货物作为投资,提供给其他单位或个体经营者;将自产、委托加工或购进的货物分配给股东或者投资者;将自产、委托加工或购进的货物无偿赠送其他单位或者个人。

2. 混合销售行为

对于一项既涉及货物又涉及非增值税应税劳务的销售行为,现行增值税暂行条例实施细则规定为"混合销售行为"。从事货物的生产、批发或零售的企业、企业性单位及个体工商户的混合销售行为,视为销售货物,应当征收增值税;其他单位和个人的混合销售行为,视为销售非增值税应税劳务,不征收增值税。纳税人的销售行为是否属于混合销售行为,由国家税务总局所属征收机关确定。非增值税应税劳务,是指属于应缴营业税的交通运输业、建筑业、金融保险业、邮电通信业、文化体育业、娱乐业、服务业税目征收范围的劳务。从事货物的生产、批发或零售的企业、企业性单位及个体工商户,包括以从事货物的生产、批发和零售为主,并兼营非增值税应税劳务的企业、企业性单位及个体工商户在内。

3. 兼营行为

实践中,很多纳税人既销售货物又提供劳务,现行增值税暂行条例实施细则将其界定为"兼营行为"。按照实施细则规定,纳税人兼营非增值税应税劳务的,应分别核算货物或应税劳务的销售额和非增值税应税劳务的营业额。未分别核算的,由主管税务机关核定货物或者应税劳务的销售额。

表 2-4　现行增值税和营业税的征收范围和课税对象

税　　种	征收范围和课税对象
增值税	销售货物或者提供加工、修理修配劳务以及进口货物
营业税	交通运输业、建筑业、金融保险业、邮电通信业、文化体育业、娱乐业、服务业、转让无形资产、销售不动产

说明:目前,我国对货物和劳务分别征收增值税和营业税(除加工、修理修配劳务征收增值税外)。其中,增值税由国家税务总局负责征收(进口环节增值税由海关代征),收入75%属于中央政府,25%属于地方政府;营业税由地方税务局负责征收,收入全部属于地方政府(银行总部、保险公司总部以及铁道部运营的铁路所缴纳的营业税全部属于中央政府,由国家税务总局征收)。

(三)我国增值税征收范围和课税对象存在的主要问题和改革的必要性

伴随社会主义市场经济体制改革和财税制度改革,我国引进了增值税制度,对减少重复征税、减少经济活动扭曲、促进生产专业化发展起到了积极作用。不过,这一特点的发挥需要借助"环环相扣"的税款抵扣机制来实现。目前,我国增值税征收范围包括货物销售和部分劳务的提供,而大部分劳务提供适用营业税,征收范围的有限性是我国增值税制度的特点之一,这种制度安排引发了不少问题。

首先,有限的征收范围致使增值税抵扣链条中断,内在制约机制作用明显削弱,其避免重复征税的特性难以体现。例如,与生产密切相关的交通运输、建筑安装等行业没有被纳入增值税征收范围,容易造成抵扣链条中断,增值税内在监控制约作用无法有效发挥,避免重复征税的优越性难以完全体现。其次,随着经济生活和纳税人交易行为的日益复杂,交易行为中货物销售与劳务提供难以完全区分,在实践中增值税与营业税的征收范围难以准确界定,容易造成税负不公和税收流失的现象。这些问题对增值税制度的公平与效率产生了越来越大的影响。再次,对货物和劳务分别由不同部门征收不同的税收容易引起税收征管和纳税人遵从方面的诸多问题,甚至会影响纳税人的经营决策。例如,融资租赁行为被视为提供劳务而适用营业税,由于税负不能抵扣而存在累积现象,纳税人可能会倾向于采取直接购买的方式而不采用融资租赁的方式开展生产活动。这种倾向在 2009 年增值税由"生产型"转为"消费型"后变得尤为突出。最后,在现行财税体制下,地方政府获得大部分营业税收入,而只能分享 25% 的增值税收入。这样一来,保证并扩大营业税的税基是地方政府的重要选择。对货物和劳务分别征税的制度安排又在一定程度上强化了这种选择,市场主体的交易行为和增值税税收中性的特点很有可能因此而受到影响。

税制改革要与经济体制改革相适应,要与社会经济生活的发展与变化相适应。1992 年 10 月,中国共产党第十四次全国代表大会确定了建立社会主义市场经济体制的改革目标后,从 1994 年年初开始,中国在财税、金融、外汇管理、企业制度和社会保障等方面采取了一系列重大改革措施。与之同时,中国经济社会的发展也进入到一个新阶段。随着工业化和城镇化的迅速发展,科学技术的不断突破,交通运输、物流仓储、电信邮政、金融服务、餐饮娱乐等第三产业发展迅速。国内生产总值构成中三次产业的比重由 1978 年的 28.2%、47.9% 和 23.9% 演变至 2006 年的 11.7%、48.9% 和 39.4%。上述情况表明,在我国服务业不断发展的今天,扩大增值税征收范围,发挥其税收中性的特点显得非常必要。

(四)扩大增值税征收范围应考虑的因素

扩大增值税范围是我国增值税改革的重要内容。理论上,增值税征收范围应能包括货物劳务生产和流转的各行业各环节,以便促进增值税多环节征收而又不重复征税的优点的发挥。但是,由于采用增值税的国家(地区)经济发展水平和税收征管水平差异较大,使得增值税实践相对复杂。不少国家(地区)是通过替代原有的多个环节征收的流转税征收增值税,并且实施初期只选择制造业实行,后来才逐渐扩大到服务业等其他行业。例如,法国开征增值税替代了原来生产环节、批发零售环节和服务业的几个税种以及向零售业征收的地方税;德国开征增值税替代原来多层次流转税;澳大利亚开征货物劳务税替代了原来批发环节征收的流转税等;印度是逐步对货物和劳务分别征收增值税。

通过对各国开征增值税的实践进行比较,Bird(1966)认为增值税的行业选择主要考虑因素包括:减轻重复征税、方便税收管理和筹集税收收入。这也意味着,确定及扩大增值税征收范围应当注意增值税税负的变化、税收收

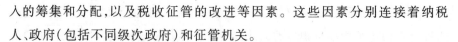

入的筹集和分配,以及税收征管的改进等因素。这些因素分别连接着纳税人、政府(包括不同级次政府)和征管机关。

1. 增值税税负的变化

从各国实践看,增值税改革的经济社会影响较大,社会各方对增值税改革引起的税负变化非常关注。改革方案提出者尽力促使纳税人在承受税制改革变迁成本的同时享受实施增值税带来的便利,避免由于税负增加因素导致税制改革失败。特别是,在考虑扩展增值税征收范围的同时,要分析由于改革引发的税负变化情况。在这方面,有些国家的经验比较值得借鉴。例如,澳大利亚采用经济模型模拟反映税负的变动情况,使得政策制定者可以了解税制变化对纳税人税负的影响,提前做出有关应急预案。

目前,国内学术界对增值税扩围改革的税负变化分析以定性为主,对于增值税扩展到目前营业税涵盖领域[①]后税负变化的实证分析并不多。杨震(2008)分析了交通运输业的特点和国际上对该行业征收增值税的经验,以37家在上海证券交易所发行A股的上市公司作为研究样本对我国交通运输业征收消费型增值税进行了分析[②]。经过测算,杨震认为,若对交通运输仓储业实行消费型增值税,行业税负会整体下降,如果采用17%的税率,行业税负仍会平均下降32.19%。应当指出的是,这种采用以各项收入要素相加来计算企业增值额的方法的准确性值得进一步探讨。不过,从增值税替代营业税而引起的抵扣机制发挥作用的角度来看,税负下降也并不是不可能的。换言之,如果将增值税扩大到目前营业税涵盖的领域,这些领域承担的增值税负担不一定比之前缴纳的营业税负担重。

表2-5 2000—2006年以来主要行业取得的营业税收入情况

单位:亿元

	营业税总收入	房地产业	建筑安装业	金融保险业	交通运输业	餐饮及住宿业
2000	1868.78	203.20	356.25	534.59	164.60	79.10
2001	2064.09	281.20	404.45	500.09	185.40	89.90

① 交通运输业、建筑业、金融保险业、邮电通信业、文化体育业、娱乐业、服务业、转让无形资产、销售不动产。

② 由于数据信息来源的制约,杨震没有采用税额抵免法(即销项税额扣除进项税额的方法)计算税负变化,而采用通过确定这些企业增值额的方法来确定企业的应纳增值税税基,再计算税负变化。

	营业税总收入	房地产业	建筑安装业	金融保险业	交通运输业	餐饮及住宿业
2002	2450.33	414.90	516.92	436.10	213.80	105.90
2003	2844.45	616.80	668.72	407.75	226.90	129.20
2004	3581.97	815.50	733.63	474.09	319.20	190.70
2005	4232.46	994.10	963.70	555.80	377.30	214.20
2006	5128.71	1163.30	1163.30	704.60	445.10	246.40

说明:根据《2007年中国税务年鉴》等资料整理。

2. 增值税税收收入的筹集和分配

在开征增值税的一些国家中,增值税收入占全部税收收入的比重较高,增值税具有比较强的筹集收入的能力。有关研究(杨震,2007)表明,21个样本国家(欧盟15个国家和其他6个国家)增值税收入占税收总额的比重基本稳定在25%左右。其中,欧盟15国中有26.7%的国家增值税收入与税收收入总额的比值接近或超过30%。2007年我国国内增值税收入占全部税收收入的比重约为33.9%。从各国经验来看,开征增值税取消其他层次的流转税将减少税负累积效应,减少企业经营活动因之前流转税而发生的扭曲,促进专业化生产和经济活动的进行,从而保证税收收入的筹集。扩大增值税征收范围以及相关改革应当使改革后新增值税制度下税收收入与之前的税收收入大致相同。为了实现这一目标,应当通过经济计量方式对纳税人抵扣购进劳务、不动产、无形资产等进项税额进行预测,对部分行业进项税额减少情况提出预判对策。例如,有关行业税收减收是否可以通过其他行业应开征增值税增收而得以弥补等。

实践表明,许多国家是通过替代之前开征的流转税来实施增值税的,这些流转税通常是由不同级次政府征收的,如何处理好增值税收入在不同级次政府间的分配是税制改革所要面对的问题。这也意味着,一国(地区)增值税征收范围的扩展与该国(地区)财税体制安排紧密相关。在这方面,有不少国家的经验值得借鉴。2000年,澳大利亚联邦正式施行了货物劳务税法。这项联邦开征的增值税,替代了之前联邦和州在批发环节征收的流转税。为了保证各州能够提供大致相同的基本公共服务,澳大利亚联邦按照各州的税收收入能力和公共支出需要,采用专门的公式将货物劳务税筹集到的收入全部分配给各州,由各州按照各自的预算重点安排支出。目前,货物劳务税是澳大利亚联邦一般财政转移支付资金的主要来源①。

1994 年我国实行了分税制财政管理体制改革。按照有关规定,增值税是中央和地方共享税,收入 75% 属于中央政府,25% 属于地方政府,由国家税务总局负责征收(进口环节增值税由海关代征);营业税收入大部分属于地方政府(银行总部、保险公司总部以及铁道部运营的铁路所缴纳的营业税全部属于中央政府,并由国家税务总局征收),由地方税务局负责征收。从这几年地方税收入的结构看,增值税和营业税两大税种占全部地方税收收入的比重约为 55%—60%。其中,排在第一位的是营业税,占地方税全部收入的比重的 30% 以上;排在第二位的是增值税,占 20% 左右。如果将增值税征收范围扩大到目前营业税涵盖的领域,那么应该对扩大征收范围的增值税收入的分配做出适当的安排。同时,新的制度安排还要与分税制财政体制的健全完善和地方税制的建设相结合。

表 2-6　1994—2007 年我国国内增值税和营业税收入的情况

单位:亿元

	税收收入	国内增值税	占税收收入比重	营业税	占税收收入比重
1994	5126.88	2308.34	45.0%	670.02	13.1%
1995	6038.04	2602.33	43.1%	865.56	14.3%
1996	6909.82	2962.81	42.9%	1052.57	15.2%
1997	8234.04	3283.92	39.9%	1324.27	16.1%
1998	9262.80	3628.46	39.2%	1575.08	17.0%
1999	10682.58	3881.87	36.3%	1668.56	15.6%
2000	12581.51	4553.17	36.2%	1868.78	14.9%
2001	15301.38	5357.13	35.0%	2064.09	13.5%
2002	17636.45	6178.39	35.0%	2450.33	13.9%
2003	20017.31	7236.54	36.2%	2844.45	14.2%

---

① 澳大利亚联邦国库部根据联邦拨款委员会的建议分配澳大利亚货物劳务税收入。联邦拨款委员会是一个相对独立的咨询机构,由数十名成员组成。委员会成员人选首先由澳大利亚联邦国库部提名,然后由各个州投票选举产生。联邦拨款委员会的具体工作是通过设计一系列公式,测算各州的财政收入能力、财政支出需求等指标,提出货物劳务税的分配建议方案。

	税收收入	国内增值税	占税收收入比重	营业税	占税收收入比重
2004	24165.68	9017.94	37.3%	3581.97	14.8%
2005	28778.54	10792.11	37.5%	4232.46	14.7%
2006	34804.35	12784.81	36.7%	5128.71	14.7%
2007	45621.97	15470.23	33.9%	6582.17	14.4%

数据来源:2008年《中国统计年鉴》。

3. 增值税征管方面的因素

各国开征增值税的实践表明,增值税征收范围不仅与经济发展程度有关,而且受税收征管水平制约。目前,我国增值税的征管以"金税工程"为基础,包含纳税人的认定管理、增值税发票管理、增值税纳税申报管理等内容,形成了"以票控税"为核心的征管体系,征管工作不断得到改进。但是,据了解,由于目前增值税发票管理系统与纳税人财务管理系统实际上各自相对封闭,征管机关对增值税发票所记载事项真实性的核实难度非常大。目前,营业税按行业设计税目和税率,并按营业收入全额征税,征收管理相对简单。不过,由于营业税由地方税务机关征管,软件开发设计缺乏整体规划,信息共享程度差,除了运输发票和部分推行税控收款机的行业外,其他行业的发票还处于相对粗放管理阶段。营业税的征管机制与增值税的"以票控税"的管理机制相比还比较落后。

如果要把增值税征收范围扩大到目前营业税涵盖的领域,特别是与增值税应税范围密切相关的交通运输、建筑等行业,那么加快改进征管的措施,如升级信息软件系统,加大收集基础信息的力度,推广增值税发票的使用范围,建立增值税征管系统与纳税人财务管理系统的有机联系等,显得尤为关键。

(五)关于扩大我国增值税征收范围的初步建议

扩大增值税征收范围是一项重要的税制改革内容,既要从我国实际国情出发,又要借鉴国际的有益经验。有关具体方案应当考虑税负变化、收入筹集和分配,以及征管改进等因素。我们认为,扩大增值税征收范围要与我国经济社会发展相适应。目前,国家注意加大调整和优化产业结构,加快发展服务业特别是现代服务业,规范提升传统服务业。可以预见的是,在我国城镇化和工业化快速发展的情况下,服务业占所有产业的比重会不断增加。目前,服务业的不断发展,以及大量的交易行为同时包含着货物和劳务的现实情况表明,统一对货物和劳务的征税非常必要。

在扩大增值税征收范围上主要有两种方案:第一种采取"一步到位"的方式。在对服务业不同领域进行调查研究和改革试点的基础上,设计一整套扩大征收范围的方案,对服务业绝大多数领域同时实施,对金融保险业、转让无形资产、销售不动产等进行特别处理。这种方法的优点是,增值税抵扣链条完整,容易发挥其税制中性的特点;缺点是增值税扩展范围在服务业大部分领域同时实施,前期宣传、培训的工作强度比较大、时间消耗可能超过预期。

另一种采取"分步推进"的方式。目前的研究分析表明,实施增值税后交通运输业的税负将会降低。但是,这种研究建立在抽样分析和公式推算基础上,据此进行扩大增值税征收范围缺乏实证基础。因此,可以考虑采用法国当年逐步拓展增值税范围的经验,以及我国在工商税制改革时期国营企业利税改革逐步推进的方法,采取渐进的方式把与销售货物紧密相关的行业先纳入增值税征收范围,进行改革试点,待积累一段时间经验后逐步向其他服务业扩展。先行纳入增值税征收范围的试点行业可以包括:交通运输业(运输工具和运输服务)、融资租赁业(生产工具和租赁服务)、邮电通信业(通信设备和通信服务)等。先行试点行业取得一定经验后,可以将增值税征收范围推广至建筑业、文化体育业、娱乐业、服务业等。对于金融保险业、转让无形资产、销售不动产等,可以根据国际经验采取特别措施加以处理。这种方法的优点是,改革在不断试点和逐步推广的基础上开展,整体上比较稳健;缺点是逐步扩展征收范围不利于增值税抵扣机制的发挥,容易产生抵扣链条断裂等一系列问题。

扩大增值税征收范围应当与分税制财政体制的健全完善和地方税制的建设相结合。扩大增值税征收范围意味着要将原来营业税涵盖的领域纳入增值税的范围。由于目前增值税属于中央和地方共享税,而营业税是地方税,扩大增值税征收范围需要合理的收入分配机制加以保证。一种设想,是采用"基数法",即以某个年度地方营业税的收入为基数,保证地方政府不会因为税制改革而减少这部分收入。对于税制改革后新增的收入,中央和地方再进行共享。应该说,1994 年分税制改革和 2001 年以来所得税的分享基本采用了这种方法。"基数法"的优点是方法简便,缺点是不够科学合理,是一种维持既得利益,寻求妥协的办法。

另一种设想是以健全完善分税制财政体制为契机,采用"因素法"分配这项收入。1994年分税制改革以来,财政体制没有再做大的调整,不过,目前地方税制不完善、转移支付不规范、事权和财力不完全匹配的问题也确实存在。如果扩大增值税征收范围与改革完善分税制财政体制在时间安排上存在一定的契合点,不妨将扩大增值税征收范围作为后者的一个部分进行整体推进。在健全完善现有中央税、地方税和共享税的同时,以统筹城乡发展和着力支持实现基本公共服务均等化为切入点,采用"因素法"分配这项收入。"因素法"的优点是方法相对科学合理,缺点是受制于财税体制的完善。

增值税扩展征收范围无论采取"分步推进"方式,还是"一步到位"方式,都需要做好基础工作。目前,除了运输发票和部分推行税控收款机的领域外,其他服务业的发票管理相对比较滞后,不改进征管方法,积累征管经验就立即扩大征收范围,征管方面可能会出现比较大的问题。应该说,与"分步推进"方式相比,"一步到位"方式对征管方面的要求更高,遇到的困难可能更大,需要采取更加积极主动的应对方式。

(六)关于完善我国增值税课税对象有关规定的初步建议

目前,增值税暂行条例规定的课税对象是销售及进口货物,提供加工、修理修配劳务。如果未来增值税征收范围扩展到货物销售和劳务销售的所有领域,那么课税对象的有关规定应当随之相应完善。通过分析比较有关国家(地区)的相关规定,并结合我国税收立法实践,建议未来增值税课税对象的有关规定可以从以下几个方面加以完善:

第一,课税对象的范围应涵盖周严。如果增值税征收范围大幅度扩展,那么课税对象的范围要相应涵盖周严,应包括货物销售、劳务销售和货物进口等应税交易。可以考虑借鉴不少国家(地区)的经验,采用一般规定和特殊规定相结合的方式对货物销售和劳务销售加以规范。特殊规定主要规范自我销售行为、分期付款销售、强制性出售和非自愿出售等。

第二,课税对象的界定应把握要点。有关国家(地区)的经验表明,关于课税对象的界定不尽一致,但是,应当把握其要点。对于应税交易来说,有三个要素需要注意,即应税交易是登记注册的增值税纳税人在经营活动中发生的、支付对价(即有偿)和应税交易与我国有联系。对于劳务销售来说，最好通过"排除法"加以界定，即货物销售以外的就是劳务销售。不少国家的经验表明，如果采用逐项列举的方式对劳务销售加以界定，往往会出现"挂一漏万"的情形，造成适得其反的结果。

第三，课税对象的特例应尽量缩减。有关国家(地区)关于课税对象的规定存在特殊情形，例如，欧盟和我国台湾地区有关进口货物的特殊规定。但是，增值税征管实践表明，这些特殊情形使得整个增值税制度在运行时变得越来越复杂，征管和遵从成本不断增加。建议尽可能减少有关课税对象特例的规定。

第三章
增值税纳税人制度比较研究

一、国际上纳税人制度的比较

(一)增值税纳税人制度概况

增值税纳税人是指根据法律规定承担增值税纳税义务的主体。增值税纳税人的范围与增值税的征收范围密切相关并受其影响,如果增值税的征收范围较广,则纳税人的范围较广,如果增值税的征收范围较窄,其纳税人的范围也相应较窄。

增值税一般还设置起征点制度,营业额在起征点以下的生产经营主体被排除在增值税纳税人之外,对其不征收增值税,营业额在起征点以上的生产经营主体才被认定为增值税纳税人,负有缴纳增值税义务。为了实现对起征点以上纳税人的管理,增值税一般实行登记制度。

增值税纳税人制度通常还涉及到纳税人的分类问题,将纳税人按一定标准进行分类,并实行不同的征收管理方法,如我国按企业规模,将纳税人分为增值税一般纳税人和小规模纳税人并适用不同的管理方法。但一般而言,纳税人分类管理并不是国际通行做法。现代增值税制的典型做法是设置较高的起征点,起征点以下的生产经营主体不是增值税纳税人,不缴纳增值税,对于增值税纳税人则采用统一的征收管理方法。但也有少数国家将增值税纳税人分为一般纳税人和小规模纳税人,只有一般纳税人才能采取规范的税额抵扣法①计算和缴纳增值税,小规模纳税人一般按照简易办法②计算和缴纳增值税。这些国家的增值税法会对一般纳税人设定一些基本条件,纳税人只有满足这些条件并经过税务机关的认定才能成为一般纳税人。

对于营业额低于一定标准(而又高于起征点的)的小规模经营者,由于其会计核算、账簿保存制度不健全,且规模小、税收少、征管成本高,因此一些实行分类管理的增值税纳税人制度的国家对符合规定的小规模纳税人适用简易征收办法,即以其营业额乘以既定的征收率(比例税率)计算应纳税额,且不允许其扣除进项税。小规模纳税人制度可以在一定程度上降低增值税的征管成本,但小规模纳税人的存在破坏了增值税环环相扣的抵扣链条,造成了重复征税,对经济活动产生了一定的扭曲。且在现代增值税制度下,配合高起征点,营业额在起征点之上的增值税纳税人基本具备健全的会计核算和账簿保存制度,可以提供增值税征管必需的税务资料,没有必要再设置小规模纳税人对其实行简易征收办法。因此,绝大多数实施增值税的国家并没有一般纳税人与小规模纳税人的区分,起征点以上登记注册为增值税纳税人,起征点以下免征增值税,不再单独区分小规模纳税人。

此外,增值税纳税人制度还涉及到一些特殊主体是否可以被征税的问题,如政府机关、学校和医院等公益性的组织和机构。

(二)部分国家增值税纳税人制度的基本情况

1. 欧盟增值税纳税人制度

欧盟增值税的纳税人是指在欧盟成员国境内任何地方独立从事任何经济活动的任何主体,无论该活动的目的或者结果是什么,也无论该活动是有偿还是无偿。经济活动包括生产商、销售商以及提供服务的主体所从事的所有活动,采矿业、农业以及专业服务等活动,以及为了获得收益而利用有形或者无形资产的活动。同时,在欧盟境内提供跨境运输服务的主体也是欧盟规定的增值税纳税人。国家、地区和地方政府以及其他公法组织在行使公权力过程中不被判定为增值税纳税人,除非这种判定可能导致严重的

---

① 即以销项税减去进项税计算应纳税额的计税方法。
② 即以流转额(营业额或销售额)乘以征收率计算应纳税额且不允许进项税抵扣的计税方法。

不公平竞争。

一般规定要求在欧盟成员国内供应货物或者服务并有权抵扣增值税的每一个纳税人必须进行增值税登记,取得一个单独的增值税纳税识别号码。特别规定适用于允许减免税的情形。而且,欧盟增值税指令规定每一个纳税人必须在其作为纳税人的活动开始、改变和结束之时通知其所在国的税务主管机关。欧盟成员国可以对增值税纳税人施加其认为征收增值税以及防止逃避纳税义务所必要的其他义务,同样,也可以采取措施来简化或者降低增值税纳税人的义务。

2. 比利时增值税纳税人制度

在比利时,增值税纳税人被界定为任何在比利时境内从事货物销售、提供服务、从欧盟区域内其他国家取得货物或服务、从事远程销售行为的经营实体或个人。而且,比利时增值税法中还有"非经常纳税主体"的概念,"非经常纳税主体"是指转让了自己建造的或者购买的新建筑物的所有权或者其他权利,或者偶尔在欧盟内部提供新式交通服务的经营实体或个人。对于未在比利时境内设立固定经营场所的经营实体(以下简称"未设立企业"),只要其从事应税经营行为也属于增值税的纳税人,但在征收上适用"反向征收"的特别规定,即由产品或服务的取得方定期开具发票并承担增值税纳税义务,产品或服务的取得方必须是增值税纳税人。但当非企业或机构向欧盟区域内其他国家提供货物或服务、从欧盟区域内其他国家取得货物或服务、从事远程销售行为或从事不能适用"反向征收"方法的货物或服务提供行为(如向个人提供货物或服务)时,其必须登记注册为比利时增值税纳税人并缴纳增值税。比利时允许在财务、经营和组织方面都紧密相关的企业进行增值税集团登记,集团内部的交易行为原则上不被认为应税交易行为。这些界定是符合欧盟指令的。

一般而言,比利时没有增值税起征点,即纳税人登记注册标准制度,但当纳税人年营业额低于 5580 欧元(约合 8185 美元)时,纳税人可以选择增值税免税待遇。另外,如果企业或个人从事的活动属于增值税免税项目(没有抵扣权利),则不需要进行增值税登记。

比利时对于适用于比例税率制度的小企业(营业额不超过 5580 欧元,即 8185 美元的经营者)适用特别的增值税制度。小企业拥有增值税免税选择权,可以选择增值税免税待遇,但它必须在发票中声明其为适用免税待遇的小企业,也可以选择按照通常增值税制度来纳税,若如此也必须进行增值税登记。同时,比利时还规定对于从事特定行业(如面包房、屠宰、理发等)且年营业额不超过 750000 欧元(1100142 美元)的个体经营者可以对其营业额适用比例税率,并允许其抵扣进项税。

增值税制度的正常运转需要纳税主体完成一些义务。这些义务包括会计账簿保存、发票开具、销售清单归档、提交增值税纳税申报以及缴纳增值税。在某些情况下可以适用简化规则。

3. 英国增值税纳税人制度

英国增值税的纳税人是指依照税法应当进行增值税登记的经营实体或个人,包括在英国境内从事货物销售、提供服务、从欧盟区域内其他国家取得货物或服务、从事远程销售行为,且营业额超过起征点规定的所有经营实体和个人。

从事"经营"的纳税人需要在英国进行增值税登记。税收和关税署一般将"经营"界定为持续进行涉及取得付款或者提供货物或者服务的活动,有货币或者其他形式的对价,例如以货代款或者以货易货。如果以前 12 个月的营业额超过了起征点(目前是 67000 英镑,约合 124000 美元)或者经营者预计营业额会超过这个界限,经营者就应当进行登记。一旦营业额降低到另外一个限额(目前是 65000 英镑,约合 120370 美元)以下,一般纳税人可以撤销登记但必须在撤销登记之日结清应当缴纳的增值税。

在下列情况下也需要进行登记:经营者预计其经营的营业额在未来的 30 天内会超过起征点;持续从事增值税应税经营行为;从欧盟的另外一个国家向英国销售货物并且超过欧盟规则所规定的"远程销售起点"70000 英镑(约合 129629 美元);在一年中从欧盟的其他国家获得货物或劳务超过 67000 英镑。

在某些情况下,法律允许纳税人进行自愿登记,例如,从事了应税行为但营业额在 67000 英镑以下的经营者;还未开始进行经营行为的新设立经营者;向英国销售货物(被称为"远距离销售",销售价值在 70000 英镑以下)的外国经营者以及仅向欧盟其他国家或者欧盟之外的其他国家提供货物或者服务的英国经营者。

英国对连续 12 个月的营业额低于起征点 67000 英镑(122040 美元)的小规模纳税人以其营业额为税基适用比例税率(不同行业税率不同)。一旦营业额降低到另外一个起点（目前是 65000 英镑，即 118391 美元）以下，增值税纳税人可以撤销登记但必须在撤销登记之日结清其应当缴纳的增值税。英国对小规模纳税人在征管上也有一些特殊待遇，如小规模纳税人在其客户没有缴纳增值税或自身未向购买者付税之前不必缴纳和申报增值税，小规模纳税人可以每年申报一次增值税。英国允许小规模纳税人自愿注册成为一般的增值税纳税人。

当纳税人的经营收入全部或主要来源于适用零税率的货物或行业（如书籍报纸杂志、特定食品、儿童服装、处方药品、新建住宅、交通服务、出口货物及相关服务）时，可以免于登记。

英国允许实际上受"共同经营管理"的企业申请注册增值税集团纳税人，集团纳税人整体被视为一个纳税人，共用一个增值税号，填报一张纳税申报表，集团内部交易行为不征增值税。

英国对未设立企业实行与比利时类似的制度。

4. 俄罗斯增值税纳税人制度

俄罗斯的增值税纳税人是在俄罗斯境内提供应税货物或服务，以及向俄罗斯进口货物的法律实体或者个人独资企业。对于进口增值税而言，个人也可以被视为进口增值税的纳税人。俄罗斯并没有明确规定增值税纳税人的起征点，即符合什么条件的企业才能成为增值税的纳税人。但是，税法中规定了如果在连续三个日历月份中，企业的总营业额低于 200 万卢布（约合 86000 美元），则可以免缴增值税。俄罗斯无增值税集团纳税人的规定。

俄罗斯没有单独的增值税登记，但是一般的税务登记包括了增值税登记。俄罗斯税务机关给每一个纳税人签发一个税号，该号码适用于所有的税种。

5. 新加坡货物劳务税纳税人制度

新加坡货物劳务税的纳税人是指依照税法进行了登记或应当进行登记的经营实体或个人。需要进行货物劳务税登记的主体必须是在新加坡进行应税行为且金额超过起征点的主体，目前的起征点是 100 万新加坡元（约合 70 万美元）。

如果货物劳务税的纳税主体预计在未来 12 个月内其应税行为的总价值将超过登记注册标准，则该纳税主体应当进行登记。免税行为的收入不包括在上述营业额之中。

如果主体仅从事适用零税率的经营行为则可以申请不进行登记。营业额处于登记注册起点之下的主体可以申请自愿登记,但必须经过税务机关的批准。被批准进行自愿登记的纳税人必须在至少2年的期间内保留登记。

新加坡允许实际上受"共同经营管理"的企业申请注册货物劳务税集团纳税人,但各企业必须首先各自注册为货物劳务税纳税人。集团纳税人整体被视为一个纳税人,共用一个增值税号,填报一张纳税申报表,集团内部交易行为不征货物劳务税。新加坡还允许纳税人将其从事应税行为的不同部门(分支)分别注册为货物劳务税纳税人,以便于征管,同样,不同部门(分支)之间交易行为不征货物劳务税。

6. 加拿大货物劳务税纳税人制度

加拿大货物劳务税纳税人是指在加拿大境内从事货物销售或服务提供的实体或个人(包括自然人、合伙、公司、信托、遗嘱执行人和其他任何组织)。加拿大增值税中没有起征点制度,但设置了一般纳税人和小规模纳税人两种制度。小规模纳税人以外的纳税人都是一般纳税人。在加拿大,小规模纳税人的标准是之前四个季度中的销售额总和不超过3万加元(约合27510美元)。对公共服务机构(如慈善机构、非盈利组织、政府机构、大学、学校和医院等)小规模纳税人标准是不超过5万加元(约合45850美元)。小规模纳税人可以进行自愿的登记。在获得资格后,他们可以要求税额的抵扣,否则不得抵扣进项税额。

加拿大无货物劳务税集团纳税人的规定。进口服务或无形资产的实体或个人要进行货物劳务税的自我评估并纳税,除非这些服务和无形资产的使用仅限于商业活动本身。

7. 澳大利亚货物劳务税纳税人制度

澳大利亚货物劳务税的起征点为7.5万澳元(约合5.4万美元),对非盈利组织的起征点为15万澳元(约合10.8万美元)。判断纳税人营业额是否超过起征点是以当前年度营业额(本月加之前的11个月的营业额之和)和未来年度预计营业额(本月加之后的11个月的预计营业额之和)来衡量的。澳大利亚无小规模纳税人制度,营业额低于起征点的经营者不缴纳增值税,高于起征点的都是增值税一般纳税人。

8. 新西兰货物劳务税纳税人制度

新西兰货物劳务税的起征点为4万新西兰元(约合2万美元)。判断纳

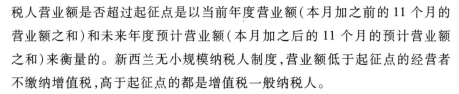

税人营业额是否超过起征点是以当前年度营业额(本月加之前的 11 个月的营业额之和)和未来年度预计营业额(本月加之后的 11 个月的预计营业额之和)来衡量的。新西兰无小规模纳税人制度,营业额低于起征点的经营者不缴纳增值税,高于起征点的都是增值税一般纳税人。

9. 印度增值税纳税人制度

印度所征收的类似增值税的税收包括联邦服务税、增值税、销售税和州增值税。其中,前三个税种是由联邦政府开征的,后一个税种是各州开征的。

联邦服务税的纳税人是提供法律规定的应税服务的主体。服务税的起征点是 100 万卢比(约合 2 万美元)。营业额在此标准以下的服务提供者不需要缴纳服务税。由于从小型企业那里征税的成本比较高,最近该起征点有所提高。对于从位于印度境外并且在印度没有设立机构场所的服务提供者那里进口服务而言,位于印度的服务接受者有义务根据"反向征收"规则来缴纳进口服务的服务税。如果该海外的服务提供者在印度设立了机构场所或者代理人,并且该机构场所或者代理人与该服务的提供直接相关,则纳税义务应当由服务提供者承担。海外主体向其位于印度的分支机构提供服务将被视为服务进口。个人从印度境外进口的服务不属于征税范围,除非该服务用于个人的经营目的。

联邦增值税的纳税人为在印度生产和加工货物的主体。如果小型生产企业年度生产加工货物的总额不超过 4000 万卢比,则该企业所生产的货物不需要缴纳联邦增值税。这一限制不适用于替商标所有者制造货物的小型生产企业,因为商标所有者可以雇佣若干家小型生产企业来制造其商品从而达到避税的目的。除此以外,政府还全部或者部分免除了很多产品(例如,医疗药品,信息技术产品)的联邦增值税纳税义务。

州增值税,由各州对于州内销售货物的行为征收,也是环环抵扣的增值税。货物的销售者可以抵扣其在购进货物时在该州缴纳的增值税进项税。对于向其他州缴纳的增值税不允许扣除。根据大部分州的立法,企业纳税的起点是年营业额达到 50 万卢比。

联邦销售税是对跨州销售货物所征收的单环节销售税。联邦销售税由联邦立法开征,由销售发生地的各州征收。该税收没有抵扣机制,并且是最终税负,不能用于抵扣任何其他税收。议会已经提议每年降低税率1%,目

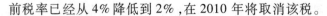

前税率已经从4%降低到2%,在2010年将取消该税。

10. 蒙古增值税纳税人制度

蒙古增值税纳税人是指在蒙古国境内从事商品的进出口、生产销售和提供服务的公民和法人。任何人要在成为增值税纳税人之日起10日内向所属税务机关申请登记。在收到公民、法人申请之后,税务机关应在3个工作日内将其登记为增值税纳税人并颁发证书。增值税纳税人证书式样由国家税务总局局长批准。上述公民、法人按要求填写了原始会计统计资料的,如果本人希望登记为增值税纳税人,可予以登记。按服务合同固定或临时从事服务的公民不属于增值税纳税人。

公民、法人被登记为增值税纳税人后,如企业、机关的财务报表、个人的收入与纳税申报表证明其在登记后的当年内课税收入不足1000万图格里克(约合8741美元),并且在以后数年内该收入也达不到1000万图格里克的,所属税务机关要将其从增值税纳税人登记资料中除名,收回证书。纳税人被从登记资料中除名不作为不再次进行登记的依据。国家税务总局每月通过新闻媒体向社会公布全国增值税纳税企业、机关、公民的登记和除名名单。

二、增值税纳税人制度的国际经验总结

从国际经验看,各国界定增值税纳税人的核心要素是"起征点"。起征点是分水岭,通过设定起征点,将增值税纳税人和非增值税纳税人区别开来。

(一)增值税起征点理论

增值税起征点通常以企业在特定时期内的销售额为基础。鉴于此,从理论上讲最优起征点的确定应取决于下列因素:一是每单位销售额中增值所占比例;二是增值税税率;三是增值税纳税人的合规成本;四是政府的征管成本;五是政府征收到的每单位额外资金对政府的价值。用直观理念来讲,如果将起征点降低1元,会将额外一个企业纳入增值税的网络中,那么额外的合规和征管成本也会随之产生。这种实质的经济成本只使资金从纳税人手中转移至政府手中,但不会创造真正的社会价值。因此,只有当资金在政府手中比在纳税人手中更有价值时,这种做法才说得过去。

经济学家已根据以上逻辑推导出一个计算增值税最优起征点的简易公式。[①]　由于每单位销售额中增值比例在不同产业有所不同,因此该公式意味着不同行业应适用不同的起征点。但另一种观点是,为了避免复杂的分类,不论起征点确定在何种额度,对所有纳税人都应相同适用。

增值税起征点的设定在实践中更为复杂,至少应将下列情况考虑在内。

1. 自愿登记

有些在起征点之下的小型企业可能更愿意加入增值税的体系。如果一个企业向其他已作增值税登记的企业出售产品和服务,但本身不具有增值税纳税人身份,那么相对于具有增值税纳税人身份的供应商,该企业就会因无法出具增值税发票而处于不利的地位。如果允许在起征点之下的小型企业自愿选择登记成增值税纳税人,该问题就可相应解决,但同时应该要求该企业证明其有能力配合增值税征管,并且其主要供货对象是增值税纳税人。若赋予小型企业这种自愿登记为增值税纳税人的权利,也需采纳配套措施防范欺诈行为(如一个企业在登记后申请进项抵扣和退税,随后立即注销登记)。

2. 规避增值税登记的企业

有的超过起征点的企业可能更愿意被排除在增值税的体系外,这可能是因为这些企业的销售对象是最终消费者或其他无须增值税发票的、未作增值税登记的企业,也可能是因为企业的增值额占其提供货物或服务的价格较高的比例。在这两种情况下,企业都会因不缴纳增值税而获益(可以降低价格,或保留更多利润)。因此,企业可能通过隐瞒营业收入或将一个企业拆分成若干个更小的企业的方式使其置身于起征点以下。为了应对此类避税行为,税务机关可以对企业作出惩罚,也可以在决定企业是否达到起征点标准时将关联企业的销售额汇总计算。

3. 已登记企业的税务欺诈行为

如果一些企业被排除在增值税体系之外,那么缴纳增值税的企业在向不缴纳增值税的企业出售商品时会产生欺诈的动机,比如不将此类销售计

[①]　该公式是:$z = (\delta A + C)/(\delta - 1)\tau v$。其中 z 是最优起征点,δ 是政府征收到的每单位额外资金对政府的价值,A 是政府对一个纳税人的管理成本,C 是纳税人的合规成本,τ 是增值税税率,v 是每单位销售额中增值比例。见 Michael Keen and Jack Mintz,"The optimal threshold for a value-added tax",Journal of Public Economics 88, 2004,第 559 页至 576 页。

入账簿(在买方不是增值税纳税人的情况下此类行为较难被发现),或在交易时将增值税发票出具给不是真实买方的其他增值税纳税人。税务机关在对增值税纳税人进行审计时必须设法发现此类行为。

几乎所有国家的增值税都有起征点制度,只有超过起征点的经营者才被要求进行登记并征收增值税。通常,起征点是基于营业额,而非净利润。起征点制度意味着增值税仅仅适用于大中型的经营者,尽管也有不少国家规定小规模经营者也可以自愿的方式要求登记注册为增值税纳税人。各国对纳税人的定义都包括根据法律的规定已经进行登记的主体以及根据法律的规定被要求进行登记的主体。如果法律不把后者视为纳税人,经营者就可以通过简单地不登记而避免增值税的纳税义务。纳税人应当就未进行登记的行为承担法律责任,但是这一法律责任有可能远小于它们通过不登记而规避的增值税纳税义务。如果登记主体的定义包括已经进行登记的主体以及被要求进行登记的主体,那么所有应当纳税的主体都要就其应税行为承担全部增值税纳税义务,即使该主体没有进行登记。

(二)各国经验的总结

1. 设定起征点制度

起征点制度的设立是为了确保增值税管理的有效运作。事实上,无论是现代的还是传统的增值税制度都是建立在"自我申报"制度的基础之上。经营者必须保留所有购货和销货的充分凭证,但是仅仅将总数报告给税务主管机关。增值税纳税申报表通常只是一页纸,常常只有六行到八行数字需要纳税人来填写。税务主管机关使用一系列的数据库和风险分析方法来选择需要未来进行审计的纳税人。

表一显示出 39 个国家(其中多数国家是经合组织成员)在设定增值税起征点时采取的不同做法。从中可以看出,即使是经济发展程度、地理位置和人口规模都很相似的国家仍可能采取非常不同的做法。在 39 个国家中,有 12 个对小型企业采取了不同于正常增值税制度的补充性("简化")征税方式。表二显示出一些发展中国家的相关实践。表三显示了来自于五个发展中国家的数据,这五国的经验体现出与中国相似的规律,即相对低比例的纳税人(如大规模企业)缴纳了大部分税额。

特别是鉴于这种税收收入集中来源于一小部分大型企业的现实,国际增值税研究者一般都对很多国家采取低起征点的做法持批评态度。他们认为,尤其在发展中国家,税收征管能力有限,将太多的纳税人纳入增值税体系中会耗尽征管能力,又无法增加税收收入。坦率地说,将大量精力用在小规模纳税人身上是在做"无用功"。[①] 从理论角度,为什么一些国家设定较低的增值税起征点是一个谜,低起征点所带来的合规效果以及对小型纳税人征收补充性流转税(国际上的增值税研究者也不同意此种做法)的结果也尚不明确。

另外,自我申报制度与起征点制度结合在一起,对于现代税收征管制度的有效运行是非常重要的。二者的结合可以产生两个方面的好处:第一,降低了行政成本,使得税务主管机关能够专注于具有较高价值的纳税人。第二,允许小规模经营者避免遵守增值税制度的成本。相对于大型经营者的规模经济以及广泛使用电子化手段,小规模经营者遵守增值税法的成本显得特别高,允许小规模经营者避免高成本的制度通常会受到经营者的欢迎。

一般而言,起征点的设定要考虑两个因素:税收收入与征管能力。有些国家引进彻底增值税制度是作为税收行政管理制度改革的一个工具,这些国家设定起征点一般比较高,以限制纳税人的数量,确保税务行政管理能够承担有效的风险分析并帮助审计目标的确定。税收收入的估计也是一个需要考虑的因素,因为将部分从事应税行为的主体排除在纳税人之外将直接影响到增值税的一部分收入。

尽管免除了小规模经营者的登记注册,且不对其征收增值税,但小规模经营者在从事经营活动时购进的原材料和服务通常都会包含一些增值税,这些小规模经营者被视为最终消费者,不能就其进项税主张任何抵扣。已经缴纳的增值税税款以及所承担的增值税成本将转移给它们的消费者。将起征点以下的经营者置于税收网络之外是非常常见的。将它们视为最终消费者意味着某些增值税将被它们的消费者所承担。

2. 设定登记注册的自愿选择权

几乎所有的增值税制度都允许在起征点以下的经营者进行自愿登记,有两种类型的经营者会接受这一选择。

第一种类型的经营者是从事出口销售的经营者。在发达的市场经济国

---

① Bird and Gendron, VAT Revisited:A New Look at the Value Added Tax in Developing and Transitional Countries(USAID 2005),第 87 页。

家,小规模经营者进行出口是非常常见的。国家希望小规模经营者能够将出口销售进行登记并且退还它们在购进货物时所缴纳的所有增值税,这样,出口商品的价格中就不包含增值税。这一制度有利于这些出口企业在世界市场上从事竞争。世界各国的市场都是按照增值税的目的地原则来运作的,即货物或者服务应当在消费者所在地缴纳增值税。销售者所在国家应当退还出口商品所缴纳的增值税以避免重复征税。

各国通常允许起征点以下的小规模经营者进行登记的第二个原因是使得这些企业能够向增值税一般纳税人提供货物或者服务。这对于市场的有效运作是非常重要的。一般纳税人需要购进原材料和服务时,不愿意与免除增值税的小规模经营者进行交易,因为其与小规模经营者交易中包含的进项税无法获得抵扣。结果,大部分一般纳税人就只愿意从其他一般纳税人那里购买货物与服务。如果营业额在登记注册标准以下的小规模经营者不被允许进行登记,它们就无法与一般纳税人公平竞争。

允许起征点以下的经营者进行登记的主要风险是"业余爱好经营",它们并不计划以商业企业的形式来从事经营,而只是从结构上看似一个经营者,在登记注册后该经营者可以就其个人消费的购进货物主张进项税额抵扣。这种现象几乎在所有的国家都已经出现,这就需要我们在对产生亏损的企业给予进项税额抵扣之前对于登记提出更加严格的信息要求以及在实践中从事更有效的审计制度。加拿大法院采取了一个明确的"合理预期利润"的检验标准来确定纳税人的身份,是处于起步阶段而产生损失的纳税人还是一个主要为了个人消费而经营的纳税人。这一检验标准所需要考查的证据包括经营者准备经营的方式、销售项目的基础等等。在不使用法院判例规则的国家(加拿大使用普通法规则,其很多法律都依赖司法先例),将这种检验标准纳入立法可能是比较明智的。

3. 规定补充性征税方案

一些国家对小型企业采取了特殊的增值税征税方案以对正常增值税征收体系进行补充。这种体系不允许小型企业进行进项抵扣或像正常增值税纳税人一样出具增值税发票,而是针对销售额征收较低税率的流转税。尽管此类征税方式被称为增值税制度的一部分,但实质上不是增值税,而同营业税一样是有重复征税效应的流转税。结果是,在区分正常增值税纳税人和适用流转税的企业时也会产生上述三种区分增值税纳税人和非增值税纳税人所面临的问题。对小规模纳税人采用特别征税方式的目的并非是为减轻上述三种问题,而经常是以如下两点为目标:一是从小型企业中征收更多的税额;二是应付有关不公平的抱怨,即起征点以上的企业需缴纳增值税,但起征点以下的企业却无须缴纳任何增值税。

从国际经验来看,通过对小型企业征收流转税的方式来补充增值税制度这一做法很难达到上述两个目标。首先,小型企业所能带来的税收收入通常很少,但其庞大的数量极大地增加了征管成本。在很多国家,小型企业占增值税纳税人总数的90%以上,但只产生不到10%的税收收入。其次,公平性这一目标也经常落空。这有时是因为对小型企业设定的流转税税率过高,但即使低税率也会对不同行业产生不同影响。另外,由于税务机关必须对大量的纳税人进行管理,且许多纳税人会计核算不健全、财务账目不清,无法确定其销售收入而需要税务机关核定,在实践中很难规范税务机关的行政行为。

三、我国增值税纳税人制度的基本情况和存在的问题

(一)我国增值税纳税人制度概况

我国增值税的纳税人是在中华人民共和国境内销售货物或者提供加工、修理修配服务以及进口货物的单位和个人。从征收管理的角度出发,我国增值税法把增值税纳税人分为两类:增值税一般纳税人和增值税小规模纳税人。前者采取规范的税额抵扣法来纳税,可以领购和开具增值税专用发票;后者采取简易方法来纳税,不能领购和开具增值税专用发票。增值税一般纳税人地位并不是自动获得的,必须经过税务机关的认证。根据现行规定,年应税销售额低于小规模纳税人标准的个人、非企业性单位、不经常发生应税行为的企业,视同小规模纳税人纳税。以从事货物生产或提供应税服务为主,并兼营货物的批发或零售的纳税人,是指该类纳税人的全部年应税销售额中货物或应税服务的销售额超过50%,批发或零售货物的销售额不到50%。非企业性单位如果经常发生增值税应税行为,并且符合一般纳税人条件,可以认定为一般纳税人。

小规模纳税人的标准为:从事货物生产或者提供应税服务的纳税人,以及以从事货物生产或者提供应税服务为主,并兼营货物批发或者零售的纳税人,年应征增值税销售额(以下简称应税销售额)在50万元以下(约合7.3

万美元,含本数,下同)的;其他纳税人,年应税销售额在 80 万元(约合 11.7 万美元)以下的。

对个人纳税人适用的起征点幅度为:(1)销售货物的,为月销售额 2000—5000 元(约合 292—730 美元);(2)销售应税劳务的,为月销售额 1500—3000 元(约合 219—438 美元);(3)按次纳税的,为每次(日)销售额 150—200 元(约合 22—29 美元)。省级财政厅(局)和国家税务局应在规定的幅度内,根据实际情况确定本地区适用的起征点。

(二)一般纳税人的认定

增值税暂行条例第 13 条规定:"小规模纳税人以外的纳税人应当向主管税务机关申请资格认定。具体认定办法由国务院税务主管部门制定。小规模纳税人会计核算健全,能够提供准确税务资料的,可以向主管税务机关申请资格认定,不作为小规模纳税人,依照本条例有关规定计算应纳税额。"

根据《增值税一般纳税人申请认定办法》的规定,凡增值税一般纳税人(以下简称一般纳税人),均应依照该办法向其企业所在地主管税务机关申请办理一般纳税人认定手续。

一般纳税人总分支机构不在同一县(市)的,应分别向其机构所在地主管税务机关申请办理一般纳税人认定手续。企业申请办理一般纳税人认定手续,应提出申请报告,并提供下列有关证件、资料:(1)营业执照;(2)有关合同、章程、协议书;(3)银行账号证明;(4)税务机关要求提供的其他有关证件、资料。上述第(4)项所列证件、资料的内容由省级税务机关确定。

主管税务机关在初步审核企业的申请报告和有关资料后,发给《增值税一般纳税人申请认定表》,企业应如实填写该表(一式两份),并将填报的该表经审批后一份交基层征收机关,一份退企业留存。《增值税一般纳税人申请认定表》表样,由国家税务总局统一制定。对于企业填报的《增值税一般纳税人申请认定表》,负责审批的县级以上税务机关应在收到之日起 30 日内审核完毕。符合一般纳税人条件的,在其《税务登记证》副本首页上方加盖"增值税一般纳税人"确认专章,作为领购增值税专用发票的证件。

新开业的符合一般纳税人条件的企业,应在办理税务登记的同时申请办理一般纳税人认定手续。税务机关对其(非商贸企业)预计年应税销售额超过小规模企业标准的一般纳税人;其开业后的实际年应税销售额未超过小规模纳税人标准的,应重新申请办理一般纳税人认定手续。

年应税销售额未超过标准的商业企业以外的其他小规模企业,会计核算健全,能准确核算并提供销项税额、进项税额的,可申请办理一般纳税人认定手续。纳税人总分支机构实行统一核算,其总机构年应税销售额超过小规模企业标准,但分支机构是商业企业以外的其他企业,年应税销售未超过小规模企业标准的,其分支机构可申请办理一般纳税人认定手续。在办理认定手续时,须提供总机构所在地主管税务机关批准其总机构为一般纳税人的证明(总机构申请认定表的影印件)。由于销售免税货物不得开具增值税专用发票,因此所有销售免税货物的企业都不办理一般纳税人认定手续。

已开业的小规模企业(商贸企业除外),其年应税销售额超过小规模纳税标准的,应在次年1月底以前申请办理一般纳税人认定手续。对于被认定为增值税一般纳税人的企业,由于其可以使用增值税专用发票,并实行税款抵扣制度,因此,必须对一般纳税人加强管理,进行税务检查。根据1995年1月国家税务总局《关于加强增值税征收管理工作的通知》规定,一般纳税人如果违反专用发票使用规定的,税务机关应按税收征管法和发票管理办法的有关规定处罚;对会计不健全,不能向税务机关提供准确税务资料的,停止其抵扣进项税额,取消其专用发票使用权;对某些年销售额在一般纳税人规定标准以下的,如限期还不纠正,则取消其一般纳税人资格,按小规模纳税人的征税规定征税;纳税人在停止抵扣进项税额期间所购进货物或应税服务的进项税额,不得结转到经批准准许抵扣进项税额时抵扣。

(三)小规模纳税人制度概况

从2009年1月1日起,我国小规模纳税人的划分标准为:从事货物生产或者提供应税服务的纳税人,以及以从事货物生产或者提供应税服务为主,并兼营货物批发或者零售的纳税人,年应征增值税销售额(以下简称应税销售额)在50万元以下(含本数,下同)的;其他纳税人,年应税销售额在80万元以下的。以从事货物生产或者提供应税服务为主,是指纳税人的年货物生产或者提供应税服务的销售额占年应税销售额的比重在50%以上。年应税销售额超过小规模纳税人标准的其他个人按小规模纳税人纳税;非企业性单位、不经常发生应税行为的企业可选择按小规模纳税人纳税。

2009年1月1日之前,我国小规模纳税人的标准规定如下:从事货物生产或提供应税服务的纳税人,以及以从事货物生产或提供应税服务为主,并兼营货物批发或零售的纳税人,年应征增值税销售额(以下简称应税销售额)在 100 万元以下的;从事货物批发或零售的纳税人,年应税销售额在 180 万元以下的。

小规模纳税人销售货物或者应税服务,实行按照销售额和征收率计算应纳税额的简易办法,并不得抵扣进项税额。应纳税额计算公式:应纳税额 = 销售额 × 征收率。小规模纳税人的销售额不包括其应纳税额。小规模纳税人销售货物或者应税服务采用销售额和应纳税额合并定价方法的,按下列公式计算销售额:销售额 = 含税销售额 ÷ (1 + 征收率)。小规模纳税人因销售货物退回或者折让退还给购买方的销售额,应从发生销售货物退回或者折让当期的销售额中扣减。

小规模纳税人会计核算健全,能够提供准确税务资料的,可以向主管税务机关申请资格认定,不作为小规模纳税人,依照一般纳税人的有关规定计算应纳税额。会计核算健全,是指能够按照国家统一的会计制度规定设置账簿,根据合法、有效凭证核算。

(四)我国增值税纳税人制度存在的问题

我国分类管理的纳税人制度问题比较突出。

1. 起征点太低。目前,增值税起征点的适用范围限于个人,销售货物的为月销售额 2000—5000 元,销售应税劳务的为月销售额 1500—3000 元,按次纳税的为每次(日)销售额 150—200 元。高于起征点的个人、所有企业不论规模大小都是增值税或营业税纳税人。较低的起征点使大量小企业成为增值税纳税人,不得不将纳税人区分为一般纳税人和小规模纳税人,对小规模纳税人实行简易征收办法以降低征管成本。

2. 小规模纳税人制度的效率低。虽然小规模纳税人数量庞大,但从小规模纳税人筹集到的税收收入相对于一般纳税人却十分有限,2004 年全国小规模纳税人增值税收入占增值税总收入的比例已低至 5.27%(见表四)。并且,小规模纳税人制度造成重复征税,导致对经济活动的扭曲,不利于促进中小企业的发展。这一制度本身就是不愿放弃这部分税源的政府税收权力与征管成本提高的实际困难这对矛盾妥协的产物,也是一个公平征税与征管效率的问题。因此,纳税人制度的改革和完善、小规模纳税人制度的存废必须与增值税起征点制度结合起来考虑,这是改革和完善我国增值税制度、降低增值税征管成本、提高增值税税制效率的重要举措。

四、我国增值税纳税人制度改革与立法的建议

总体上,对于我国增值税纳税人制度改革与立法的建议是:提高起征点,取消小规模纳税人制度。这一建议基于以下理由:

(一)现行纳税人制度较易过渡

我国现行的增值税纳税人制度的特点决定了提高起征点、取消小规模纳税人制度,制度过渡比较容易。

第一,划分一般纳税人和小规模纳税人的标准在 2008 年年底与增值税转型配套的增值税暂行条例修订中大大降低。在此修订之前,小规模纳税人的标准是年应征增值税销售额在 100 万元以下的生产或提供应税劳务者,以及年应税销售额在 180 万元以下的货物批发或零售者。降低标准的效果应当是一般纳税人数量增加,小规模纳税人数量减少。若新标准在实践中获得认可,就潜在地表明税务机关有能力按照正常增值税方法来管理更多数量的增值税纳税人。

第二,小规模纳税人制度的效率进一步降低。2008 年的增值税规则修订将小规模纳税人增值税征收率从 6% 降至 3%。多方面的证据表明,6% 的税率在很多行业使得小规模纳税人比一般纳税人承担了更高的税负,征收率的重要调整是对这些证据的回应。但是,在减少小规模纳税人的数量的同时降低对他们适用的税率,意味着从小规模纳税人取得的增值税收入占增值税总收入的比例会比以前更小。2009 年实行的新规则很可能使小规模纳税人增值税收入占增值税总收入的比例降至 2% 左右。同时,数据表明,小规模纳税人在已登记增值税纳税人中占很大比例。

第三,征管容易过渡。对小规模纳税人和一般纳税人的区分带来的合规问题,实际上是正常起征点制度(即纳税人在起征点以上就按标准的增值税方法缴税,在起征点以下就无需缴税)同样需要面对的。因此,我国的增值税制度为解决起征点合规问题已积累了一定经验。例如,对企业如何获得一般纳税人的地位有着很多程序性规定,并且还为企业提供使用发票抵扣机制的培训。纳税人一经被认定为一般纳税人,一般不得转为小规模纳税人。这有利于防止滥用增值税纳税人的地位进行欺诈。纳税人销售额超过小规模纳税人标准,未申请办理一般纳税人认定手续的,按销售额依照增值税税率计算应纳税额,不得抵扣进项税额,也不得使用增值税专用发票。

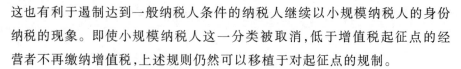

这也有利于遏制达到一般纳税人条件的纳税人继续以小规模纳税人的身份纳税的现象。即使小规模纳税人这一分类被取消,低于增值税起征点的经营者不再缴纳增值税,上述规则仍然可以移植于对起征点的规制。

（二）国际经验的支持

从实行增值税制尤其是现代增值税制（如新加坡、澳大利亚、新西兰）国家的实践来看,普遍实行了较高的增值税起征点,以降低征管成本,并将有限的征管资源用于征收和稽查规模较大的纳税人。其中不少国家,如印度等国,已经或正在酝酿进一步提高其增值税起征点。而没有设置增值税起征点的国家,有的规定对于营业额低于一定标准的小企业实行免税,如俄罗斯等国;有的已经为其对小规模纳税人所支付的高额征管成本而头痛不已,如比利时等国。从中国的实践来看,我们对个人纳税人设置了相当低的起征点[①],对企业纳税人没有设置起征点,而是规定企业纳税人营业额超过一定标准的才适用增值税一般纳税人制度,低于该标准的按小规模纳税人对待,适用简易征收办法,即营业额乘以征收率。税务机关有可能不愿意放弃这部分税基,不愿意将小规模经营者视为最终消费者。

世界上大部分实行增值税制的国家（除少数欧盟国家和加拿大外）并没有类似于中国的小规模纳税人制度的设计,而是规定营业额低于起征点的主体不是增值税纳税人,不负有增值税纳税义务（纳税人自愿登记注册为增值税纳税人的除外）,凡是营业额超过增值税起征点的纳税人都按照一般纳税人处理。主要考虑是,对小规模纳税人采取特殊征收方法（如对其营业额适用征收率计算应纳税额）会割裂增值税的抵扣链条,因为小规模纳税人的进项税无法抵扣,且其与一般纳税人发生交易行为时,一般纳税人也无法获得完全的进项税抵扣,对经济造成扭曲,使小规模纳税人在与一般纳税人竞争时处于不利地位。

（三）具体改革与立法的建议和需考虑的因素

增值税起征点制度的设计是为了降低征管成本,提高征管效率和效益,使税制更加经济,即用最低的征管成本取得最多的税收收入。因此,增值税的起征点如何设置取决于一国的经济状况、纳税人构成（大、中、小各类纳税

---

① 增值税起征点的适用范围限于个人,销售货物的为月销售额 2000—5000 元,销售应税劳务的为月销售额 1500—3000 元,按次纳税的为每次（日）销售额 150—200 元。

人的所占比重)、各类纳税人对于增值税收入的贡献度(从大、中、小各类纳税人所获得的增值税收入占总收入的比重)、征管能力和水平(对大、中、小各类纳税人的征税成本,即每征收1元增值税的征管成本)等因素,各国起征点的具体数值无法进行直接的比较,但应当明确的是科学的增值税制度设计必须考虑征管能力和征管效率,而设置较高的增值税起征点无疑有助于这一目标的实现。

增值税一般纳税人的认定标准不宜过低。认定标准过低会导致征管成本和纳税人的遵从成本大大增加,由此可能会给整个社会带来负效益。因为凡是达到一般纳税人销售额标准的就必须进行一般纳税人的认定,否则仍然要按照小规模纳税人的税率计算缴纳销项税额,同时不允许抵扣进项税额。这样会逼迫很多不想成为一般纳税人的企业降低自身的规模或者采取分割的方式将大企业变成小企业,从而扭曲了市场主体行为。

提高一般纳税人销售额的认定标准必须有一个与之配合的制度,即小规模纳税人自愿成为一般纳税人。有些企业虽然规模较小,但增值率比较低,仍然愿意按照一般纳税人的纳税方法来缴纳增值税。这是纳税人的一种权利,不应当因为其规模小而予以剥夺。否则,如果小规模纳税人向一般纳税人转化的过程比较困难,就会增加一部分小规模纳税人的增值税负担,从而抑制这些企业的发展,而这种抑制并不一定符合市场价值规律,从而会产生负效益。

总的看,由于国外一般并不存在增值税小规模纳税人制度,仅存在增值税起征点制度,因此,可以考虑借鉴国外做法,取消我国增值税小规模纳税人制度,同时大幅提高增值税起征点,起征点以下的经营者不需要缴纳增值税,但其进项税额也不允许抵扣,即将起征点以下的经营者视为最终消费者。超过起征点的经营者都按照一般纳税人管理。起征点以下的经营者在满足一定条件时可以申请登记注册为增值税纳税人。这样会极大地降低增值税征管成本,将有限的征管资源用于对大中型企业的监管,也有利于加强监管,堵塞漏洞,提高增值税的征收率。

设定增值税起征点的做法必须考虑以下两点因素。首先,从2009年开始,小规模纳税人所缴纳的增值税额占全国增值税总收入的比例进一步缩小(可能仅为2%),不得不考虑在新增值税体系中保留小规模纳税人制度是否必要。如果废除小规模纳税人制度,增值税起征点和划分一般纳税人与小规模纳税人的界限将合二为一,并将二者都设定在相对较高的水平上,则纳税人的数量会显著减少,而税收收入也可能不降反升,原因是税务机关可以集中有限的征管资源加强对一般纳税人的征管。

第二个考虑因素是,若小规模纳税人制度被保留,则营业税和增值税合并所带来的优化效果会有所折扣,因为小规模纳税人制度的运行模式与营业税相似,都是带有重复征税效果的流转税。若小规模纳税人制度被保留,也就意味着大多数营业税纳税人的状况没有改变,无法享受到增值税的中性和效率所带来的好处。另外,多数税务机关仍需将大量人力放在名为增值税实为流转税的管理上,无法将精力放在使增值税体系扩大至整个经济的工作中。可以说,是否做出取消增值税小规模纳税人这一抉择,是决定增值税改革能否显著提高我国税收征管水平和效率的重要因素之一。

综上所述,我国增值税制度的改革与立法对于纳税人制度,可以配合较高的起征点,取消小规模纳税人制度,以牺牲一小部分税收收入为代价,保持增值税的中性,节约征管成本并提高征管效率。如确需保留小规模纳税人也应在提高起征点的前提下,进一步降低一般纳税人认定标准,限制小规模纳税人的数量,在降低征管成本的同时,尽量减小对经济的扭曲。

表一:部分国家增值税的起征点(对小规模纳税人采取简化税制的国家用加重标出)

国家	起征点 (用美元表示)*	相当于人民币元 (2004)	特 别 规 定
新加坡	700000	5,789000	
日本	252660	2089498	
黎巴嫩		1000000(2009)	
捷克	99960	826669	根据上一季度营业额。
英国	88627	732945	少于60万英镑可采用现金制会计核算。对零售商和农民采用简易的低税率流转税。
法国	80123	662617	除住房服务外,服务起征点是2.7万欧元。部分企业可以采用简易征收法。
斯洛伐克	75990	628437	所涉时间阶段是指前三个月。

续表

国家	起征点 （用美元表示）*	相当于人民币元 （2004）	特　别　规　定
瑞士	54317	449202	可以要求按现金制会计核算。特定的交易商采用低税率流转税。非营利性组织的起征点是 15 万瑞士法郎。
爱尔兰	53555	442900	服务行为的起征点是 2.55 万欧元。对农业等采用低税率流转税。
罗马尼亚	43928	363285	
马耳他	35326	292146	低增值的服务行为的起征点是 23364 欧元，其他服务行为是 14018 欧元。
立陶宛	29197	241459	营业额高于 2896 欧元的公司可以选择进行增值税登记。
澳大利亚	28075	232180	规模小于 100 万澳元的企业按照现金制会计核算。
塞浦路斯	25867	213920	
奥地利	23102	191054	营业额高于 7500 欧元必须登记。但是营业额高于 2.2 万欧元时销售行为才需缴税。非营利性组织的起征点是 10 万欧元。
摩洛哥		180000（2009）	
斯洛文尼亚	21394	176928	
新西兰	20963	173364	小企业可以采取现金制会计核算。
加拿大	19082	157808	少于 20 万加元采用简易征收办法。非营利性组织的起征点是 5 万加元。
德国	17453	144336	少于 12.5 万欧元可以采用现金制会计核算。
爱沙尼亚	16106	133197	
拉脱维亚	15493	128127	
卢森堡	10501	86843	
希腊	9451	78160	服务行为的起征点是 4000 欧元，农业、渔业等采用低税率流转税。
芬兰	8926	73818	

续表

国家	起征点 （用美元表示）*	相当于人民币元 （2004）	特　别　规　定
匈牙利	8918	73752	缴纳单一税率的个人所得税的企业家以 15488 欧元为起征点。
丹麦	7071	58477	
挪威	4332	35826	非营利性组织的起征点是 14 万挪威克郎。
冰岛	2724	22527	
波兰	2605	21543	因前一年度超过起征点而丧失免税地位的三年之后，可以再度取得免税资格。
比利时	0	0	5580 欧元以上才需申报纳税。少于 50 万欧元采用低税率流转税，不需开发票。
意大利	0	0	对特定类型企业实行特别的征税制度。
韩国	0	0	小企业采用简易征收办法。
墨西哥	0	0	
荷兰	0	0	特定交易人可以选择简易征收办法。
葡萄牙	0	0	但是，在采用简易征收时，有一个 12470 欧元的有效豁免，而对于无须进行标准会计记录的纳税人（从事国际贸易的纳税人除外）而言，有一个 9975 欧元的标准豁免。
西班牙	0	0	非公司企业采取简易征收的办法。
瑞典	0	0	但是某些特殊行为（如自然人向雇员提供食品）数额少于 3315 欧元，则可以免税。
土耳其	0	0	

数据来源：Bird and Gendron，VAT Revisited：A New Look at the Value Added Tax in Developing and Transitional Countries（USAID 2005）。该文引用 Annacondia and van der Corput，"VAT Registration Thresholds in Europe，"VAT Monitor，November/December，471-72（2003）.

表二：部分国家增值税的起征点以及国际货币基金组织建议的起征点

国 家	实际起征点 （美元）	相当于 人民币元	国际货币基金组织 推荐的起征点（美元）	相当于 人民币元
贝宁	80000	661600	80000	661600
布基纳法索	80000	661600	80000	661600
喀麦隆	80000	661600	60000	496200
乌干达	50000	413500	20000	165400
毛里塔尼亚	46000	380420	55000	454850
保加利亚	42000	347340	50000	413500
斯里兰卡	33000	272910	30000	248100
孟加拉国	32609	269676	34900	288623
阿尔巴尼亚	32,000	264640	50000	413500
巴基斯坦	22700	187729	70000	578900
蒙古	18750	155062	18750	155062
菲律宾	14000	115780	14000	115780
克罗地亚	8000	66160	40000	330800
萨尔瓦多	6000	49620	12000	99240
格鲁吉亚	2000	16540	12000	99240
越南	（a）国有和外资企业以及其他采取发票制的企业的起征点为0； （b）用于个人和家庭消费为公务员最低工资的 1.5 倍。		52000	430040

数据来源：Ebrill，Keen，Bodin，and Summers，The Modern VAT（2001）pp. 114。

表三：部分国家的销售额按企业大小分布[1]

最大（百分比）	埃 及	格鲁吉亚	巴基斯坦	斯里兰卡	乌干达
0.5	45	—	71	50	—
1	47	65	80	60	—
5	64	83	94	84	—
10	—	93	982	89	88
20	89	98	—	94	—
50	95.4	—	—	98	97

1 此条目是大公司的所占的营业额（在埃及是指商品及服务税的税收收入）的百分比。

数据来源：Ebrill，Keen，Bodin，and Summers，The Modern VAT（2001）pp. 118。

表四：小规模纳税人增值税收入占增值税总收入的比例（2004 年）

单位：万元	总 计	第二产业			第三产业		
		采 掘 业	制 造 业	电力、煤气及水的生产和供应业	批发和零售业	信息传输、计算机服务和软件业	其他行业
增值税收入其中	125936461	8468047	73964804	10489842	25292353	1782	7719633
一般纳税人	82670109	7433066	51016518	10167242	12644892	1638	1406753
小规模纳税人	6631915	643645	2109770	166500	3055320	142	656538
小规模纳税人占国内增值税收入的比重（%）	7.43%	7.97%	3.97%	1.61%	19.48%	7.98%	31.82%
小规模纳税人占增值税总收入的比重（%）	5.27%	7.60%	2.85%	1.59%	12.08%	7.97%	8.50%

数据来源：中国税务年鉴 2005

第四章
增值税税率比较研究

一、增值税税率概述

增值税的税率(包括征收率,下同)直接涉及到消费者最终税负和国家税收多少,设计一个科学合理的增值税税率应当考虑本国的财政状况、基本税收制度以及整体税收负担等因素。

增值税的税率一般包括基本税率、低税率和零税率(通常来说,零税率不是一档具体的税率,而是对特定交易行为在免除其销项税的前提下,允许纳税人获得进项税的返还,如出口退税)。一般来说,基本税率适用于绝大多数商品和服务,低税率适用于少数需要特殊照顾的行业,零税率适用于出口商品。低税率的适用范围是增值税税率制度设计的重要内容。增值税的征收率通常是对小规模纳税人适用的简易比例税率,这一税率的设计应当充分考虑小规模纳税人和一般纳税人的税负,尽量实现二者税收负担的基本一致。

二、国际上增值税税率的基本情况

(一)欧盟增值税税率

欧盟成员国的增值税税率尚未完全协调,但他们已经同意各成员国的增值税标准税率不得低于15%。这一税率适用于提供货物或服务、从欧盟内部取得货物或服务、向欧盟内部提供货物或服务以及向欧盟内部进口货物。最低税率适用到2010年12月31日。

欧盟成员国还可以采取一种或者两种不低于5%的低税率(除非该成员国在1991年1月1日时已经适用了低于5%的低税率或者在该成员国加入欧盟时被允许采用低于5%的低税率)。这些税率必须是固定的,是应税数额的一定百分比,并且仅仅适用于欧盟增值税指令中列示的某些特定种类的货物和服务。这一清单包括与生活必需品或者社会、文化必需品有关的货物和服务。而且,在不影响公平竞争的前提下,低税率还可以适用于天然气和电的供应。

欧盟指令规定对出口货物和服务适用零税率,即免除其销项税并允许其抵扣进项税,从而允许纳税人获得进项税的退税。

(二)比利时增值税税率

从1996年开始比利时的增值税标准税率一直保持在21%,并有12%和6%两档低税率和零税率。6%的低税率适用于住宿、旧房改造、食物、水、医药品、动物、艺术和出版物以及某些劳动密集型服务。12%的低税率适用于有限数量的货物和服务(如电视执照发放、公共住房等)。零税率适用于报纸、烟草、出口等。

(三)英国增值税税率

1979年,英国对奢侈项目适用12.5%的税率,对大部分货物和服务适用8%的低税率,同时还设有零税率。当保守派在掌权以后,首相杰弗里将这些税率都提高到15%的单一税率,以部分抵偿所得税税基和高税率大量削减所带来的冲击。

在1991年之前,增值税的税率一直保持在15%,随后,增值税税率增加到17.5%。

1993年的预算将增值税制度引入国内电力和燃料领域(1994年的税率是8%,1995年的税率是17.5%)。这一改进很不受欢迎,但是被增长的福利补贴所抵消。在英国2001年的预算中,低税率被降低到5%。适用5%低税率的货物和服务主要是对本国消费者和慈善团体提供的电力和燃料、安装节能设备、建筑装修材料、卫生保健产品等。

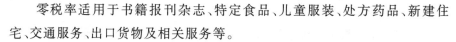

零税率适用于书籍报刊杂志、特定食品、儿童服装、处方药品、新建住宅、交通服务、出口货物及相关服务等。

（四）德国增值税税率

德国增值税标准税率原为16%，从2007年1月1日起，增值税标准税率提高到19%，低税率为7%（适用于农产品、食品、书籍报刊、文化服务、客运等）。出口货物和服务适用零税率。

（五）法国增值税税率

法国增值税税率有：标准税率19.6%；低税率5.5%和2.1%以及零税率。低税率5.5%，主要适用于生活必需品如食品、客运、书籍等；低税率2.1%，主要适用于报刊杂志、药品、演出（包括音乐剧、音乐会、芭蕾舞、马戏团）、销售家畜给非纳税人等；出口货物和服务适用零税率。在法国东南部的科西嘉省，虽然与全国执行同一部增值税法，但对进口货物和提供服务征税，税率更为优惠。法属圭亚那不实行增值税，法属马提尼克岛、瓜德罗普岛（南美洲小安的列斯群岛中部）实行增值税，税目与法国基本相同，税率更为优惠，标准税率为8.5%，低税率为2.1%。

（六）希腊增值税税率

希腊增值税的标准税率为19%，还设有两档低税率9%和4.5%。9%的低税率主要适用于一些生活必需品，如食品、药品、医疗器械、残疾人用品、旅客运输、与农业生产有关的货物和服务、酒店服务、餐饮业、自来水、供电、供气等。4.5%的低税率主要适用于书籍报纸杂志和剧场门票。

对于一些特定的希腊岛屿，在正常税率的基础上享受30%的税率优惠，即岛屿适用的税率分别为13%、6%和3%。

零税率主要适用于出口。

（七）捷克增值税税率

捷克增值税的标准税率为19%，还设有一档低税率9%。9%的低税率适用于增值税法附件一、附件二中明确列举的一些货物和服务，主要包括：食品和水、药品、书籍报纸杂志等印刷出版物、公共交通、酒店服务、医疗服务、文化体育活动门票、公共住房的建筑和装修服务等。

零税率主要适用于：向欧盟成员国销售货物（前提是购买方根据欧盟法规定有义务承担增值税）；出口货物；与国际运输有关的特定服务（如国际客运服务）等。

（八）俄罗斯增值税税率

俄罗斯增值税标准税率为18%,适用于所有在俄罗斯从事的货物和服务供应行为以及向俄罗斯进口的行为;一档低税率10%,主要适用于基本食品、特定儿童用品、药品和医疗用品等;零税率适用于出口货物及相关服务、对外交官员提供的货物和服务、外国旅客运输服务等。

（九）新加坡货物劳务税税率

新加坡1994年引入货物劳务税时,标准税率是3%,这一税率在2007年7月1日提高到7%,这是增加政府财政收入的重要措施,用以弥补政府在基础设施建设以及社会安全方面的赤字。将来还将进一步降低所得税,税制结构将继续朝向间接税为主的方向发展。

货物出口、提供国际服务适用零税率。

（十）加拿大货物劳务税税率

加拿大联邦政府征收的货物劳务税税率为5%。新斯科舍、新布伦瑞克、纽芬兰及拉布拉多几个州废除了原征收的零售销售税,改为在联邦货物劳务税税率的基础上征收8%的税收,与联邦货物劳务税合称"统一销售税",税率为13%（5%加8%）。其他各州在联邦货物劳务税的基础上还保留原零售销售税。

（十一）印度增值税税率

以前,印度存在多种联邦增值税税率,税率的水平也比较高。目前,联邦增值税的税率已经减至三档,即8%（适用于工业产品、电子产品、资本货物、药品等）、24%（大型汽车）和14%（其他货物）,另外,软件产品（定制的软件产品除外）适用12%的特别增值税税率。

1994年联邦引进服务税时,类似于中国的营业税,没有进项税抵扣机制,服务税的税率是5%。随后被改造为增值税,允许服务的提供者抵扣其在提供服务中所使用货物或者服务的进项税额。服务税的税率也相应提高了,以应对允许进项税额抵扣税基缩小所导致的税收损失。目前,服务税的税率是12%（加上0.36%的附加税）,统一适用于所有服务业。

在州增值税法实施以前,各州之间的法律缺乏协调,对于各种货物所征收的税率各不相同。目前,税率已经在实质上进行了协调,各州增值税税率基本统一,实行三档税率:1%、4%以及12.5%。由贵金属所制造的金、银和宝石等适用1%的税率;工业产品、IT产品、建筑材料、农业产品以及其他基

本生活用品适用 4% 的税率;其他产品适用 12.5% 的税率。

对于联邦所宣布的重要货物(例如,某些食物和建筑材料,如钢、铁、水泥),各州所征收的增值税税率不能超过 4%。

根据各州增值税法的规定,出口适用零税率。

(十二)蒙古国增值税税率

蒙古国对进口及销售商品、提供服务的按 15% 征收增值税。企业单位销售、出口的黄金(纯度按 999 计算),按销售收入的 10% 征收增值税。

下列商品、服务的税率为零:(1)纳税人满足了下述条件的销售活动:为销售而从蒙古国境内出口;从蒙古国境内出口商品并具备海关证明;上述规定适用于与外国企业单位、机关、公民签订合同,负责从事出口活动并被登记为增值税纳税人的公民和法人。(2)下列客运和货运服务:从蒙古国境内到外国;从外国到蒙古国境内;从外国到外国。(3)在蒙古国境外提供的服务(含免税服务)。(4)为外国公民、法人提供的服务,且提供服务(其中含免税服务)时不在蒙古国境内;本项不适用于与蒙古国境内的动产、不动产有直接关系的服务。(5)上述公民、法人在下述情形下视为不在蒙古国境内:虽然在有关国家设有代表处但在蒙古国未设代表处;虽然在有关国家未设代表处但该人(法人、自然人)定居于蒙古国以外的国家;虽然在有关国家和蒙古国均设有代表处,但该服务全部或大部分是针对有关国家代表处的。(6)在国际航空器上提供的服务。

(十三)日本增值税税率

日本增值税(名为消费税)实行 5% 的单一税率,无低税率。居民和非居民以及国内法人和外国法人在日本国内提供货物及服务必须缴纳 5% 的增值税。从事出口贸易的中小法人经申请可以选择作为纳税人,这样,不仅可以扣除进项消费税税额,还可以享受出口退税的优惠(申请期限为 2 年)。

(十四)南非增值税税率

南非增值税采取 14% 的单一标准税率,适用提供货物、服务和进口货物及特定的进口服务。零税率适用出口货物及相关服务、燃料、农产品和基本食品等。

(十五)小结

目前世界上大约有 153 个国家和地区实行增值税(或货物与劳务税)制度,但增值税的税率区别较大(部分世界主要国家增值税税率见下表)。

部分国家和地区的增值税税率一览表

国家和地区	增值税标准税率	增值税低税率	其 他 税 率
阿根廷	21%	10.5%	零税率,还有一档高税率27%①
澳大利亚	10%	无	零税率②
奥地利	19%或20%③	10%或12%	零税率④
比利时	21%	6%或12%	零税率⑤
保加利亚	20%	7%	零税率⑥
加拿大	5%或13%	无	零税率⑦
中国	17%	13%,3%⑧	零税率⑨
捷克	19%	9%	零税率⑩
欧盟	不低于15%	不低于5%	零税率
法国	19.6%	5.5%,2.1%	零税率
德国	19%	7%	零税率
希腊	19%或13%	9%,4.5%或6%,3%	零税率
印度	12.5%	4%,1%	零税率
意大利	20%	10%,4%	零税率

---

① 零税率适用于出口货物和服务,高税率适用于电信,供电、供气、供水,污水处理和下水服务等。

② 零税率适用于基本食品、水,污水处理和下水服务,出口货物和服务,与医疗、教育、宗教有关的服务,儿童看护,国际运输和邮递等。

③ 对 Jungholz 和 Mittelberg 地区适用19%标准税率和10%低税率,其他地区适用20%标准税率和12%低税率。

④ 零税率适用于出口货物和服务。以下除特别说明外零税率都适用于出口货物和服务。

⑤ 零税率适用于报纸、烟草、出口等。

⑥ 零税率适用于出口货物、国际客货运输、中介服务等。

⑦ 零税率适用于出口货物和服务,基本食物,国际运输,处方药,医疗设备,农业和渔业的特定投入等。

⑧ 3%为小规模纳税人适用的征收率。

⑨ 法律规定纳税人出口货物税率为零,但实践中出口货物退税率被用作宏观调控工具,导致货物出口实际不能获得增值税进项税的完全返还。

⑩ 零税率主要适用于向欧盟成员国销售货物(前提是购买方根据欧盟法规定有义务承担增值税),出口货物,与国际运输有关的特定服务(如国际客运服务)等。

续表

国家和地区	增值税标准税率	增值税低税率	其 他 税 率
日本	5%	无	零税率①
韩国	10%	无	零税率②
荷兰	19%	6%	零税率
新西兰	12.5%	无	零税率③
俄罗斯	18%	10%	零税率④
新加坡	7%	无	零税率⑤
南非	14%	无	零税率
蒙古	15%	10%	零税率
英国	17.5%	5%	零税率

在列出的 23 个国家和地区所实行的增值税税率中,标准税率高于 15%(含)的有 15 个,介于 10% 与 15% 之间的有 5 个,低于 10%(含)的有 3 个(日本 5%,新加坡 7%,澳大利亚 10%)。标准税率较高的国家多为欧盟国家和转轨国家,实行现代增值税制的国家一般都适用单一税率且税率较低,如新加坡、澳大利亚、新西兰等国。

三、我国增值税税率基本情况和存在的问题

(一)基本情况

我国增值税暂行条例等法规、规章和规范性文件规定,增值税纳税人销售或者进口货物,除特殊规定外,适用税率为 17%。纳税人销售或者进口下列货物,税率为 13%:粮食、食用植物油;自来水、暖气、冷气、热水、煤气、石油液化气、天然气、沼气、居民用煤炭制品;图书、报纸、杂志;饲料、化肥、农药、农机、农膜;国务院规定的其他货物。目前国务院规定的适用13%税率

---

① 零税率适用于出口货物和服务,国际客货运输和通讯服务。

② 零税率适用于出口货物和服务,国际运输和其他换取外汇的货物和服务等。

③ 零税率主要适用于出售继续经营的企业,出口货物和服务,首次销售投资用贵金属,向应税销售额占总销售额 75% 以上的纳税人提供的金融服务等。

④ 零税率主要适用于出口货物及相关服务、对外交官员提供的货物和服务、外国旅客运输服务等。

⑤ 零税率适用于出口货物和增值税法列明的国际服务。

的商品还包括：农业产品、音像制品和电子出版物、食用盐、二甲醚、生皮、生毛皮等动物皮张类商品。纳税人出口货物，税率为零；但是，国务院另有规定的除外。纳税人提供加工、修理修配服务，税率为17%。

自2009年1月1日起，小规模纳税人的征收率为3%。2009年1月1日之前，生产性小规模纳税人的征收率为6%，商业性小规模纳税人的征收率为4%。

（二）存在的问题

我国增值税税率制度的主要缺陷是标准税率偏高、低税率适用商品范围过于广泛。标准税率偏高导致消费者税负过高，由于增值税本身存在累退性，较高的增值税意味着税收负担不公平的程度较大。同时，高税率还会增强纳税人逃税的动机。

低税率适用商品范围过广会导致国家税收收入的流失，无法真正发挥低税率的作用。对于通过税率的优惠或者免税来资助穷人的最主要的缺陷是用这种方式来帮助低收入人群具有内在的低效率。尽管穷人花费更高比例的收入在基本的消费之上，例如食物、医疗、教育和住房，但是富人毫无疑问在这些消费之上花费的远高于穷人。无论穷人购买什么，富人也会购买，只是更加昂贵，质量更高而已。将税收优惠延伸到富人身上所导致的税收收入的损失将远大于穷人从税收优惠中所获得的税收利益。换句话说，如果没有税收优惠，将从富人所获得的利益收归国家并用于资助穷人的话，国家本来可以更加慷慨地帮助穷人克服他们税收负担的增加。

四、我国增值税税率制度改革的建议

设计增值税标准税率，国际上提出以下建议和标准：

1. 经济合作与发展组织（OECD）税收制度设计的五个原则，即中性、效率、确定性和简化、效力、公平与适应性；

2. 国际货币基金组织关于增值税实践的五个原则：即单一税率而非多档税率，较高的起征点，零税率仅用于出口，购置资本的进项税额给予及时抵扣，尽量减少免税，以避免扭曲进货决策并保持税收制度的透明；

3. 美国审计总署关于增值税研究所得出的五个原则：一是单一税率，即对于税基适用一种税率；二是宽税基、无例外，即所有的货物和服务都征税，包括金融服务和不动产；三是所有的企业、政府和非营利组织都是纳税人，即所有的主体都应当缴纳增值税,所有的主体在应税销售货物和服务时都应当征收增值税;四是目的地原则,即货物和服务应当在消费地纳税,进口商品应当在进口国纳税,而出口商品则应当免除国内税;五是发票抵扣制度,即基于有效的发票以及销售凭证,从销项税额中抵扣进项税额;

4. 预算要求,即政府对于增值税税收收入的需要;

5. 税法遵从与管理的简便。

现代增值税国家一般采取一档较低税率的方法,而非传统增值税国家采用的一档标准税率再加低税率的办法。完善增值税税率制度应当适当降低增值税税率,这部分税收收入的损失可以通过企业所得税和个人所得税来弥补。同时,应当尽量减少适用低税率商品和免税商品的范围,这也可以部分弥补降低增值税税率所带来的税收收入的损失。此外,国家可以通过其他方式来增加对社会贫困人口的支持力度,以抵消增值税低税率和免税商品减少后给他们增加的增值税负担。

第五章
增值税应纳税额和抵扣制度
比较研究

一、增值税应纳税额的比较

(一)增值税的应纳税额

增值税的应纳税额,是指增值税纳税人应当缴纳的增值税数额。理论上,增值税是以货物与劳务销售的增值额为计税依据所课征的税收。根据这一原理,可以采用加法、税额抵扣法等方法计算增值税应纳税额。加法,即对构成增值的各部分应纳税额分别计算并相加;税额抵扣法,即对构成增值的部分(产出和投入,销售或购进)分别乘以适用税率,各自得出税额再进行相减。这种方法也是通常指的销项税额减去进项税额的方法,是大多数采用增值税的国家(地区)用来计算增值税应纳税额的方法。

(二)有关国家(地区)增值税应纳税额的基本规定

1. 澳大利亚货物劳务税应纳税额的规定

澳大利亚货物劳务税法规定,应纳税额等于某纳税期间的增值税销项税额减去增值税进项税额以后的余额。如果该余额为正数,则纳税人应当将该数额缴纳给澳大利亚政府,如果该余

额是负数,则澳大利亚政府应当将该数额退还给纳税人。

2. 新西兰货物劳务税应纳税额的规定

新西兰货物劳务税法规定,应纳税额为增值税销项税额减去增值税进项税额以后的部分。

3. 英国增值税应纳税额的规定

英国增值税法规定,应纳税额是增值税销项税额减去进项税额以后的部分。

4. 波兰增值税应纳税额的规定

波兰增值税制度依赖于发票扣除法(即税额抵扣法),根据该方法,纳税人从其应税交易所产生的增值税纳税义务中扣除其购买货物或者劳务(包括进口和企业内部机构之间的交易)所收到增值税发票上计算的税额后的余额为应纳税额。只有当购置的货物或者劳务用于经营应税交易,进项税额才能予以扣除。

5. 南非增值税应纳税额的规定

南非增值税法规定,应纳税额为增值税销项税额减去增值税进项税额后部分。可以抵扣的进项税额必须具有符合税法规定条件的税务发票、进口报关单或者其他凭证,如果销售的是二手货物,则应当按照税法规定保留充分的记录。

6. 加拿大增值税应纳税额的规定

加拿大增值税法规定,应纳税额为增值税销项税额减去增值税进项税额后的余额。如果该报酬仅以现金的形式支付,则应纳税额根据所支付现金的一定比例计算。对于非现金形式的报酬,应考虑销售项目的公平市场价格,并以此为基础计算应纳税额。以下主体应当分别计算其总销售额:(1)出租车或服务客车运营商;(2)在加拿大境内从事研讨会的门票销售或其他事项的非居民个人。小规模经营者可以自愿登记为增值税纳税人。登记成为增值税纳税人,他们可以要求税额的抵扣。

7. 蒙古国增值税应纳税额的规定

蒙古国增值税法规定,应纳税额是发生应税供应缴纳的增值税(销项税额)减去下述已缴纳的增值税:(1)为生产服务活动从供货者购买货物而缴纳的增值税;(2)用以销售以及为了生产服务活动购进劳务而缴纳的增值税。

8. 台湾地区增值税应纳税额的规定

台湾地区《加值型及非加值型营业税法》规定,营业人当期销项税额,扣减进项税额后之余额,为当期应纳或应付营业税额。

(三)我国增值税应纳税额的基本规定

我国现行增值税制度确定了一般情形和其他情形应纳税额的计算。其中,一般情形下应纳税额的计算采用了销项税额抵扣进项税额的"税额抵扣法";而对于小规模纳税人、纳税人进口货物等其他情形,分别采用了销售额乘以征收率的方法和组成计税价格乘以税率的方法。具体情况是:增值税暂行条例第四条规定了一般情形下应纳税额的计算,即纳税人销售货物或者提供应税劳务,应纳税额为当期销项税额抵扣当期进项税额后的余额。应纳税额计算公式:"应纳税额 = 当期销项税额 – 当期进项税额。"当期销项税额小于当期进项税额不足抵扣时,其不足部分可以结转下期继续抵扣。

增值税暂行条例第十一条规定了小规模纳税应纳税额的计算,即小规模纳税人销售货物或者应税劳务,实行按照销售额和征收率计算应纳税额的简易办法,并不得抵扣进项税额。应纳税额计算公式:"应纳税额 = 销售额 × 征收率。"

增值税暂行条例第十四条规定了进口货物应纳税额的计算,即纳税人进口货物,按照组成计税价格和该条例第二条规定的税率计算应纳税额。组成计税价格和应纳税额计算公式:"组成计税价格 = 关税完税价格 + 关税 + 消费税","应纳税额 = 组成计税价格 × 税率。"

公式中"关税完税价格",是指海关核定的关税计税价格。关税是按照关税完税价格和适用关税税率所计算的应纳税额。进口的应税消费品,按照组成计税价格计算进口消费税。实行从价定率办法计算纳税的组成计税价格计算公式为:组成计税价格 = (关税完税价格 + 关税) ÷ (1 – 消费税比例税率)。

二、增值税销项税额的比较研究

(一)增值税的销项税额

增值税销项税额,是指纳税人在生产经营过程中销售货物或提供劳务时所缴纳的增值税税额。确定销项税额的关键是确认销售额,即纳税人销售货物或提供劳务向购买方收取的全部价款和价外费用,但不包括向购买方收取的销项税额。具体包括以下内容：一是销售货物与提供劳务所取得的价款；二是增值税之外的其他税收，如消费税、关税等；三是价外收取的各项费用，如装运费、保险费、代理商的佣金、拍卖商的收费、某些折扣、抵押费等；四是收货人或劳务取得者的追加费用。各国增值税销售额中普遍不包括的项目，主要是：一是增值税额；二是某些符合规定的折旧额；三是某些符合规定可以扣除的利息；四是买主或卖主没有正确履行义务的罚金等。

（二）有关国家（地区）增值税销项税额的基本规定

1. 澳大利亚货物劳务税销项税额的规定

澳大利亚货物劳务税销项税额等于货物或者劳务的计税价值乘以适用的税率。货物或者服务的计税价值等于对价减去增值税销项税额。对价包括：（1）与任何供应相关的所有付款或者所有作为和不作为；（2）为了回应任何供应或者由任何供应所导致的所有付款或者所有作为和不作为。在确定对价时，不需要考虑上述付款、作为或者不作为是否是自愿的，或者是否由供应的接收者所提供的。根据法院的判决或者其他有权机关的判决所支付的付款、作为或者不作为也属于对价，根据当事人在法院或者其他裁判机关前所达成的协议所支付的付款、作为或者不作为也属于对价。如果供应者是一个单位，而接收者是该单位的成员，或者供应者是仅仅向作为其成员的接收者进行供应的单位，它们所支付的付款、作为或者不作为也同样属于对价。

2. 新西兰货物劳务税销项税额的规定

新西兰货物劳务税销项税额等于货物或者劳务的计税价值乘以适用的税率。货物或者劳务的计税价值等于下列数额减去增值税销项税额：（1）如果供应的对价是货币，该货币的数额；（2）如果供应的对价不是货币，该对价的公开市场价值。

满足以下条件的对价等于该供应的公开市场价值：（1）该供应是无偿提供的或者该供应的对价低于公开市场价值；（2）该供应是关联供应。

3. 英国增值税销项税额的规定

在英国，增值税销项税额是指纳税主体在销售货物或者提供劳务时所收取的增值税。增值税销项税额等于销售的计税基础乘以税率。如果销售货物或提供劳务获得的对价是货币，计算销项税额的基础等于所收取的对价减去所收取的增值税销项税额。

4. 日本增值税销项税额的规定

日本增值税销项税额的计算方法是不含增值税的销售价格乘以适用的税率。对于个体经营者将经营资产用于家庭消费,企业将资产赠送给职员的情形视同销售,应当缴纳增值税。其计税依据按照该资产的市场价格来确定。如果企业将资产以明显低于市场价值的价格销售给职员,则应当按照市场价值来计算增值税的销项税额。

5. 蒙古国增值税销项税额的规定

在蒙古国,销售和进口货物、劳务按所进口及销售货物、所提供劳务的计税基础的 15% 征收增值税。除黄金以外,其他出口货物、劳务及服务的增值税税率为零。进口货物增值税的计税基础为:在按《蒙古国关税法》规定的报关价的基础上加上关税、特别税和其他税收。确定在蒙古国境内销售货物、从事劳务的增值税计税基础时,要以所售货物、所提供劳务的当时市场价格为依据。如果所售货物、所提供劳务的价格不明确,税务机关则根据当时的市场价格确定增值税计税基础。如全部或部分为交换货物、劳务,则根据该货物、劳务的当时市场价格确定增值税计税基础。在业务活动上如有连带关系的公民、法人间无故免费或以过低或过高的价格出售货物、劳务,则根据所售货物、所提供劳务的当时市场价格确定增值税计税基础。确定从事有奖游戏服务的公民、法人增值税计税基础的公式为:参加者所付总金额减去为赢家支付的金额。如果增值税计税基础是以外汇结算的,则根据结算日蒙古国银行的外汇牌价折合成图格里克。课税货物、劳务无偿转让他人(生产上用于内部周转的除外)、留作自用的,不得作为对该货物、劳务免征增值税的依据。

6. 台湾地区增值税销项税额的规定

根据台湾地区《加值型及非加值型营业税法》的规定,销项税额,指营业人销售货物或劳务时,依规定应收取的营业税额[①]。营业人销售货物或劳务,除另有规定外,均应就销售额,分别按该法第 7 条或第 10 条规定计算其销项税额,尾数不满通用货币一元者,按四舍五入计算。

销售额为营业人销售货物或劳务所收取之全部代价,包括营业人在货

---

① 营业人因销货退回或折让而退还买受人之营业税额,应于发生销货退回或折让之当期销项税额中扣减之。营业人因进货退出或折让而收回之营业税额,应于发生进货退出或折让之当期进项税额中扣减之。

物或劳务之价额外收取之一切费用。但本次销售之营业税额不在其内。上述货物如系应征货物税或烟酒税之货物,其销售额应加计货物税额或烟酒税额在内。营业人以较时价显著偏低之价格销售货物或劳务而无正当理由者,主管稽征机关得依时价认定其销售额。时价,系指当地同时期销售该项货物或劳务之市场价格。营业人以货物或劳务与他人交换货物或劳务者,其销售额应以换出或换入货物之时价,从高认定。

《加值型及非加值型营业税法》第3条第3项规定视为销售货物之销售额,其认定标准如下:(1)第1款及第2款,以时价为准;(2)第3款至第5款,受托代购者,以代购货物之实际价格为准;委托及受托代销者,以约定代销之价格为准。上述第2款营业人委托或受托代购、代销货物,双方应订立书面契约,以供查核。

营业人以分期付款方式销售货物者,应以各期收取之价款为销售额。营业人销售货物或劳务,于货物交付前或劳务提供前经开立统一发票者,应以开立统一发票之金额为销售额。营业人依经销契约取得或支付之奖励金,应按进货或销货折让处理。

国际运输事业自台湾境内载运客货出境者,其销售额依下列规定计算:(1)海运事业,指自台湾境内承载旅客出境或承运货物出口之全部票价或运费;(2)空运事业,其中,客运指自台湾境内承载旅客至台湾境外第一站间之票价;货运指自台湾境内承运货物出口之全程运费,但承运货物出口之国际空运事业,如因航线限制等原因,在航程中途将承运之货物改由其他国际空运事业之航空器转载者,按承运货物出口国际空运事业实际承运之航程运费计算。

进口货物按关税完税价格加计进口税捐后之数额,依《加值型及非加值型营业税法》第10条规定之税率计算营业税额。上述货物如系应征货物税或烟酒税之货物,按上述数额加计货物税额或烟酒税额后计算营业税额。入境旅客携带行李物品,超出旅客携带自用品免征进口税品目范围者,其超出部分依入境旅客携带行李物品报验完税办法核定之完税价格,依该第20条之规定计算营业税额。进口邮包,超出邮包免税与免验结汇签证限度规则之免税金额者,其超出部分,均应于进口时按关税完税价格,依《加值型及非加值型营业税法》第20条规定计算营业税额。

(三)我国增值税销项税额的基本规定

销项税额是纳税人销售货物时向购买方收取的增值税税额,其计算公式是销售额乘以税率。增值税暂行条例第五条规定,纳税人销售货物或者应税劳务,按照销售额和本条例第二条规定的税率计算并向购买方收取的增值税额,为销项税额。销项税额计算公式:销项税额 = 销售额×税率。

销售额是计算销项税额的基础,增值税条例第六条规定,销售额为纳税人销售货物或者应税劳务向购买方收取的全部价款和价外费用,但是不包括收取的销项税额。销售额以人民币计算。纳税人以人民币以外的货币结算销售额的,应当折合成人民币计算。

价外费用,包括价外向购买方收取的手续费、补贴、基金、集资费、返还利润、奖励费、违约金、滞纳金、延期付款利息、赔偿金、代收款项、代垫款项、包装费、包装物租金、储备费、优质费、运输装卸费以及其他各种性质的价外收费。但是,下列项目不包括在内:(1)应征消费税的消费品所代收代缴的消费税。(2)同时符合以下条件的代垫运输费用:①承运部门的运输费用发票开具给购买方的;②纳税人将该项发票转交给购买方的。(3)销售货物的同时代办保险等而向购买方收取的保险费,以及向购买方收取的代购买方缴纳的车辆购置税、车辆牌照费。另外,纳税人代为收取的政府性基金或者行政事业性收费,符合下列条件的,不属于价外费用,不征收增值税:(1)由国务院或者财政部批准设立的政府性基金,由国务院或者省级人民政府及其财政、价格主管部门批准设立的行政事业性收费;(2)收取时开具省级以上财政部门印制的财政票据;(3)所收款项全额上缴财政。

纳税人采取折扣方式销售货物,如果销售额和折扣额在同一张发票上分别注明的,可按折扣后的销售额征收增值税;如果将折扣额另开发票,不论其在财务上如何处理,均不得从销售额中扣除折扣额。

纳税人为销售货物而出租包装物收取的押金,单独记账核算的,不并入销售额征税。但对因逾期未收回包装物不再退还的押金,应按所包装货物的适用税率征收增值税。根据国家税务总局的规定(国税函〔2004〕827号),纳税人为销售货物出租出借包装物而收取的押金,无论包装物周转使用期限长短,超过一年(含一年)以上仍不退还的均并入销售额征税。

三、增值税进项税额及抵扣制度的比较

(一)增值税的进项税额及抵扣制度

增值税的进项税额,是指纳税人为生产经营在购进货物和劳务时所缴

纳的增值税额。增值税进项税额抵扣范围,以及对当期未能抵扣的进项税额的处理是增值税进项税额抵扣制度中的关键问题。对此,各国根据实际情况和一般原则采用了不同的处理方法。

1. 进项税额抵扣范围

通常情况下,除了为提供免税项目及非经营性行为而发生的进项税额外,其他进项税额可以抵扣。例如,欧盟规定非经营性支出所发生的增值税进项税额不能抵扣;比利时和英国规定商业赠与和娱乐项目所发生的进项税额不能抵扣,乘用车进项税额只能抵扣50%等。

如果纳税人既有应税交易行为又有免税交易行为,就不能获得进项税额的全额抵扣。在这种情况下,可以抵扣的进项税额计算方法为:第一,判定与应税交易行为或免税交易行为直接相关的进项税额,与应税交易行为直接相关的可以抵扣,与免税交易行为直接相关的不可以抵扣;第二,用不能直接与进项税额相关联的应税交易行为金额除以不能直接与进项税相关联的交易总金额,得出可抵扣率。

2. 进项税额抵扣制度[①]

一般情况下,纳税人根据实际获得的增值税有效发票或者进口货物的增值税完税凭证来抵扣进项税额。

(1)进项税额未能在当期抵扣完情形的处理

对于在一个纳税期间,当纳税人进项税额大于销项税额,即进项税额未能在当期完全抵扣的情形,有关国家(地区)主要采取了以下处理方式:一是设定未抵扣完的进项税额退税金额的最低值。未抵扣完的进项税额低于最低值时,纳税人不得申请退税但准予结转下期。二是设定强制结转期间。纳税人未抵扣完的进项税款在强制结转期间内不得退税,结转期终了时仍有未抵扣完的进项税款的,纳税人才能申请退税。国际货币基金组织2005年对36个适用增值税的国家的调查显示,28%的被调查国家规定了进项税额退税金额的最低值;64%的被调查国家设立了未抵扣完的增值税的强制结转期。

(2)进项税额抵扣和退税的向后结转期

一般情况下,纳税人可以抵扣与销项税额在同一纳税期间发生的进项

---

① 国际货币基金组织,《增值税退税——各国经验概述》,2005年。

税额。同时,很多国家规定,当期未能完全抵扣的进项税额,可以结转下期抵扣,结转期限大约在 2 至 4 年之间。例如,新西兰规定,纳税人从支付货款或取得发票之日(取较早者)起 2 年内,准予抵扣进项税额;比利时规定,纳税人在进项税额抵扣到期年度起 3 年内均可抵扣该进项税额。一些国家规定,未能当期抵扣的进项税额可以获得退税,退税也可以结转下期,例如,新西兰规定,纳税人自退税所属纳税年度期间起 4 年内,均可以申请退税。

(3)进项税额退税的管理

核查进项税额退税申请是税务机关的重要职责。一般情况下,税务机关通过风险分析,确定容易出现骗取退税或错报退税金额的环节,进行有重点的核对和检查,发现有可能出现问题的情形。一些国家规定,税务机关应当在退税申请之日起 30 日内给予退税,有的国家还规定,税务机关如果未能按期退税则应当向纳税人支付利息①。

(二)有关国家(地区)增值税进项税额及抵扣制度的基本规定

1. 新西兰货物劳务税进项税额及抵扣制度的规定

对于登记纳税人而言,货物劳务税进项税额是指:(1)向登记纳税人供应货物或者劳务时所收取的货物劳务税税款;(2)对于用于家庭消费的货物所征收的货物劳务税税款;(3)税法规定的其他货物劳务税税款。

对于货物劳务税纳税人销售位于新西兰的二手货物而言,如果该销售是应税销售,并且该货物不是由非居民纳税人销售的,增值税进项税额是下列数额:(1)如果供应者和接收者是关联主体,进项税额等于下列数额中较小的一个:包括在该货物的最初成本中的货物劳务税税款;购买价格中所包含的货物劳务税税款;或者该货物的公开市场价格中所包含的货物劳务税税款;(2)如果销售者和购买者是关联主体并且供应者从事了视同销售货物的行为,进项税额等于下列数额中较小的一个:视同销售的公开市场价值中所包含的货物劳务税税款;购买价格中所包含的货物劳务税税款;或者该供应的公开市场价值中所包含的货物劳务税税款;(3)如果供应者和接收者不是关联主体,进项税额等于下列数额中较小的一个:购买价格中所包含的货物劳务税税款;或者该供应的公开市场价值中所包含的货物劳务税税款;(4)在其他情况下,进项税额等于该供应的公开市场价值中所包含的货物劳

---

① 这些国家同时规定,税务机关不予支付在一定金额之下的过期退税利息。

务税税款。

可以抵扣的进项税额必须具有符合税法规定条件的税务发票、进口报关单或者其他凭证,如果销售的是二手货物,则应当按照税法规定保留充分的记录。

在一个纳税期间内允许从销项税额中抵扣的进项税额包括:(1)销售货物和提供服务所包含的进项税额;(2)销售二手货物所包含的进项税额;(3)在该期间内发票所记载的进项税额或者已经支付的进项税额;(4)根据税法计算的其他可以抵扣的进项税额。

在新西兰,退税通常以 2 个月为 1 个申请期。依据申请可以按季度申请,小规模经营机构可以半年申请。对于未抵扣完的进项税额将予以退还,税务机关对公司或企业进行税务申报评估后,通过银行转账或者支票方式退还税款。

2. 英国增值税进项税额及抵扣制度的规定

在任何纳税期间,允许抵扣的进项税额应当是根据法律的规定允许抵扣的进项税额以及可归于销售货物或者提供劳务的进项税额。可归于下列销售或者供应的进项税额允许抵扣:(1)应税销售或者供应;(2)在英国境外从事的下列销售:如果该销售在英国境内实施则应当缴纳增值税;(3)财政部所规定的在英国境外从事的其他销售以及免税销售。

纳税人可按季度申请退税,经常性取得增值税退税的纳税人准予按月申请退税。未抵扣的增值税进项税额可以退还,并且可被用作抵扣其他应交税款和欠税。

3. 法国增值税进项税额及抵扣制度的规定

未抵扣完的进项税额可以结转下期。如果申请退还的进项税额超过760 欧元,并且该季度所有申报表上的应纳增值税税额为负数,企业可以在当季度申请退税。如果申请退还的增值税进项额高于 150 欧元但不高于760 欧元,企业有权在年底要求退还未抵扣完的增值税进项税额。

4. 德国增值税进项税额抵扣制度的规定

未抵扣完的进项税额经主管税务机关批准后可以退税。退税依据纳税申报期间进行(月度或者季度)。

5. 俄罗斯增值税进项税额抵扣制度的规定

未抵扣完的进项税额应首先用来冲抵当期其他应缴税款或以后三个月

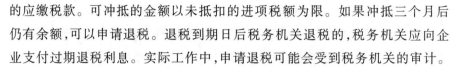

的应缴税款。可冲抵的金额以未抵扣的进项税额为限。如果冲抵三个月后仍有余额,可以申请退税。退税到期日后税务机关退税的,税务机关应向企业支付过期退税利息。实际工作中,申请退税可能会受到税务机关的审计。

6. 南非增值税进项税额及抵扣制度的规定

在南非,增值税进项税额是指:(1)其他供应者在向货物劳务销售者提供货物或者服务时所收取的增值税税款;(2)销售者在进口货物时所缴纳的增值税税款;(3)购买者所支付的货币对价中所包含的增值税税款;(4)购买者所支付的其他对价的公开市场价值中所包含的增值税税款;(5)债务人根据分期付款协议向货物的销售者所支付的货币对价中所包含的增值税税款。

未抵扣完的进项税额可以申请退税。税务机关通常应该在收到纳税申报表的21个工作日内退税,否则要支付过期退税的利息。

7. 加拿大增值税进项税额及抵扣制度的规定

对于货物劳务税/混合销售税而言,进项税额是指商业活动中购买货物劳务等(进口到加拿大或当地购买)所支付的增值税额,通常情况这部分税额可以要求抵扣。在申请进项税额抵扣时,应满足如下要求:(1)销售或进口货物或劳务的税款已缴纳或应当缴纳;(2)该主体在纳税义务发生的期间内应当登记或被要求进行登记;(3)必要的文档资料应当保留并已满足税额抵扣的需要。该文档资料应生成于使用或寻求税额抵扣之前。

作为购买货物的证明,购货方应当保留由供货方开具的合同、发票和收据等。所有由供货方所签发的文件都应当包含足够与所销售货物的价值有关的具体信息。如果所销售的货物超过150加币,供货方所提供的文件应包括如下的具体内容:(1)供货方的名称;(2)销售日期;(3)支付的价款;(4)供货方的登记证号;(5)商品和劳务税/混合销售税的税款总额;(6)购货方的名称;(7)销售条款(现金或转让);(8)销售商品的明细。

纳税人既有免税交易又有应税交易时,能够抵扣的进项税额需要判定。通常规定为,发生的进项税额所对应的货物90%或以上被用于应税交易,则全部进项税额可以被抵扣。金融机构则适用例外的规定。对其而言,这一比例为100%,即金融机构应将所购入货物的全部用于应税或零税率的货物销售活动中,才能要求抵扣全部进项税额。如果这些货物在应税或零税率的货物销售活动中的使用低于100%,则只能主张部分进项税额的抵扣。此外,一些主要为个人消费项目而发生的进项税额的抵扣受到立法的限制,如主要用于娱乐、保健或运动设施的俱乐部的费用或支出。

超过销项税额的进项税额可以在提交退税申请表的 21 天内退还。如果退税晚于 21 天,对延期的退税款可以要求加算利息。税额抵扣可以在购入货物后的 4 年的期间里提出。金融机构和大型纳税人应当在购入货物后的 2 年内提出抵扣申请。

8. 印度增值税进项税额及抵扣制度的规定

(1)印度服务税进项税额的规定

印度最初引进服务税时,没有关于进项税额可以抵扣销项税额的规定。随后,税法允许服务提供者用进项服务所缴纳的服务税抵扣提供同类服务所缴纳的服务税。随后,税法进行了进一步修改,所有服务的进项税额都可以用来抵扣服务的销项税额。2004 年,进项税额允许抵扣的范围进一步扩大,不仅允许抵扣服务的进项税额,而且允许抵扣进项货物(包括资本货物)所缴纳的联邦销售税。

(2)印度服务税进项税额抵扣的规则

如果纳税人主张抵扣进项税额,服务和货物必须用于提供销项服务。如果服务或者货物专门用于免税活动,则该服务和货物中的进项税额不允许抵扣。如果服务和货物既用于免税活动,也用于应税活动,则适用下面的规则:①服务提供者可以分别核算用于应税活动的服务和货物以及用于免税活动的服务和货物。此情况下,用于应税活动的服务和货物的全部进项税额都可以抵扣。②服务提供者可以抵扣全部服务和货物的进项税额,但是应当就非应税服务或者免税服务的价值缴纳 8% 的税。只有当资本货物全部用于免税服务或者非应税服务时,资本货物的进项税额才不允许抵扣。

如同资本货物,有几种类型的服务(例如管理咨询服务,保安服务)可以全部主张抵扣,除非它们全部用于提供免税服务和非应税服务。对于资本货物而言,在第一年只能允许抵扣 50%,剩余的 50% 可以在随后的年度予以抵扣。

服务税以现金收付实现制为基础进行计算。因此,销项税额的纳税义务以及进项税额的抵扣权利都是在实际收到销项的对价以及支付进项价款之日发生。没有关于进项税额退还的规定,例外之处是,对于出口服务而言,尚未用完的进项税额可以予以退还,如果该进项税额不能用于抵扣国内销项税额。任何尚未用完的进项税额都可以无期限地向以后年度结转,可以用于抵扣以后年度的销项税额。由于销售、合并、兼并等而转让营业时,尚未用完的累积进项税额也可以抵扣,如果该营业的债务也一同转让。

关于凭证和记录,税法要求纳税人获取和保留主张抵扣所涉及的凭证和其他文件,该凭证和文件应当详细记录税法规定的信息,例如,收取税款的销售者的姓名、住址和登记号码。主张抵扣的纳税人有义务保存法律规定的记录,应当按月进行纳税申报以及履行其他法定义务。为了主张抵扣,纳税人必须拥有销售者开具的发票,该发票应当表明已纳税的价值。销售者开具的发票应当记载以下信息:①销售者的姓名;②销售者的地址;③销售者的登记号码;④对销售的描述;⑤已纳税额;⑥发票应当连续编号;⑦接受者的姓名;⑧接受者的地址;⑨销售者的签署。上述文件都是强制性的,因此,很容易对主张的抵扣进行核查。上述信息可以确保能够通过销售者的发票来核查用来抵扣的虚假发票。而且,基于开具发票的数量及其详细信息可以计算应纳税额,而且可以和事实上缴纳的税款以及使用的抵扣进行比较。

(3)印度联邦增值税进项税额及抵扣制度的规定

印度联邦增值税进项税额的计算和抵扣制度与服务税的制度是类似的。对于用于生产货物的购进货物(包括资本货物)或者服务的进项税额而言,纳税人可以主张抵扣该货物或者服务所缴纳的联邦增值税与服务税。服务税抵扣规则同样适用于联邦增值税的抵扣。

经营者可以主张抵扣购进货物所缴纳的税款以及直接或者间接用于应税销售的资本货物所缴纳的税款。对于用于缴纳增值税的购进货物所缴纳的税款也允许抵扣。换句话说,根据各州的增值税制度,州之间销售是零税率的。为税收抵扣之目的,它们被视为出口。

一般而言,下列情况不允许抵扣进项税额:①从某个州没有登记的经营者那里购买的货物;②从缴纳销售税所在的州以外的州购买的货物;③专门用于免税货物的制造、加工和包装而购买的货物;④用于贸易和制造以外目的的购进货物;⑤作为免费样品予以发放的货物;⑥纳税人向其位于另外一个州的分支机构转移(也就是从纳税人位于一个州的分支机构向纳税人位于另外一个州的分支机构转移)的货物,没有缴纳销售税。

对于资本货物而言,允许全额抵扣。但是该抵扣应当平均分散在从购买之日起算的 36 个月的期间。各州增值税法一般都允许无期限向以后年度结转尚未用完的任何超额进项税,经营者也可以主张返还超额的进项税额。

9. 日本增值税进项税额及抵扣制度的规定

在日本,增值税纳税人发生的进项税额可以抵扣。如果纳税人的课税销售额的比例低于 95%,则只能抵扣与课税销售额相关的进项税额。课税销售额比例等于当期课税销售额除以当期全部销售额。课税销售额比例低于 95% 的纳税人可以采取个别对应方式和综合比例方式来计算可以抵扣的进项税额。按照个别对应方式,先将纳税人的进项税额划分为与课税销售相关的进项税额、与非课税销售相关的进项税额以及与课税销售和非课税销售均相关的进项税额。允许抵扣的进项税额 = 与课税销售相关的进项税额 + 与课税销售和非课税销售均相关的进项税额 × 课税销售额比例。按照综合比例方式,允许抵扣的进项税额 = 进项税额总额 × 课税销售额比例。

未抵扣完的进项税额在进行纳税申报后申请退税。

10. 韩国增值税进项税额及抵扣制度的规定

当期未抵扣完的进项税额可以在以后纳税期间按如下方法申请抵扣或退税:上半年第一季度申报日期必须在 4 月 15 日前。如果第一季度有未抵扣完的进项税额,可以在以后纳税期间抵扣或退税,但不能迟于 7 月 15 日。第二季度申报日期必须在 7 月 15 日前。第一季度未抵扣完的进项税额可以用来抵第二季度的应纳税额。如果第二季度有未抵扣完的进项税额,可以和第一季度未抵扣完的进项税额申请退税,下半年适用同样程序。

11. 蒙古国增值税进项税额和抵扣制度的规定

依照蒙古国《增值税法》第 4 条规定,登记为增值税纳税人的公民、法人根据该法第 5 条、第 6 条规定被课征了增值税的,结算从计划缴纳的增值税中减去下述增值税:为生产服务活动向供货者购买了货物、提供了劳务而缴纳的税;用以销售以及为了生产服务活动而自己直接进口货物劳务并为此而缴纳的税。如果已缴纳的增值税在催款单、发票及其会计统计单据中均无反映,那么该税款不得抵扣。

不能抵扣的进项税额:进口、销售下述劳务(劳务及服务)时缴纳的增值税不能从购买者将要缴纳的该税税款中减征:(1)轿车及其部件、零配件;(2)为自己和员工之需而购买的劳务(服务)。

根据蒙古国《增值税法》第 11 条第 1 款规定,纳税人当月可抵扣的进项税额如果大于销项税额,税务机关以下列方式进行协调:一是算作下个月、下一季度、下一年度的进项税额;二是用于代付其他税种税款;三是用预算专项基金返还。对于纳税人向预算多缴的增值税以及向外国外交代表处及领事馆预算缴纳的增值税,税务机关在会同有关机构进行结算以后的 15 个工作日内进行审定,就从预算中返还的问题报请负责财政经济问题的国家中央行政机关解决。国家专门设有用于返还纳税人多缴增值税的专项基金,该基金由国家中央预算委员会主席负责。上述所指基金按照当月、当季、当年上缴预算的增值税税款总额的 30% 建立。返还增值税专项基金的设立和使用条例由负责财政经济问题的政府成员批准。

12. 台湾地区增值税进项税额及抵扣制度的规定

台湾地区《加值型及非加值型营业税法》规定,进项税额指营业人购买货物或劳务时,依规定支付之营业税额。按上述规定计算税额之营业人,其进项税额凭证,未于当期申报者,得延至次期申报扣抵。次期仍未申报者,应于申报扣抵当期叙明理由。

不得抵扣销项税额包括:(1)购进之货物未依规定取得并保存《加值型及非加值型营业税法》第 33 条所列之凭证者;(2)非供本业及附属业务使用之货物,但为协助国防建设、慰劳军队及对政府捐献者,不在此限;(3)交际应酬用之货物,包括宴客及与推广业务无关之馈赠;(4)酬劳员工个人之货物;(5)自用乘人小汽车,系指非供销售或提供劳务使用之 9 座以下乘人小客车。营业人专营《加值型及非加值型营业税法》第 8 条第 1 项免税货物者,其进项税额不得申请退还。营业人因兼营该法第 8 条第 1 项免税货物或劳务,或因该法其他规定而有部分不得抵扣情形者,其进项税额不得抵扣销项税额之比例与计算办法,由财政部定之。统一发票抵扣联经载明"违章补"者,不得作为抵扣销项税额或扣减查定税额之凭证。但该统一发票系因买受人检举而补开者,不在此限。

进项税额抵扣时需要的凭证和应记载的事项:营业人以进项税额抵扣销项税额的,应具有载明其名称、地址及统一编号之凭证:(1)购买货物或劳务时,所取得载有营业税额之统一发票;(2)有《加值型及非加值型营业税法》第 3 条第 3 项第一款规定视为销售货物,或第四款准用该条款规定视为销售劳务者,所自行开立载有营业税额之统一发票;(3)其他经"财政部"核定载有营业税额之凭证。

（三）我国增值税进项税额及抵扣制度的基本规定

根据增值税暂行条例第八条的规定,进项税额是指纳税人购进货物或者接受应税劳务支付或者负担的增值税额。增值税暂行条例第八条至第十条分别规定了进项税额准予抵扣和不得抵扣的情形。

1. 准予从销项税额中抵扣进项税额的规定

一般情况下,纳税人从销售方取得的增值税专用发票上注明的增值税额和从海关取得的海关进口增值税专用缴款书上注明的增值税额可以抵扣。

在购进农产品的情况下,除取得增值税专用发票或者海关进口增值税专用缴款书外,按照农产品收购发票或者销售发票上注明的农产品买价和13%的扣除率计算的进项税额。买价,包括纳税人购进农产品在农产品收购发票或者销售发票上注明的价款和按规定缴纳的烟叶税。购进烟叶税准予抵扣的增值税进项税额,按照《烟叶税暂行条例》、财政部和国家税务总局印发的通知(财税〔2006〕64号)规定的烟叶收购金额和烟叶税及法定扣除率计算。

在支付运输费用的情况下,按照运输费用结算单据上注明的运输费用金额和7%的扣除率计算进项税额。根据规定,运费抵扣需满足以下条件:(1)支付运费的企业必须是一般纳税人。只有一般纳税人才会涉及到增值税的抵扣问题。对于小规模纳税人,其所购货物价款中含有的已缴纳的增值税计入商品或货物的成本,运费同样也计入成本。另外,此处所指"一般纳税人",既指商业企业,也指生产企业。(2)必须取得运费结算单据(即:运费发票)。运费结算单据是纳税人发生此项业务的唯一合法证据,也是进行账务处理和税务处理的原始凭证。如果没有发票,既无法证明业务发生的真实性,也无法确认金额的大小。(3)准予作为抵扣凭证的运费结算单据,是指国营铁路、民用航空、公路和水上运输单位开具的货票,以及从事货物运输的非国有运输单位开具的套印全国统一发票监制章的货票。这是保证企业所获取的发票有合法的来源。只有来源合法的单据才能充分证明业务的合法性。(4)承运人开出的运费发票上注明的劳务接受者与发票的持有人是同一人。这一点很重要,它证明发票上所列劳务的付费人或接受者是发票的持有人。(5)准予计算抵扣进项税额的货物运费金额,是指在运输单位开具的货票上注明的运费和建设基金。在日常的运输发票上,除了运费和建设基金外,一般还有装卸费、保险费等项目。但在所有的项目中,只有运费和建设基金可以抵扣,其他一律不得抵扣。(6)纳税人必须依法保管好这些运费发票。运费发票是原始凭证中的一种,按要求不得被损毁、遗失和涂改。一旦损毁、遗失或涂改,视同未取得运费发票,运费不能抵扣。(7)发票必须是当期的。所谓"当期",是指该运费所对应的货物应在本期计算缴纳销项税额或准予抵扣进项税额。若相应的货物不属于本期,则无论是否依法取得并保管好了发票,均不得抵扣。

2. 进项税额不予抵扣的规定

增值税暂行条例第十条规定,不得从销项税额中抵扣的进项税额的项目包括:(1)用于非增值税应税项目、免征增值税项目、集体福利或者个人消费的购进货物或者应税劳务;(2)非正常损失的购进货物及相关的应税劳务;(3)非正常损失的在产品、产成品所耗用的购进货物或者应税劳务;(4)国务院财政、税务主管部门规定的纳税人自用消费品;(5)第1项至第4项规定的货物的运输费用和销售免税货物的运输费用。

非增值税应税项目,是指提供非增值税应税劳务、转让无形资产、销售不动产和不动产在建工程。不动产,是指不能移动或者移动后会引起性质、形状改变的财产,包括建筑物、构筑物和其他土地附着物。纳税人新建、改建、扩建、修缮、装饰不动产,均属于不动产在建工程。非正常损失,是指因管理不善造成被盗、丢失、霉烂变质的损失。纳税人自用的应征消费税的摩托车、汽车、游艇,其进项税额不得从销项税额中抵扣。

从形式要件来看,增值税暂行条例第九条规定,纳税人购进货物或者应税劳务,取得的增值税扣税凭证不符合法律、行政法规或者国务院税务主管部门有关规定的,其进项税额不得从销项税额中抵扣。这里的增值税扣税凭证,是指增值税专用发票、海关进口增值税专用缴款书、农产品收购发票和农产品销售发票以及运输费用结算单据。

(四)完善我国增值税进项税额抵扣制度的建议

目前,当期未能抵扣完的进项税额的处理是增值税进项税额抵扣制度中的重要问题,有关国家(地区)的处理方法主要有三种:一是向下一个纳税年度结转,用来抵扣下一纳税年度的销项税额;二是将其退还给纳税人;三是将其用于抵消纳税人应缴纳其他税种的应纳税额。同时,不少国家设定了强制结转期间,纳税人未抵扣完的进项税款在强制结转期间内不得退税,结转期终了时仍有未抵扣完的进项税款的,纳税人才能申请退税。一些国家设定了未抵扣完的进项税额退税金额的最低值。未抵扣完的进项税额低于最低值时,纳税人不得申请退税但准予结转下期。

此外,一些国家规定了法定退税期,明确税务机关必须在规定时限内办理退税事宜。有的国家还规定,对于超过法定退税期退税的,税务机关应当支付利息。有关国家(地区)对进项税额抵扣的管理采用了风险管理方式,即确定容易出现退税错误或者骗取退税的关键环节,采用约谈、核查、审计等多种方式加强监管。

根据我国增值税暂行条例第四条的规定,当期销项税额小于当期进项税额不足抵扣时,其不足部分可以结转下期继续抵扣。但是当进项税额大于销项税额时,未抵扣完的进项税额不允许退税。现行规定有利于保证税收收入的筹集,但在一定程度上影响了企业的资金流,降低了我国企业在国际市场上的竞争力。

借鉴国际经验,对当期无法抵扣完的进项税额提出如下处理建议:一是允许纳税人将未抵扣完的进项税额结转至下一个纳税期间予以抵扣,或者准予申请退税;二是设定强制结转期间(年度或季度),未抵扣完的进项税额在结转期内不得退税,结转期结束后仍有未抵扣完的进项税额才能申请退税;三是申请退税应当设置最低退税值,对于最低值以下的未抵扣进项税额,纳税人应结转下期继续抵扣;四是规定法定退税期间,明确税务机关应当在该期间内履行退税职责;五是采用风险主导的分析方法,有针对性地加强对进项税额退税的审查,有重点地强化申请退税的管理。

第六章
增值税优惠政策比较研究

一、增值税优惠政策整体比较

(一)增值税优惠政策的实质

在实践中,增值税作为一个符合中性原则的税收制度,其获取税收收入的效率是税制设计和执行中非常重要的因素。经济合作与发展组织(OECD)成员国在设计税收制度时通常所遵循的基本原则包括"中性"、"效率"、"确定和简便"、"有效和公平"以及"弹性"。正是基于这些基本原则,理想的增值税制最主要的特征是单一税率、较高的起征点、广阔的税基、较少的免税、采纳目的地原则以及发票抵扣制度。具有这些优点的增值税制度更有效率、更公平,对经济的扭曲更少,也更有利于税务机关和纳税人的遵从。

税收优惠政策是相对于税收一般制度而言的,即为了实现一定的政策目标,通常是鼓励某些产业的发展或降低部分纳税人的税负,在一般制度之外,设置例外规定。本质上,优惠政策是一种歧视性待遇,是一般的例外,是对一般税收制度的背离。增值税是对最终消费普遍征收的一种多环节征收的税收,其征收原理是通过环环抵扣的进项税抵扣机制,消除对中间环节税负的累积征收(Cascading),中间成本的税负全部被抵消掉,虽然多环节征收,但最终实现仅对最终消费环节征税的效果。一旦各抵扣环节中的某一环出现例外,特别是中间环节,必然导致抵扣链条的中断。因此,增值税是一个非常不适合设定所谓"优惠制度"的税种,优惠制度的效率非常低,很难达到预期效果。一般而言,增值税应具有宽泛的税基,广泛适用于各种货物和服务,包括免税等优惠政策应尽量缩小适用范围,理论上最理想的增值税制不应当设定任何特殊的优惠政策。

国际货币基金组织(IMF)曾对若干国家的增值税政策和行政管理措施进行研究,并提供了在增值税设计中所应当遵循的最好原则如下:单一税率而非多种税率;较高的起征点;仅仅对于出口适用零税率;对于购进资本的行为及时给予进项税额的抵扣;免征政策降低到最少,以免扭曲进项税抵扣以及税收制度的透明度。从这个意义上,制定增值税优惠政策时一定要非常小心,很有可能适得其反。

(二)设定增值税优惠政策目的

当然,现实中,理想的税制很难原封不动地复制。各国的增值税制或多或少地都设计了一些增值税优惠政策。增值税优惠政策存在主要有两个目的:

第一个目的(或者借口)是为了克服增值税的累退性。如果一个税种从穷人那里获得收入的比例高于富人时,这个税种就被视为是累退的。由于增值税等流转税往往不具有累进税率机制,对纳税人不区分收入高低,一视同仁适用相同的原则、同样的税率,因此,往往被认为具有累退性。

为应对增值税的累退性,有两个渠道:一是通过财政直接补贴的方式,将征收的税款补贴给穷人。在新西兰,主管机关选择了最简单并且是最广泛的增值税税基,同时增加了对低收入群体的财政补贴,即采用财政直接支出的方式而不是通过给予税收优惠(或称税式支出①)的间接补贴方式,抵消该税种对穷人的影响。采取现代增值税的大部分国家最初都遵循这一方法。二是在该税收中引入某些优惠制度(低税率或者免税),减轻穷人的税

———————————

① 税式支出是一项对税收优惠进行科学化、系统化管理的制度,税式支出的概念来源是:政府将获得的税收收入通过财政预算的方式直接支出是政府财政支出的一种方式,而利用税收优惠制度放弃应当征收的税收收入同样也是一种支出,即税式支出,只是税式支出间接、隐蔽。有些国家将税式支出作为预算的一部分,纳入预算管理,并报议会审查或审批,如澳大利亚、美国等。其理论依据是:不包括税式支出的政府预算,不是完整的预算,因其不能完整反映政府的活动。

收负担,即采用税式支出的方式。很多国家政府迫于政治上的压力,只能通过设定税收优惠制度来获得推行这一税种所必需的政治支持。

把税收优惠作为应对引入增值税制度导致穷人税收负担增加的措施会产生很多问题。首先,通过低税率或者免税来提供优惠会明显增加经营者遵守税法的成本,以零售业为例,经营者必须分别核算其不同的存货(食品和其他商品),以应对不同的税收处理方式,小型经营者遵守税法的成本往往大于大型超市或百货公司;高收入群体倾向于在大型的商店购物,他们的纳税成本相对较低,而穷人则经常在小型商店购物,因此承担了更高比例的纳税成本。结果,税收优惠所导致的遵守税法的成本就更多地被转嫁到穷人的身上。

从经济的角度来看,使用税收优惠作为应对穷人税收负担增长的措施可能不是最优的,其对经济的扭曲更为严重。为了抵消因增加免税项目或者适用低税率所带来的税收收入减少,唯一措施就是对于正常征税的商品设定更高的税率。结果就会增加享受税收优惠的交易与正常征税的交易之间的差距,从而产生对于不同种类交易的经济扭曲。

通过税收优惠政策资助穷人,最主要的缺陷是低效率。尽管穷人花费更高比例的收入在基本生活需求上,例如食物、医疗、教育和住房,但是富人毫无疑问在这些花费方面远高于穷人。无论穷人购买什么,富人也会购买,只是更加昂贵。将税收优惠延伸到富人身上所导致的税收收入的损失将远大于穷人从税收优惠中所获得的税收利益。换句话说,如果没有税收优惠,国家可以从富人那里征收更多的税收,通过财政支出的方式更加慷慨地补贴穷人。

第二个目的是为了鼓励或者补贴某些特定的交易项目或纳税人。通过对于某些特定交易的免税或低税率,实现对特定行业的支持和鼓励。如很多国家对于农业给予免税待遇,以补贴农业生产者,另外一些国家对于金融业适用零税率,其目的之一就是鼓励金融业发展,争取区域或国际金融中心的地位。[①] 但是,通过增值税对特定行业的鼓励或补贴的效果同样是不确定,同样无法避免在效率上的损失。

---

① 对于金融业的增值税优惠政策或者特殊处理,是一个比较复杂的问题,仅对金融业免税,不能构成对金融业的优惠,因为金融业不能抵扣其进项税额,其最终的结果未必有利于金融业。但是,零税率对金融业则显然会产生不负担增值税负的后果,可以被看作是优惠政策。对于免税和零税率的区别以及金融业增值税处理将在后面章节中论述。

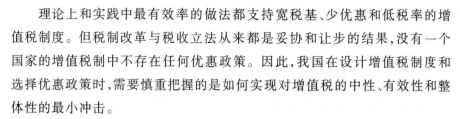

理论上和实践中最有效率的做法都支持宽税基、少优惠和低税率的增值税制度。但税制改革与税收立法从来都是妥协和让步的结果,没有一个国家的增值税制中不存在任何优惠政策。因此,我国在设计增值税制度和选择优惠政策时,需要慎重把握的是如何实现对增值税的中性、有效性和整体性的最小冲击。

(三)增值税优惠政策的方式

增值税优惠政策所采取的方式,主要有以下三种:

1. 对某些交易事项免征增值税,即免税

增值税所指免税与其他税种的免税含义不同,纳税人缴纳增值税,一般的计算公式为销项税额减去进项税额,即只对纳税人购进成本与销售收入的差额征税(通常理解为增值额)。增值税的免税特指免除销项税,同时该项交易对应的进项税不能抵扣。对于中间环节的经营者来讲,未能抵扣的进项税则沉淀为纳税人的经营成本。从这个意义上讲,对有的纳税人来说,增值税的免税并不一定是税收优惠待遇,反而可能造成更重的税收负担或形成事实上的税收歧视性待遇;同时,还会造成增值税抵扣链条的中断,增加征管的复杂性和难度。通常情况下,只有在最终消费环节的免税才能真正达到降低纳税人税负的目的。因此,多数国家一般只将一些能够直接进入最终消费环节、属于基本生活需要的货物和劳务界定为免税交易,如食品、药品、养老托幼服务、残疾人服务等,这些产品和服务的共同特点就是一般直接面对个人消费者,处于零售业的终端。另外,对于税基核定有困难的交易也采取免税方式,将之排除在增值税的链条之外,如金融业等。

2. 对某些交易事项适用特殊的低税率

对特定交易事项适用特殊低税率,也是增值税较常用的优惠方式。但低税率对于增值税制度的破坏性及其低效率与免税方式基本一致,同样可能增加某些纳税人的税收负担,并造成抵扣链条的中断和破裂,损害增值税的中性与效率,同样仅在最终消费环节的低税率才更有效。

3. 对某些交易事项适用零税率

在增值税领域,需要特别强调适用零税率和免税之间含义的区别。一般而言,适用零税率的纳税人不仅在销售货物或者提供服务时免纳销项税额,而且同时可以抵扣其购进成本中的进项税额。就优惠程度而言,零税率显然比免税更为优惠。但是,必须明确的一点是出口适用零税率,即出口退

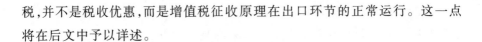

税,并不是税收优惠,而是增值税征收原理在出口环节的正常运行。这一点将在后文中予以详述。

二、国际上增值税优惠政策比较研究

根据各国增值税制度的特点,国际上将增值税划分为传统增值税模式和现代增值税模式。前者以欧盟为代表,后者以新西兰为模板。增值税制度的主要吸引力是其经济上的中性。通过取消中间环节经营者的税收负担,实现仅仅对最终消费征税,增值税可以实现对于经营组织和经营过程、消费选择以及相对应的投资选择的完全经济中性。然而,传统的欧洲增值税模式却远远没有实现中性的目标,适用多档税率以及多种免税项目,给增值税制度带来很多扭曲,并大大增加了行政管理成本和纳税成本。同时,经营者为了将其交易纳入到享受税收优惠的范围而重新分配资源,税务官员为了取得更多的税收收入在各类交易的分类中挑选,产生了很多争议。本来可以用于生产经营投资的资金被经营者拿来雇佣税务顾问,然后再通过法院来解决企业和税务主管机关之间的争议。与此相反,1986年新西兰的增值税法在遵循了欧洲增值税的形式和行政管理结构的同时,却改变了欧洲增值税的实质规则,使其与传统增值税相区别开来。新西兰的增值税通过适用单一税率以及将免税范围限制在绝对必要的范围内,努力克服欧洲增值税实践中所遇到的很多技术难题,避免了欧洲增值税的复杂性、低效率以及随之而来的严重损失。新西兰增值税法很快变成了现代增值税的模板,并迅速为世界范围内的很多国家竞相仿效。

由于独特的政治环境和技术性很强的改革进程,新西兰政府能够采取世界上最有效率的增值税制度。而其他国家虽然已经采取了现代增值税制度,但是为了满足各种既得利益集团被迫做了一些妥协,采纳了一些增值税优惠政策,并没有达到和新西兰相同的纯粹程度。不过所有现代增值税制度都取得了超过传统增值税模式的经济效益。现代增值税的高效与其有限的税收优惠政策的特点是密不可分的。增值税的优惠政策越少,例外越少,增值税的抵扣链条越完整,税制越简单,中性原则越突出,征纳成本越低,税制效率越高。

下面对各国所采取的三种增值税优惠政策的方式分别进行比较研究。

(一)免税的国际比较

免税是增值税优惠政策最普遍采用的方式。对比传统增值税模式下的欧洲国家的免税政策,现代增值税模式下的免税政策少了很多。传统增值税制的免税政策集中于以下行业或主体:金融保险业;公共部门或非营利组织从事的公益性活动;教育服务;医院、医疗、看护服务;不动产;邮政业;博彩业;殡葬业;文化、体育服务。

上述行业或主体可以分为以下四大类,或者说具有以下四个特点:一是对于最终消费者而言是必需的基本消费需求,如医疗、殡葬服务;二是往往处于消费的最终端,面对广大个体消费者,如医疗、教育、博彩业、殡葬业、居住用房的销售和租赁等;三是在征管技术上存在障碍,如以一般规则对待,可能导致收入的震荡和征管的困难,如金融业、不动产、公共机构等;四是具有公共性或者公益性,如公共机构和非营利组织提供的公益性服务、公共律师服务等。

现代增值税模式下的免税简单了很多,如新加坡仅规定了无家具居住用房的销售和租赁、金融服务两项,新西兰则根本没有免税项目。

免税范围的列表

国　别	免税范围(没有增值税进项税额抵扣)
欧盟	符合公共利益的某些活动; 非营利组织从事的某些活动; 下列特定活动:运输伤病员;医院和医疗看护;人类血液和器官;牙齿护理;教育;体育服务;文化服务;投资黄金;体育竞赛;艺术;保险和再保险;某些信贷和金融活动;特别投资基金;邮票;某些赌博活动;土地和建筑物;不动产的租赁或者出租。
比利时	某些公证服务;公共律师;房地产经纪人;医疗和辅助医疗职业;医院;社会和体育设施;教育;社会和文化;艺术;某些不动产的销售和租赁;农场出租;某些保险经营,存款和信贷交易;某些邮政行业;某些赌博、彩票和货币游戏;某些投资黄金的交易。
英国	某些邮政服务;运输伤病员;医院和医疗看护;人类血液和器官;牙齿护理;教育;某些非营利组织的活动;体育服务;文化服务;保险和再保险;不动产租赁;金融服务;土地和建筑物;某些筹款活动;埋葬和火葬;投资黄金;体育竞赛;艺术;某些赌博活动。
俄罗斯	医疗服务;为某些外国实体提供的商业住宿和餐饮;为病人、残疾人和老年人提供的服务;学前教育机构;学校食堂生产的食物;特别档案管理服务;担保服务;邮政;居住房屋;收藏家的钱币;某些股份医院;教育服务;为历史和文化纪念碑提供的工作;履行州医务的服务;免关税货物;文化和艺术机构的系列服务;机场服务;宗教活动;某些银行经营;某些金融和保险服务;公证人和律师的服务。

国　别	免税范围（没有增值税进项税额抵扣）
加拿大	已使用的住宅的再销售和生活住宅的长期租赁； 金融服务和保险； 具备从业资格人员提供的健康、医疗和牙医服务； 幼儿育养服务和教育服务； 慈善机构/非营利性组织提供的商品和劳务，除非他们的行为具有商业属性； 政府或公共服务团体，如市政当局，所提供的特定服务。
新加坡	无家具的居住用房的销售和租赁；金融服务。
澳大利亚	金融服务、住宅租金、私人出售财产、政府非商业性活动、政府收取的各项费用以及雇员的工资。
新西兰	无

注：加拿大的间接税种较多，在增值税领域，联邦和各省存在二元体制，联邦单独征收商品劳务税，省征收零售税，联邦和省共同征收混合销售税，魁北克省征收本省销售税。这里列举的主要是商品劳务税的税收优惠范围（下同）。

（二）低税率的国际比较

对于传统增值税模式的国家，低税率的范围同样比较宽，主要集中于以下行业或主体：食品；医药、医疗器械；书籍、广播、电视等媒体服务；农产品；幼儿、老年人、残疾人服务和用品；部分居住用房的销售和租赁等。

与免税相比，低税率的适用更强调基本生活消费需求息息相关的产品和服务。同时，很多国家奉行了单一税率的原则，因此，不设低税率，如加拿大、新加坡、新西兰、澳大利亚等国。

低税率范围比较

国别	标　准　税　率	低　税　率
欧盟	在欧盟成员国供应、在欧盟成员国获取（共同体内部获取）或者向欧盟进口的大部分货物和服务。	某些食物；水的供应；医药产品；医疗设备；乘客运输；书籍、报纸、期刊；广播和电视服务；某些住房供应；农业产品；体育运动；社会和文化活动；社会机构；火葬；道路清洁；污水处理。
比利时	在比利时供应、在比利时获取（共同体内部获取——从其他欧盟成员国发运的货物的供应）或者向比利时进口（从非欧盟国家）的大部分货物和服务。	活的动物；植物；某些食物；水的供应；医药和医疗设备；书籍和某些期刊；工艺；收藏家的收藏品和古董；残疾人机动车；棺材；用于社会进步的货物；植物保护产品；人造黄油；用于农业的轮胎和管子；社会福利住房。

续表

国别	标 准 税 率	低 税 率
英国	在英国供应或者获取或者进口到英国(从欧盟或者非欧盟国家)的大部分货物和服务。	燃料和电;某些节能材料;某些加热设备;卫生产品;儿童汽车坐垫;住宅翻新;避孕用具;福利咨询;对于老年人的移动帮助;戒烟产品。
俄罗斯	在俄罗斯供应或者进口到俄罗斯的大部分货物和服务。	食物;某些儿童货物;印刷出版物;医药;医疗货物。
加拿大	在加拿大供应或者进口到加拿大的大部分货物和服务。	无
新加坡	在新加坡供应或者进口到新加坡的大部分货物和服务。	无
澳大利亚	在澳大利亚供应或者进口到澳大利亚的大部分货物和服务。	无
新西兰	在新西兰供应或者进口到新西兰的货物和服务。	无

（三）零税率优惠比较

零税率的适用范围相比免税和低税率更为有限,更加强调公益性和基本生活消费需求。这是因为零税率的优惠幅度最大,既免销项税额,也退进项税额,给国家财政收入带来的挑战也最大,并且从操作上带来退税问题,而退税是各国增值税税收欺诈最突出的领域。部分国家,如加拿大、澳大利亚不设低税率,其零税率的适用范围相对较宽。

另外,虽然在列表中将出口作为零税率的项目,但是,出口零税率并不是税收优惠,而是增值税抵扣机制和目的地征税原则的一个必须机制。从这个意义上,新加坡、新西兰并没有零税率优惠政策。

零税率范围比较列表

国 别	零 税 率
欧盟	从理论上讲,欧盟增值税指令并没有规定零税率的优惠制度,因为欧盟成员国适用的最低标准税率是15%,低税率也不能低于5%。但是,在实际中,这种制度是基于欧盟增值税指令的原则,向成员国授予的减免税权限。
比利时	出口(欧盟境外);某些欧盟内的供应以及新的交通方法;通过空运或者海运进行的国际旅客运输;某些国际货物运输;某些远航船舶和容器的运输;用于外交和领事代表团的某些进口和运输;向中央银行运送黄金;公众利益的期刊和杂志(每年必须发行48次);回收货物或者产品。

续表

国 别	零 税 率
英国	出口;儿童衣服;食物;乘客运输;书籍;报纸;污水和水;处方药;医药;某些残疾援助;新建住房;住宅和某些慈善建筑;对特定建筑物的修理;用于慈善的某些服务和货物。
俄罗斯	出口货物;与出口货物相关的有限服务;国际旅客运输;从废物和废料中获取的某些贵金属;船舶储存的燃料;出口货物的铁路运输。
加拿大	处方药;医疗设施;除糖果、蜜饯、点心、餐厅食品、罐装饮料外的人类消费的大部分食品项目;农业和渔业;国际交通和运输服务;出口的商品和劳务。
新加坡	出口的货物;国际服务。
澳大利亚	适用于货物与劳务出口、食品、医疗保险服务、教育、慈善活动、宗教活动、公共交通设施服务以及2000年奥运会的各项服务。
新西兰	货物出口及与之相关的服务的提供,国际运输服务。

三、我国增值税税收优惠政策

相比于国际做法,我国增值税优惠政策采取的方式更多,优惠项目也更多、更复杂。

(一)优惠政策的方式

我国增值税优惠通常采取对特定项目免税、低税率、即征即退(全部或部分)、先征后退和按简易办法征收等方式。需特别强调的是即征即退和先征后退中"退"的不是进项税额,而是销项税额减去进项税额后该环节应交的增值税额。二者不是零税率,是我国比较有特色的增值税优惠政策方式(与零税率的比较参见下表)。另外,即征即退和先征后退的结果是一样的,只是退税时间有差异,即征即退相当于对部分或全部应纳税额直接免掉,先征后退则是先征上来,再退回去,需要一定的等待时间。按简易办法征收,即不纳入增值税抵扣链条,直接设定较低的征收率,按比例征税,即小规模纳税人的征税方式。我国没有适用零税率(即免销项税额,并退进项税额)的税收优惠政策。

即征即退、先征后退政策与零税率政策的区别

项　　目	即征即退和先征后退		零税率	
	交易额	税　　额	交易额	税　　额
进项(税率10%)	100	10	100	10
销项(税率10%)	300	30	300	0
退税额	—	20	—	10

注:表中所列数字只是说明即征即退、先征后退与零税率的区别,但并不能说明零税率不如前者优惠力度大,加入把销项交易额换成150,其结果则是零税率更为优惠。

(二)增值税主要的优惠政策内容

我国新增值税暂行条例及其实施细则自 2009 年 1 月 1 日起施行,对一部分税收优惠政策进行了调整。概括起来有以下几个方面:[①]

1. 农业类增值税税收优惠政策

(1)农业生产者销售的自产农产品免征增值税

农业,是指种植业、养殖业、林业、牧业、水产业。农业生产者,包括从事农业生产的单位和个人。农产品,是指初级农产品,具体范围由财政部、国家税务总局确定(具体参见《农业产品征税范围注释》)。

(2)部分农业生产资料免征增值税。主要包括:①农膜。②生产销售的氮肥、除磷酸二铵以外的磷肥以及以免税化肥为主要原料的复混肥;可以享受免征增值税优惠政策的复混肥是指企业生产复混肥产品所用的免税化肥成本占原料中全部化肥成本的比重高于70%。③批发和零售的种子、种苗、化肥、农药、农机。

(3)自 2004 年 12 月 1 日起,对化肥生产企业生产销售的钾肥,由免征增值税改为实行先征后返。

(4)部分饲料产品免征增值税。具体包括以下几方面:①单一大宗饲料。指以一种动物、植物、微生物或矿物质为来源的产品或其副产品。②混合饲料。指由两种以上单一大宗饲料、粮食、粮食副产品及饲料添加剂按照一定比例配置,其中单一大宗饲料、粮食及粮食副产品的参兑比例不低于

---

①　以下资料根据《羊城晚报》2009 年 9 月 27 日发表的一篇文章整理,同时参考税政司提供的我国增值税制度介绍。

95%的饲料。③配合饲料。指根据不同的饲养对象,饲养对象的不同生长发育阶段的营养需要,将多种饲料原料按饲料配方经工业生产后,形成的能满足饲养动物全部营养需要(除水分外)的饲料。④复合预混料。指能够按照国家有关饲料产品的标准要求量,全面提供动物饲养相应阶段所需微量元素(4种或以上)、维生素(8种或以上),由微量元素、维生素、氨基酸和非营养性添加剂中任何两类或两类以上的组分与载体或稀释剂按一定比例配置的均匀混合物。⑤浓缩饲料。指由蛋白质、复合预混料及矿物质等按一定比例配制的均匀混合物。

(5)自2008年7月1日起,农民专业合作社执行以下增值税税收优惠政策:①农民专业合作社销售本社成员生产的农业产品,视同农业生产者销售自产农业产品免征增值税。②对农民专业合作社向本社成员销售的农膜、种子、种苗、化肥、农药、农机,免征增值税。农民专业合作社是指依照《中华人民共和国农民专业合作社法》规定设立和登记的农民专业合作社。

2. 软件产品增值税税收优惠政策

(1)自2000年6月24日起至2010年年底以前,对增值税一般纳税人销售其自行开发生产的软件产品,按17%的法定税率征收增值税后,对其增值税实际税负超过3%的部分实行即征即退政策。

增值税一般纳税人将进口的软件进行转换等本地化改造后对外销售,其销售的软件可按照自行开发生产的软件产品的有关规定享受即征即退的税收优惠政策。本地化改造是指对进口软件重新设计、改进、转换等工作,单纯对进口软件进行汉字化处理后再销售的不包括在内。

企业自营出口或委托、销售给出口企业出口的软件产品,不适用增值税即征即退办法。

(2)增值税一般纳税人随同计算机网络、计算机硬件和机器设备等一并销售其自行开发生产的嵌入式软件,如果能够按照《财政部国家税务总局关于贯彻落实〈中共中央、国务院关于加强技术创新,发展高科技,实现产业化的决定〉有关税收问题的通知》(财税字〔1999〕273号)第一条第三款的规定,分别核算嵌入式软件与计算机硬件、机器设备等的销售额,可以享受软件产品增值税优惠政策。凡不能分别核算销售额的,仍按照《财政部国家税务总局关于增值税若干政策的通知》(财税〔2005〕165号)第十一条第一款规定,不予退税。

3. 资源综合利用产品增值税税收优惠政策

（1）对销售下列自产货物实行免征增值税政策：①再生水。再生水是指对污水处理厂出水、工业排水（矿井水）、生活污水、垃圾处理厂渗透（滤）液等水源进行回收，经适当处理后达到一定水质标准，并在一定范围内重复利用的水资源。再生水应当符合水利部《再生水水质标准》（SL368—2006）的有关规定。②以废旧轮胎为全部生产原料生产的胶粉。胶粉应当符合GB/T 19208—2008规定的性能指标。③翻新轮胎。翻新轮胎应当符合GB 7037—2007、GB14646—2007或者HG/T3979—2007规定的性能指标，并且翻新轮胎的胎体100%来自废旧轮胎。④生产原料中掺兑废渣比例不低于30%的特定建材产品。特定建材产品，是指砖（不含烧结普通砖）、砌块、陶粒、墙板、管材、混凝土、砂浆、道路井盖、道路护栏、防火材料、耐火材料、保温材料、矿（岩）棉。

（2）对污水处理劳务免征增值税。污水处理是指将污水加工处理后符合GB 18918—2002有关规定的水质标准的业务。

（3）对销售下列自产货物实行增值税即征即退的政策：①以工业废气为原料生产的高纯度二氧化碳产品。高纯度二氧化碳产品，应当符合GB 10621—2006的有关规定。②以垃圾为燃料生产的电力或者热力。垃圾用量占发电燃料的比重不低于80%，并且生产排放达到GB 13223—2003第1时段标准或者GB 18485—2001的有关规定。所称垃圾，是指城市生活垃圾、农作物秸秆、树皮废渣、污泥、医疗垃圾。③以煤炭开采过程中伴生的舍弃物油母页岩为原料生产的页岩油。④以废旧沥青混凝土为原料生产的再生沥青混凝土。废旧沥青混凝土用量占生产原料的比重不低于30%。⑤采用旋窑法工艺生产并且生产原料中掺兑废渣比例不低于30%的水泥（包括水泥熟料）。

（4）销售下列自产货物实现的增值税实行即征即退50%的政策：①以退役军用发射药为原料生产的涂料硝化棉粉。退役军用发射药在生产原料中的比重不低于90%。②对燃煤发电厂及各类工业企业产生的烟气、高硫天然气进行脱硫生产的副产品。副产品，是指石膏（其二水硫酸钙含量不低于85%）、硫酸（其浓度不低于15%）、硫酸铵（其总氮含量不低于18%）和硫磺。③以废弃酒糟和酿酒底锅水为原料生产的蒸汽、活性炭、白碳黑、乳酸、乳酸钙、沼气。废弃酒糟和酿酒底锅水在生产原料中所占的比重不低于

80%。④以煤矸石、煤泥、石煤、油母页岩为燃料生产的电力和热力。煤矸石、煤泥、石煤、油母页岩用量占发电燃料的比重不低于60%。⑤利用风力生产的电力。⑥部分新型墙体材料产品。具体范围按《享受增值税优惠政策的新型墙体材料目录》执行。

（5）对销售自产的综合利用生物柴油实行增值税先征后退政策。综合利用生物柴油,是指以废弃的动物油和植物油为原料生产的柴油。废弃的动物油和植物油用量占生产原料的比重不低于70%。上述所称废渣,是指采矿选矿废渣、冶炼废渣、化工废渣和其他废渣。

4. 促进残疾人就业增值税税收优惠政策

（1）残疾人个人提供的加工、修理修配劳务免征增值税。

（2）对安置残疾人的单位,符合一定条件的,实行由税务机关按单位实际安置残疾人的人数,限额即征即退增值税。

5. 再生资源增值税税收优惠政策

在2010年年底以前,对符合条件的增值税一般纳税人销售再生资源缴纳的增值税实行先征后退政策。对符合退税条件的纳税人2009年销售再生资源实现的增值税,按70%的比例退回给纳税人;对其2010年销售再生资源实现的增值税,按50%的比例退回给纳税人。

报废船舶拆解和报废机动车拆解企业,适用上述规定。

6. 医疗机构增值税税收优惠政策

（1）对非营利性医疗机构自产自用的制剂,免征增值税。

（2）对营利性医疗机构取得的收入,直接用于改善医疗卫生条件的,自其取得执业登记之日起,3年内对其自产自用的制剂免征增值税,3年免税期满后恢复征税。

7. 按简易办法征收增值税税收优惠政策

（1）一般纳税人销售自产的下列货物,可选择按照简易办法依照6%征收率计算缴纳增值税:①县级及县级以下小型水力发电单位生产的电力。小型水力发电单位,是指各类投资主体建设的装机容量为5万千瓦以下（含5万千瓦）的小型水力发电单位。②建筑用和生产建筑材料所用的砂、土、石料。③以自己采掘的砂、土、石料或其他矿物连续生产的砖、瓦、石灰（不含粘土实心砖、瓦）。④用微生物、微生物代谢产物、动物毒素、人或动物的血液或组织制成的生物制品。⑤自来水。⑥商品混凝土（仅限于以水泥为原料生产的水泥混凝土）。一般纳税人选择简易办法计算缴纳增值税后,36 个月内不得变更。

（2）一般纳税人销售货物属于下列情形之一的,暂按简易办法依照 4% 征收率计算缴纳增值税:①寄售商店代销寄售物品（包括居民个人寄售的物品在内）;②典当业销售死当物品;③经国务院或国务院授权机关批准的免税商店零售的免税品。

（3）对属于一般纳税人的自来水公司销售自来水按简易办法依照 6% 征收率征收增值税,不得抵扣其购进自来水取得增值税扣税凭证上注明的增值税税款。

8. 低税率增值税税收优惠

一般纳税人销售或者进口下列货物,增值税税率为 13% :

（1）粮食、食用植物油。

（2）自来水、暖气、冷气、热水、煤气、石油液化气、天然气、沼气、居民用煤炭制品。

（3）图书、报纸、杂志。

（4）饲料、化肥、农药、农机、农膜。

（5）农产品。

（6）音像制品。音像制品,是指正式出版的录有内容的录音带、录像带、唱片、激光唱盘和激光视盘。

（7）电子出版物。电子出版物,是指以数字代码方式,使用计算机应用程序,将图文声像等内容信息编辑加工后存储在具有确定的物理形态的磁、光、电等介质上,通过内嵌在计算机、手机、电子阅读设备、电子显示设备、数字音/视频播放设备、电子游戏机、导航仪以及其他具有类似功能的设备上读取使用,具有交互功能,用以表达思想、普及知识和积累文化的大众传播媒体。

（8）二甲醚。二甲醚,是指化学分子式为 CH_3OCH_3,常温常压下为具有轻微醚香味,易燃、无毒、无腐蚀性的气体。

9. 其他增值税税收优惠政策

下列项目免征增值税:

（1）避孕药品和用具。

（2）古旧图书。古旧图书,是指向社会收购的古书和旧书。

（3）直接用于科学研究、科学试验和教学的进口仪器、设备。

（4）外国政府、国际组织无偿援助的进口物资和设备。

（5）由残疾人的组织直接进口供残疾人专用的物品。

（6）销售自己使用过的物品。自己使用过的物品,是指其他个人(自然人)自己使用过的物品。

总结起来,我国增值税优惠政策主要项目和方式如下表所列:

我国增值税优惠政策主要项目和方式

项　　　目	优　　　惠　　　方　　　式
农业	免税。
软件产品	即征即退:按17%的法定税率征收增值税后,对其增值税实际税负超过3%的部分实行即征即退政策。
资源综合利用产品	免税; 即征即退:应纳税全额或50%; 先征后退。
促进残疾人就业	免税; 即征即退:限额(各省自定)。
再生资源	先征后退:2009年退70%;2010年退50%。
医疗机构	免税。
简易办法征收	按6%和4%的征收率征收。
低税率	适用13%的低税率。
其他	免税。

（三）已取消的部分税收优惠政策

与2009年1月1日之前实行的增值税税收优惠政策相比,最新的优惠政策取消了部分已有的政策。

1. 来料加工、来件装配和补偿贸易所需进口的设备免税政策;

2. 废旧物资回收企业销售废旧物资免征增值税的政策;

3. 自2008年7月1日起取消采用立窑法工艺生产综合利用水泥产品增值税即征即退政策;

4. 取消利废企业购入废旧物资时按销售发票上注明的金额依10%计算抵扣进项税额的政策;

5. 停止执行外商投资企业在投资总额内采购国产设备可全额退还国产设备增值税的政策;

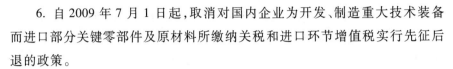

6. 自 2009 年 7 月 1 日起,取消对国内企业为开发、制造重大技术装备而进口部分关键零部件及原材料所缴纳关税和进口环节增值税实行先征后退的政策。

(四)营业税主要优惠政策内容

我国增值税和营业税并存,分别适用于货物和劳务。而国际上,增值税都是同时适用于货物和劳务(很多国家称之为货物劳务税或者商品劳务税,Goods and Services Tax)。我国增值税改革的方向是增值税和营业税合并,货物和劳务统一适用增值税。因此,在进行比较研究时,除了现行增值税对于货物的优惠政策外,还需将营业税对于劳务的优惠政策一并纳入比较研究的范围。

营业税的优惠政策主要采取免税的方式。2009 年 9 月 27 日,财政部和国家税务总局联合下发了《关于个人金融商品买卖等营业税若干免税政策的通知》(财税〔2009〕111 号),对有关营业税的优惠政策进行了整理明确。

1. 对个人(包括个体工商户及其他个人,下同)从事外汇、有价证券、非货物期货和其他金融商品买卖业务取得的收入暂免征收营业税。

2. 个人无偿赠与不动产、土地使用权,属于下列情形之一的,暂免征收营业税:

(1)离婚财产分割;

(2)无偿赠与配偶、父母、子女、祖父母、外祖父母、孙子女、外孙子女、兄弟姐妹;

(3)无偿赠与对其承担直接抚养或者赡养义务的抚养人或者赡养人;

(4)房屋产权所有人死亡,依法取得房屋产权的法定继承人、遗嘱继承人或者受遗赠人。

3. 对中华人民共和国境内(以下简称境内)单位或者个人在中华人民共和国境外(以下简称境外)提供建筑业、文化体育业(除播映)劳务暂免征收营业税。

4. 境外单位或者个人在境外向境内单位或者个人提供的完全发生在境外的《中华人民共和国营业税暂行条例》(国务院令第 540 号,以下简称条例)规定的劳务,不属于条例第一条所称在境内提供条例规定的劳务,不征收营业税。上述劳务的具体范围由财政部、国家税务总局规定。

根据上述原则,对境外单位或者个人在境外向境内单位或者个人提供的文化体育业(除播映),娱乐业,服务业中的旅店业、饮食业、仓储业,以及其他服务业中的沐浴、理发、洗染、裱画、誊写、镌刻、复印、打包劳务,不征收营业税。

5. 同时满足以下条件的行政事业性收费和政府性基金暂免征收营业税:

(1)由国务院或者财政部批准设立的政府性基金,由国务院或者省级人民政府及其财政、价格主管部门批准设立的行政事业性收费和政府性基金;

(2)收取时开具省级以上(含省级)财政部门统一印制或监制的财政票据;

(3)所收款项全额上缴财政。

凡不同时符合上述三个条件,且属于营业税征税范围的行政事业性收费或政府性基金应照章征收营业税。

上述政府性基金是指各级人民政府及其所属部门根据法律、国家行政法规和中共中央、国务院有关文件的规定,为支持某项事业发展,按照国家规定程序批准,向公民、法人和其他组织征收的具有专项用途的资金。包括各种基金、资金、附加和专项收费。

上述行政事业收费是指国家机关、事业单位、代行政府职能的社会团体及其他组织根据法律、行政法规、地方性法规等有关规定,依照国务院规定程序批准,在向公民、法人提供特定服务的过程中,按照成本补偿和非盈利原则向特定服务对象收取的费用。

四、关于完善我国增值税优惠政策的建议

显然,我国在增值税扩围后,其优惠政策范围的调整还有很大空间,应当按照减少优惠、简化税制的原则,尽可能缩小免税交易范围,并评估每项免税规定是否能够达到预期目标,是否会造成经济扭曲,清理整合现有优惠政策。具体建议如下:

(一)暂时保留现有的即征即退和先征后退的优惠方式

即征即退和先征后退的优惠方式是我国增值税优惠政策的特色,这两种优惠方式的优点是在给予优惠的同时,不打破增值税的抵扣链条,在一定程度上将优惠政策与增值税制度本身的运行剥离开来,接近于财政直接补贴。由于不影响增值税抵扣链条,其激励目标也比较确定,不容易转嫁。因

此,建议保留这两种增值税优惠政策的方式。目前,两种优惠方式对应的优惠项目多数属于鼓励、促进发展的产业和产品,这种财政补贴方式有可取之处。但是,对于审核比较困难、同时处于最终消费环节的优惠项目,可考虑给予免税待遇,降低退税的欺诈风险。并且,从长期来看,这两种优惠方式虽然类似于财政补贴,但是仍然是间接的税式支出,具有隐蔽性,不利于从预算上量化和监管,随着税制的规范和预算管理的科学化,这两种方式也应适时取消。

(二)将免税和低税率优惠政策尽量限定在最终消费环节和基本生活消费需求领域

我国增值税优惠政策的范围比较宽泛。部分行业属于生产经营的中间环节,采取免税优惠,则不能抵扣进项税,下游的进项税抵扣凭据也产生漏洞,造成抵扣链条断裂,征管漏洞增加,反倒不如即征即退、先征后退的效果好。

一个典型例子是化肥生产企业,如果是一般纳税人,销售化肥时适用13%的低税率,但其购进成本和原材料则适用17%的标准税率,造成一些化肥企业的销项税始终小于进项税,抵扣不完,占压企业资金。另外一个例子是农业税收优惠,农业生产者销售自产农产品适用免税,这是为了减轻个体农户自产自销农产品的税收负担,假如个体农户的农产品都直接流入农产品消费市场,直接面对个体消费者,这种免税是真正的优惠。但是对于一些个体农户或者大规模的农场,其生产的农产品往往提供给农产品加工企业进行深加工,由于这些农产品的销售免税,因此,下游的购进农产品的加工企业则无法获得进项税发票,不能抵扣进项税。其结果是,农产品加工企业不愿意从个体农户手中收购农产品或者压低价格收购,以抵消其不能抵扣的进项税,大规模的农产品生产者为了寻找更多的销售渠道,成立单独的销售公司,人为改变"自产自销"的性质。两种结果都不利于农产品生产者,而且造成了经济扭曲。更不要说一些农业生产的原材料并没有实现完全免税,农业生产者虽然销售时不缴增值税,但是其进项税也不能够抵扣,其负担并没有减轻。

因此,建议将免税优惠尽量限定在最终消费环节和基本生活消费需求领域。对于最终零售企业而言,由于面对最终消费者,本身不存在抵扣进项税的需要,个体消费者也不存在要求开具增值税发票进行进项抵扣的必然

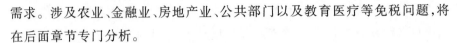

需求。涉及农业、金融业、房地产业、公共部门以及教育医疗等免税问题,将在后面章节专门分析。

(三)提高应对累退性的增值税免税优惠政策的有效性

如何提高增值税免税优惠政策的有效性,减少优惠政策对于增值税制中性原则、效率原则和整体有效性的冲击,可以研究考虑采取以下办法:

一是严格限制免税优惠的范围,优惠仅限于穷人的消费比例比较高的特定商品。例如,对于食物给予一般性的优惠是错误的,或者仅仅对于新鲜的食物给予优惠都是错误的。因为富人消耗的食品只会比穷人多,而且新鲜程度的要求更高,富人受补贴的程度远高于穷人。仅对那些对于穷人的食物非常重要的原材料给予税收优惠可能会对增值税的整体效率产生较小的冲击。

二是对于富人有可能消费的交易设定一个优惠的上限。基本用品领域就是一个例子。对于水和电等基本的公用品有必要给予税收优惠政策,但无限制的税收优惠政策将会给富人的游泳池和洗车用水提供财政支持,或者为他们整夜使用空调提供更加便宜的电费。如果税收优惠对于基本公用品是必要的,对于享受补贴的对象应当设定严格的上限,如规定每月固定数量的水或者固定数量的电可以享受税收优惠,超过该上限的所有交易都应当适用一般的增值税税率。

第七章
增值税出口退税制度比较研究

一、出口退税制度探源

（一）出口退税的渊源

增值税的理论起源通常被归功于两位理论学家，一位是美国经济学家 TS Adams，他首先在 1915 年论述了这一主题，不过通常被引用的是他在 1921 年撰写的论文。另一位是德国经济学家 Wilhelm von Siemens，他在 1920 年论述了这一主题。

实践中，直到 1953 年，美国的密歇根州才首次根据 Adams 所设计的增值税理论模型实行了增值税制度。欧洲实行增值税制度的先驱是法国，该国在 1948 年和 1954 年分两个步骤实行了增值税制度，最初仅适用于制造业，随后推广到经营者的生产和批发链条。但是，第一个实行彻底增值税制度的欧洲国家其实是丹麦，该国实行增值税的时间是 1967 年，当时它还不是欧洲经济共同体的成员。法国作为欧洲经济共同体的发起国之一，虽然提前一年就通过了增值税的立法，但是实施彻底的增值税制度是在 1968 年，比丹麦晚一年。同时，德国也开始实施一种类似的税收制度。

当时，欧洲经济共同体的大部分国家都依赖对于消费所征收的低效率的、多环节税收累积的流转税。在共同体内部,各国形成了一个共识:大家需要一个更好的消费税,一个对于最终消费征收、对于中间经营者不征收的税。但是一个相当重要的因素是,需要在整个共同体内部实行一种税,该税收按照"目的地"原则来运行,这就意味着该税收应当完全在最终消费地征收,而不是由生产地的国家征收。完全按照目的地原则运行的消费税可以防止当货物和服务在共同体内部从一个国家流向另一个国家时的税收累积,而这是流转税所遇到的一个重要难题。

增值税提供了解决这一两难问题的理想方案。货物或者服务的出口商可以适用"零税率",允许抵扣在出口之前所缴纳的所有增值税,这样,出口商品就完全是不含增值税的。进口国可以在进口之时征收增值税。1967年,欧洲经济共同体强制要求现有的成员国采取增值税制度,同时,也将其作为新成员国加入共同体的先决条件。

(二)出口退税的原理

出口退税,即出口货物或劳务适用增值税零税率,指出口国不对出口货物或劳务征收增值税(销项免税),同时,退还出口商为出口而购进成本的进项税额。需要明确的是,出口退税并不是对出口商的政策补贴,而是增值税税制本身的一项内在机制。

首先,增值税的本质是对本国最终消费征收的税收,是一种消费税(Consumption-based tax),当出口商将货物出口到境外时,货物并没有在国内实现最终消费,出口商作为中间环节,应当抵扣其进项税。

其次,增值税法通常按照"目的地"原则来运作,即由消费发生地来征收。在国际贸易中,即由进口国对进口货物征收增值税,即该交易的销项税额发生在进口国,出口商在出口国的销项税额为零。作为一个应税交易,根据增值税环环抵扣的原理,当销项税额为零时,出口国需以退税的方式全额抵扣出口商已缴纳的进项税额。这就是出口退税的原理。

第三,出口退税是实现增值税中性原则的必要环节。出口退税后,出口商品可以从出口价格中排除所有的税款,则出口商品就与在其他地方生产的货物或者服务,包括在目的地国家所生产的货物或者服务具有相同的竞争力,不会因税负的不同而处于竞争的劣势。"出口"和"进口"的增值税处理通常是对出口适用零税率以确保出口商的国际竞争力,而进口则应当按照通常适用的税率缴纳增值税,以确保当地供应者销售相同货物时的公平竞争。

二、出口退税国际比较

（一）欧盟及欧洲国家的出口退税制度

1. 欧盟

作为一种概念上的参照，欧盟增值税指令在其前言的第7条规定："共同的增值税制度应当导致竞争的中性，即使税率和免税项目尚未完全协调，因此，在每个成员国的境内，类似的货物和服务应当承担相同的税收负担，无论生产和销售的链条有多长。"

为出口之目的（货物运出欧盟成员国），不应当对该交易征收任何增值税，出口商品所承担的进项税额应当予以抵扣。对于为了出口货物而购买的服务所支付的进项增值税额也应当予以抵扣。

因此，这种既享受免税待遇又享有进项增值税抵扣权的制度被称为"零税率"。

因此，在出口价格中不包含任何国内增值税。

在涉及到进口时，当任何主体，包括纳税主体和非纳税主体将货物进口到欧盟成员国用于消费或者使用就应当按照通常适用的税率缴纳增值税。这一制度保证了对于进口商品的价值施加与欧盟成员国内部生产的货物相同的税收负担。进行增值税登记的纳税主体可以按照通常的方法抵扣在进口时所缴纳的增值税。

2. 比利时

在比利时，出口（包括相关运输）适用零税率，这一制度与欧盟增值税指令是相一致的。一般而言，向比利时进口货物，无论该进口是否是由增值税纳税主体所从事的，都应当在比利时缴纳增值税。在比利时进入欧盟并且进入免费流通环节的货物必须在比利时申报增值税，包括从比利时关税暂缓缴纳地区发出的货物，从保税仓库发出的货物。进口货物增值税延期缴纳适用特殊的规则，如果进口商获得许可并且事先向比利时增值税主管机关缴纳税款。这种许可允许进口商仅仅申报应当缴纳的增值税并且在增值税纳税申报中抵扣进项增值税（进口商是纳税主体并且可以抵扣进项税额），而不需要向增值税主管机关以现金的形式缴纳任何增值税。

3. 英国

对于英国增值税而言，向英国境外的目的地出口货物适用零税率。一般而言,向海外消费者供应的某些服务也适用零税率,但是,服务适用零税率的规则比较复杂。

从英国境外向英国进口货物的行为应当缴纳进口增值税,除非申请减免税。对于进口货物所征收的增值税等于在英国生产的同类货物所应当征收的增值税。进口增值税由英国税务主管机关征收,并且在货物进入欧盟自由流通区时予以缴纳。进口增值税的缴纳可以通过一种被称为"增值税延缓"的制度予以延缓。经营者必须申请使用增值税延缓制度,并且满足税收延缓的特定条件。经过批准以后,进口增值税以及其他相关税款的缴纳都可以延缓到进口所在月份的下一个月的 15 号。

而且,在英国,还可以根据很多不同的关税协议来进口货物,例如,关税暂缓制度。符合该协议规定的货物可以暂时不用缴纳增值税,直到该货物不再适用该协议。

(二)俄罗斯

对于俄罗斯增值税而言,零税率适用于向俄罗斯境外出口货物的行为。

向俄罗斯进口的货物应当缴纳进口增值税。如果满足标准增值税抵扣的条件,进口增值税可以予以抵扣。但是,没有在俄罗斯进行增值税登记的外国企业不能主张抵扣俄罗斯的进口增值税。进口到俄罗斯的技术设备以及相关的多余部件可以免除进口增值税,该设备和部件必须作为实物出资投入俄罗斯企业。

(三)印度

1. 货物的出口。货物在出口时不需要缴纳消费税(印度中央政府征收的增值税)。在这种情况下,没有使用完的进项税额可以全部退还(如果该进项税额不能用于抵扣其他境内销售的中央增值税)。

纳税人也可以选择另外一种制度,即在使用完所有可抵扣的进项税额并缴纳税款以后出口。在这种情况下,已经缴纳的税款可以全部退还。

根据某些优惠政策,如果货物用于出口,出口商可以从其他的经营者那里获得进项税额,而不需要缴纳中央增值税。所有这些制度与 WTO 的规则都是一致的,也就是说,出口是根据目的地原则来确定的,在这种情况下,既没有进项税(主要是中央增值税和关税),也没有销项税。因此,该税收或者不予适用或者予以全部退还。

2. 服务的出口。服务出口不需要缴纳服务税(邦征收的增值税)。而且,出口者可以主张全部退还已经缴纳的服务税。

有关出口服务的规定曾经被频繁的修改。最初,凡是以外汇标价和支付的服务在出口时都被视为零税率。随后,制定了《出口规则》(也就是在出口的情况下确定供应地点的规则),该规则详细规定了满足出口的条件。

根据修改后的《出口规则》,一项服务如果满足以下条件就可以构成出口:

(1)该服务是从印度提供的,并且在印度境外被使用;

(2)所接受的付款是外汇;

(3)该服务满足以下条件:

① 财产的位置——对于与不动产相关的服务而言,如果该不动产位于印度境外,则该类服务符合出口的条件;

② 服务提供地——如果该服务部分或者全部是在印度境外提供的,则该类服务也满足出口的条件;

③ 接受者的位置——如果服务的接受者是非印度居民,则该类服务也满足出口的条件。

(四)新加坡

对于新加坡的货物和服务税或者增值税而言,出口货物适用零税率。为了主张适用零税率,经营者必须证明该货物已经在事实上离开了新加坡。进口货物和服务税是由新加坡海关征收的,并且对于所有向新加坡进口的货物征收,只有特别的货物可以享受减免税。考虑到新加坡作为地区贸易中心的地位,新加坡规定了一系列特别的进口免税制度。这些制度是为了最大限度地减少现金流的影响,如果经营者进口的商品随后将用于出口。根据该进口免税制度,在进口之时,进口货物和服务税将暂免征收,只有当该货物随后在当地供应时才需要缴纳货物和服务税。一般而言,经营者需要申请才能享受这一制度,享受进口免税制度的经营者需要满足非常严格的条件。

三、我国出口退税制度

我国的出口退税,是出口货物退(免)税的简称,其基本含义是指对出口货物退还其在国内生产和流通环节实际缴纳的增值税和消费税。这里所指实际缴纳的增值税,是指出口企业已经缴纳的增值税进项税额。

我国现行增值税暂行条例第二条规定:纳税人出口货物,税率为零;但是,国务院另有规定的除外。该规定肯定了出口适用零税率的原则,同时,赋予了国务院例外规定权限。我国自1994年实施增值税以来,出口适用零税率并没有被一体遵行。实践中,出口退税率往往与进项税税率不一致,而且国务院为了调控出口形势,多次调整出口退税率。

(一)出口退税政策的演变

1994年税制改革以来,我国出口退税政策历经十一次大幅调整。

第一次调整:1995年和1996年进行了第一次大幅出口退税政策调整,由原来的对出口产品实行零税率调整为3%、6%和9%三档。

第二次调整:1998年为促进出口进行了第二次调整,提高了部分出口产品退税率至5%、13%、15%、17%四档。

第三次调整:此后,外贸出口连续三年大幅度、超计划增长带来了财政拖欠退税款的问题。2004年1月1日起国家第三次调整出口退税率为5%、8%、11%、13%和17%五档。

第四次调整:2005年进行了第四次调整,我国分期分批调低和取消了部分"高耗能、高污染、资源性"产品的出口退税率,同时适当降低了纺织品等容易引起贸易摩擦的出口退税率,提高重大技术装备、IT产品、生物医药产品的出口退税率。

第五次调整:2007年7月1日进行了第五次调整,调整共涉及2831项商品,约占海关税则中全部商品总数的37%。经过这次调整以后,出口退税率变成5%、9%、11%、13%和17%五档。

第六次调整:2008年8月1日第六次调整出口退税政策后,部分纺织品、服装的出口退税率由11%提高到13%;部分竹制品的出口退税率提高到11%。

第七次调整:从2008年11月1日实施的第七次调整涉及3486项商品,约占海关税则中全部商品总数的25.8%。主要包括两个方面的内容:一是适当提高纺织品、服装、玩具等劳动密集型商品出口退税率。二是提高抗艾滋病药物等高技术含量、高附加值商品的出口退税率。我国的出口退税率分为5%、9%、11%、13%、14%和17%六档。

第八次调整:2008年12月1日起开始的第八次调整,涉及提高退税率的商品范围有:

1. 将部分橡胶制品、林产品的退税率由 5% 提高到 9%。

2. 将部分模具、玻璃器皿的退税率由 5% 提高到 11%。

3. 将部分水产品的退税率由 5% 提高到 13%。

4. 将箱包、鞋、帽、伞、家具、寝具、灯具、钟表等商品的退税率由 11% 提高到 13%。

5. 将部分化工产品、石材、有色金属加工材料等商品的退税率分别由 5%、9% 提高到 11%、13%。

6. 将部分机电产品的退税率分别由 9% 提高到 11%,11% 提高到 13%,13% 提高到 14%。

第九次调整:2009 年 1 月 1 日起开始的第九次调整,提高部分技术含量和附加值高的机电产品出口退税率。具体规定如下:

1. 将航空惯性导航仪、陀螺仪、离子射线检测仪、核反应堆、工业机器人等产品的出口退税率由 13%、14% 提高到 17%。

2. 将摩托车、缝纫机、电导体等产品的出口退税率由 11%、13% 提高到 14%。

第十次调整:2009 年 2 月 1 日起开始的第十次调整,将纺织品、服装出口退税率提高到 15%。

第十一次调整:2009 年 4 月 1 日起开始的第十一次调整,提高了部分商品的出口退税率。具体明确如下:

1. CRT 彩电、部分电视机零件、光缆、不间断供电电源(UPS)、有衬背的精炼铜制印刷电路用覆铜板等商品的出口退税率提高到 17%。

2. 将纺织品、服装的出口退税率提高到 16%。

3. 将六氟铝酸钠等化工制品、香水等香化洗涤、聚氯乙烯等塑料、部分橡胶及其制品、毛皮衣服等皮革制品、信封等纸制品、日用陶瓷、显像管玻壳等玻璃制品、精密焊钢管等钢材、单晶硅片、直径大于等于 30cm 的单晶硅棒、铝型材等有色金属材、部分凿岩工具、金属家具等商品的出口退税率提高到 13%。

4. 将甲醇、部分塑料及其制品、木制相框等木制品、车辆后视镜等玻璃制品等商品的出口退税率提高到 11%。

5. 将碳酸钠等化工制品、建筑陶瓷、卫生陶瓷、锁具等小五金、铜板带材、部分搪瓷制品、部分钢铁制品、仿真首饰等商品的出口退税率提高到 9%。

6. 将商品次氯酸钙及其他钙的次氯酸盐、硫酸锌的出口退税率提高到5%。

7. 2009 年 4 月 1 日起,我国纺织企业出口退税从原来的 15% 上调至 16%,希望借此推动纺织企业的复苏。

从历次调整的背景来看,出口退税被作为国家对出口进行宏观调控的工具,出口下滑时,则提高出口退税率;需放慢出口速度时,则降低出口退税率。我国的出口退税背离了增值税内在机制的本质。

(二)出口退税的条件

出口企业获得出口退税必须满足以下条件:

1. 必须是增值税、消费税征收范围内的货物。增值税、消费税的征收范围,包括除直接向农业生产者收购的免税农产品以外的所有增值税应税货物,以及烟、酒、化妆品等 11 类列举征收消费税的消费品。

之所以必须具备这一条件,是因为出口货物退(免)税只能对已经征收过增值税、消费税的货物退还或免征其已纳税额和应纳税额。未征收增值税、消费税的货物(包括国家规定免税的货物)不能退税,以充分体现"未征不退"的原则。

2. 必须是报关离境出口的货物。所谓出口,即输出关口,它包括自营出口和委托代理出口两种形式。区别货物是否报关离境出口,是确定货物是否属于退(免)税范围的主要标准之一。凡在国内销售、不报关离境的货物,除另有规定者外,不论出口企业是以外汇还是以人民币结算,也不论出口企业在财务上如何处理,均不得视为出口货物予以退税。

对在境内销售收取外汇的货物,如宾馆、饭店等收取外汇的货物等等,因其不符合离境出口条件,均不能给予退(免)税。

3. 必须是在财务上作出口销售处理的货物。出口货物只有在财务上作出销售处理后,才能办理退(免)税。也就是说,出口退(免)税的规定只适用于贸易性的出口货物,而对非贸易性的出口货物,如捐赠的礼品、在国内个人购买并自带出境的货物(另有规定者除外)、样品、展品、邮寄品等等,因其一般在财务上不作销售处理,故按照现行规定不能退(免)税。

4. 必须是已收汇并经核销的货物。按照现行规定,出口企业申请办理退(免)税的出口货物,必须是已收外汇并经外汇管理部门核销的货物。

一般情况下,出口企业向税务机关申请办理退(免)税的货物,必须同时具备以上 4 个条件。但是,生产企业(包括有进出口经营权的生产企业、委托外贸企业代理出口的生产企业、外商投资企业,下同)申请办理出口货物退(免)税时必须增加一个条件,即申请退(免)税的货物必须是生产企业的自产货物(外商投资企业经省级外经贸主管部门批准收购出口的货物除外)。

(三)出口退税的财政负担机制

出口企业获得出口退税必须满足一系列条件,退税部门对于出口退税的审核也非常严格。实践中,退税期限没有被严格执行(文件规定一个月内),拖欠纳税人退税款的问题一度非常严重。自 2001 年开始,由于我国出口猛增,欠退税问题日趋严重,至 2003 年,出口欠退税累计达 2400 多亿元。为了解决出口欠退税问题,国家被迫调整中央政府和地方政府分担出口退税的机制。

1993 年分税制财政管理体制改革时,明确规定了 1994 年以后的出口退税由中央财政负担。为了解决巨额的出口欠退税额,缓解中央财政的压力,国务院规定,从 2004 年起,以 2003 年出口退税实退指标为基数,对超基数部分的应退税额,由中央和地方按 75∶25 的比例共同负担。但是,这一方案执行不久即告终结,由于退税在不同的省份分布不均匀,主要是沿海几个口岸大省的退税负担太重,阻碍了企业的正常出口。2004 年,国务院明确规定,将出口退税的分担机制由中央与地方的 75∶25,改为 92.5∶7.5,基本上由中央全额负担。

事实上,中央和地方政府的出口退税分担机制,或者说中央或地方的财政困难,并不是造成大量出口欠退税的根本原因。其根本原因在于出口退税并没有被作为增值税纳税人的应得权利被保护,或者说出口退税并没有被作为增值税的内在征收机制来对待,而是作为给予出口企业的一种补贴或优惠政策来执行。表现在运行机制上,出口退税实行"征退分离"机制,即税务局负责将国内环节的所有增值税征收缴入国库,并且全额统计为税收收入;对于出口环节需要的退税,则通过财政预算统筹安排,事实上是等同于财政支出对待。出口退税的资金来自于财政部根据年初商务部对出口额的预计而计算的预算指标拨款,虽在预算中列为税收的减项,但安排上等同于预算支出。财政部编制完预算后,将出口退税的指标预算安排分配到国家税务总局,由国家税务总局通过国税系统分发到各省,层层分配,最终退税给纳税人。就地区分配而言,出口退税指标的分配据说是按照各省和地区的出口实绩和增长率以及出口结构安排。这种指标化的管理方式产生两个问题:一是实践中,为减轻完成出口任务的压力,年初计划一般会压低对出口增长率的预计,因此,出口退税指标往往低于实际退税资金需求;二是出口企业缴纳的增值税一旦作为税收收入进入国库,就会被纳入国家预算收入的大盘子中统筹考虑,这部分数额庞大的被"虚增"的预算收入被挪作他用的可能性很大。当然,一旦政府下定决心要解决出口欠退税问题,预算安排完全可以到位,但是,这种机制存在很大不确定性。

2008 年,虽然出口退税率不断上调,但是出口仍然没有完全实现零税率。据测算,按照 2008 年的出口数据,实现出口零税率,财政需安排大约2000 亿元的退税支出。相对于 6 万亿的财政总收入而言,2000 亿元不是一个多少的问题,而是一个是否要退的问题。

四、完善出口退税的立法建议

我国自 1994 年实施增值税以来,出口适用零税率并没有被一体遵行。实践中,出口退税率往往与进项税税率不一致,而且国务院为了调控出口形势,多次调整出口退税率。这种做法可能适合宏观调控的需要,但是给出口企业带来一定的不确定性,并且损害了增值税的中性。增值税改革与立法的目标是最大可能地实现增值税的中性价值,建立一个符合中性、高效的增值税制。在这样一个目标之下,应当使出口退税回归其真实面目。具体建议如下:

(一)实行彻底的出口增值税零税率

遵循增值税的抵扣原理,为还原增值税的本来面目,实现一个"纯净的"(pure)增值税制,借鉴国际上的通行做法,同时也为了使我国的出口产品在国际市场上获得公平竞争的税收待遇,应当实行彻底的出口增值税零税率,全额退还出口企业已纳的增值税进项税额。至于"两高一资"等需限制出口的产品,可以采用关税等手段来限制出口,因为没有任何国际规则限制一国提高出口关税。

(二)改革出口退税运行机制

改革出口退税"征退分离"的运行机制,根据出口企业已纳的进项税额,安排出口退税。将出口退税直接抵减增值税收入,而不纳入预算收入。严格出口退税的期限,相应延长出口退税汇算清缴的期限,退税完毕后,再核算增值税整体收入,纳入预算。

至于中央和地方的分担机制,可以根据改革后的增值税收入分配制度而作相应调整。如果增值税全额归属中央,则所有的退税直接抵减中央收入;如果增值税仍由中央和地方分享,则需按照分享比例分别抵减中央和地方的收入。

(三)加强出口退税的稽查力度

增值税的退税是欺诈行为最多的环节。为了防止骗取出口退税,各国都规定了一些退税的条件和限制。我国已有的出口退税条件仍可进一步保留并改进,还可研究完善出口转内销不得退税等规定。税务部门可以充分利用海关的信息和管理平台,加强出口退税税务稽查。

第八章
特定行业征收增值税比较研究

在增值税领域,存在着一些国际上公认的较难以适用增值税一般规定的行业或部门,主要包括金融服务、公共部门、房地产业和农业等。国际上的通行做法是将特定行业或部门的免税范围限定在尽可能小的范围内。但是,由于行业和服务的特点,国外对特定行业和部门一些特殊规定值得我国在增值税改革与立法中借鉴和参考。

第一部分 金融服务的增值税处理比较研究[①]

一、对金融服务征收增值税的特有问题

尽管增值税的适用领域已经相当广泛,但是多数已建立增值税制度的国家均把大部分金融服务排除在增值税体系之外,特别是金融中介服务以及其他不直接收费的金融服务。这一现象根本原因在于大多数国家都采用增值税发票抵扣制度,而这一制度的运行须根据具体的服务费用计算销项税额。然而,银

---

① 本章第一至三节主要基于 Alan Schenk and Howell H. Zee,"Treating Financial Services Under a Value Added Tax:Conceptual Issues and Country Practices",22 Tax Notes Intl 3309(June 25, 2001).

行和其他金融中介机构收取的服务费用通常隐藏在某种形式的差价中。银行的核心业务是存贷款业务，这一业务的实质是：储户和借款人事实上是提供资金和接受资金的人，如果没有银行的中介，储户（资金所有人）将自行放贷给借款人，并收取利息；银行的出现是为二者之间提供了中介服务，银行一方面为资金所有人寻找放贷的对象，承担风险；另一方面，为借款人提供融通的资金。因此，银行的中介服务既向储户提供，也向借款人提供。这两项服务的价格就是存贷款的利息之差。假设存款利率为 3%，贷款利率为 8%，其差额 5% 就是银行两项中介服务的价格。银行提供服务的价值也就明确了（贷款本金 ×5%），这是银行提供中介服务的销项，销项税额也容易确定（销项 × 税率）。因此，要计算一家银行提供的中介服务的总增值并不困难。但是，只确定销项并不能解决银行中介服务的增值税征收难题。因为增值税需要发票才能抵扣，只有确定储户和借款人分别获得了多少银行的中介服务，银行才能够分别为其出具增值税发票。仍在上述存贷款利率条件下，假定资本在供求平衡的状态下，储户自行向借款人放贷的收益是 6%，当通过银行时，银行储户只获得了 3% 的收益，另外 3% 的差额（6% −3%）则是银行向储户收取的中介服务价格，借款人多付出 2%（8% −6%）则是银行向借款人收取的中介服务价格。然而，现实世界中很难确定资本供求平衡状态下的放贷收益（或者称资金净成本），6% 只是理想状态下的假设，实际中不可能确定。如果储户和借款人的整体销项服务金额都不能分别核定，更不用说分别核定每一个储户和借款人的销项服务金额了。这也成为对银行中介服务征收增值税的最大障碍。银行中介服务的进项即银行的设备、设施以及购买的劳动服务等维持其运营的必备要素。① 保险服务的确定则需区分人寿保险与非人寿保险，其中介服务的征税也面临同样的问题。

可见，由于金融中介服务的收费具有隐性特征，对其征收增值税相当困难。此外，如上文所述，金融机构向客户提供股票、外汇买卖等经纪服务时收取的费用通常亦包含在低买高卖的差价中。也就是说，这类费用同中介

---

① 在此须要指出的是，客户的存款并非增值税意义上的进项。储户并非银行提供中介服务的供应者，而是该金融中介服务的购买者。储户获得的利息是其投资的回报（总的资本收益刨去银行收取的隐性费用后的数额）。因为消费型增值税不对投资行为征税，因此储蓄者因存款获得的利息本身并不属于增值税的征税范围。

服务的收费一样具有隐蔽的性质,从而导致难以对其征收增值税。与此相反,银行或其他金融机构提供的直接收费服务则可以很容易地被纳入发票抵扣增值税体系,这类服务主要包括资产管理、投资咨询以及各种各样的保险产品。

如果因为对隐性费用征税不具有征管上的可行性而对大多数金融服务免税,那么金融机构将无法抵扣免税金融服务的进项税额,由此导致增值税链条断裂。当企业购买这些免税金融服务作为其生产应税销项的进项时,将会出现累积征税。此外,如果金融机构既提供免税金融服务,又从事应税服务项目(境内直接收费的服务或者零税率出口),那么该金融机构还需要在这两类活动间分摊进项,计算出归属于免税服务的、不可抵扣的进项税额。而这无疑会增加金融机构与税务机关的征管和合规成本。金融机构也将愿意将更多的直接收费服务与其他免税服务捆绑在一起,从而尽可能享受免税的待遇。

对隐性收费的金融服务免税也可能促使金融机构纵向兼并其他一些免税商品和服务的供应者。为避免缴纳无法抵扣的进项增值税,金融机构会尽量由自己供应其免税服务所需的进项。例如,为了节约税收成本,一家银行可以不向第三方购买表格和文具(及支付相应的增值税),而是自己经营一家商店来提供这些商品和服务。

在考虑对保险行业进行不同的增值税处理时,区分人寿保险与非人寿保险十分重要。因为,尽管所有类型的保险服务都从形式上向投保人直接收取了一定的费用(构成保险费的一部分),但是人寿保险费用中的大部分是作为投保人的一种储蓄,因此不应被纳入消费型增值税体系。不论一国对其他金融服务的增值税处理方式如何,人寿保险在全球范围内都是免税的。由于人寿保险的购买者都是典型的最终消费者,免税不会导致累积征税。

二、国际上对于金融服务的增值税处理模式

各国采用了不同的方法来应对金融服务增值税征收过程中可能遇到的困难,而这些方法在解决财政成本、征管和合规成本以及经济扭曲等问题上具有不同的价值与局限。不同国家采取的处理方法各式各样,从对金融服务豁免增值税(不论是否为直接收费的服务)到对金融服务适用零税率等等。

（一）基本的豁免方法

欧盟原则上对金融服务采取增值税豁免制度,但对一些直接收费的金融服务仍然征收增值税。此外,对出口的金融服务适用零增值税率。根据第六指令,大量的金融服务(包括保险在内)都适用豁免,但各成员国可以允许本国纳税人将免税金融服务作为应税的服务。比利时、法国和德国一定程度上在国内法中纳入了这一选择性条款。大多数欧盟成员国对贷款、银行账户、现金、股票和债券交易等核心金融服务适用免税;而对咨询服务、贵重财产保险箱服务等直接收费的金融服务(也称次要金融服务)征收增值税。此外,如果金融服务由欧盟境外的客户购买或者与货物出口直接相关,那么该金融服务适用零增值税率。因此,金融机构能够就出口的金融服务发生的进项税主张抵扣。总的来说,大多数 OECD 国家都采纳了欧盟模式。

（二）低程度豁免制度(reduced exemption)

南非对核心金融服务的增值税处理沿袭了欧盟的免税法,对绝大多数直接收费的金融服务征收增值税,其中包括向国内消费者提供的非人寿保险(出口的金融服务依然适用零税率)。相应的,南非增值税法案中规定的免征增值税的金融服务(适用零税率的金融服务除外)主要都是非直接收费的金融服务。

（三）豁免加进项税抵扣法

新加坡采用的金融服务增值税制度以欧盟的基本豁免方法为基础。但是,如果金融机构提供经纪、承销以及附加以咨询等金融服务以经纪费、佣金或者其他类似形式的对价作为回报,那么这些金融服务就是应税服务。为了减轻免税导致的层叠征税效应,新加坡允许购买免税金融服务的纳税人使用"特殊法"(special method)或者"固定比例进项税回收法"(fixed input tax recovery method)抵扣进项。

根据特殊法,金融机构需要从所有免税服务中分离出增值税纳税人购买的部分,将这部分免税服务视为应税服务,适用零增值税率。比较而言,固定比例进项税回收法允许金融机构就固定比例的进项税额主张抵扣——具体的比例视不同类型金融机构的行业标准而定。固定比例进项税回收法在税收征管上要比特殊法简便许多。因为回收比例适用于所有免税金融服务的进项税,省去了在应税服务、免税服务以及出口服务分摊进项,计算可抵扣进项税额的步骤。

与欧盟模式一样,澳大利亚对核心金融服务免税。但澳大利亚允许金融机构抵扣免税服务的部分进项税,这种做法有点类似于新加坡的做法。澳大利亚免税金融服务的提供者可以要求退还其进项税的25%。例如,如果一家银行提供免税服务时发生了50万美元的进项税,那么该银行可以抵扣这笔进项税税额的25%,即12.5万美元。由于不同类型的金融机构提供应税服务与免税服务的比例不同,因此,较之澳大利亚对所有金融机构适用统一的回收比例的做法,新加坡根据行业标准确定进项税的回收比例更加合理。

(四)毛利息征税法

阿根廷对金融机构提供贷款服务获得的毛利息收益征收增值税,这意味着其不能在应税的贷款利息收益中减去支付给储户的利息。① 阿根廷采用的增值税的标准税率是21%。但是,阿根廷对《银行和金融机构法》(the Banking and Financial Institutions Law,简称 BFIL)管辖的金融机构收取的贷款利息适用10.5%的低税率。与以色列不同(见下文详述),阿根廷的企业纳税人发生贷款后,可以主张抵扣其为贷款利息支付的进项税额。对于消费者以及其他没有资格主张进项税抵扣、但购买商品时需要贷款的贷款者来说,他们一方面要承担所购商品的增值税,另一方面还需要支付贷款毛利息的增值税。对于直接收费的应税金融服务,BFIL 管辖的金融机构也缴纳增值税。BFIL 管辖的金融机构向储户支付的利息、就某些养老金支付的利息,以及消费者向这些金融机构支付的购买、修缮住房的贷款利息,都属于免税的范围。总的来说,增值税豁免主要适用于与消费融资无关的贷款活动(与住房相关的融资活动除外)。

由于银行对贷款收取的利息还包括了其自身的融资成本,因此这笔利息在很大程度上超过了银行提供贷款中介服务的增值额。所以,阿根廷的方法加重了最终消费者和从事免税经营的借款人的税负。

(五)附加法

直接确定金融机构具体每笔金融服务的增值额十分困难,但可以将金融机构支付的工资加上其获得的利润之和作为金融服务的总增值额,这种方法被称为"确定增值额的附加法"。增值税可以直接适用于工资与利润的

---

① 1992 年公布的阿根廷政府对毛利息收益征税的决定意在减少消费者需求以降低通货膨胀。

总和。目前,以色列采用的就是附加法,对金融机构(包括非人寿保险公司)提供的金融服务的全部价值进行征税。但是在以色列,此类税收的征管由一个独立于普通增值税发票抵扣体系外的所得税部门负责。由此导致的后果是,银行不能就金融服务发生的增值税主张进项税抵扣,而增值税企业就购买该金融服务所支付的增值税款也无从得到补偿。

这个方法相对降低了向家庭提供的金融服务的增值税征管和合规成本,因为此时增值税的税基可以直接通过计算银行的账户来确定。但是,当金融服务的购买者是从事应税交易的增值税企业时,以色列采用的这一方法将比欧盟的豁免法产生更为严重的层叠征税问题,因为此时层叠征税的效应已经延伸到银行自身的价值增值部分。

（六）对非人寿保险的特殊处理

如果在非人寿保险行业全面实施增值税制度(即对保险费征收增值税,同时允许保险公司就保险服务发生的进项税主张抵扣),保险服务将被过度征税,因为保险费的一部分用于弥补预期的损失,而并不代表增加的价值。新西兰(对非人寿保险适用增值税制度的先驱)为了解决这个问题,把赔偿行为虚拟视为缴纳了增值税,将赔偿金额返计还原(grossing-up the indemnity payment),以此允许保险公司支付赔偿金时主张进项税抵扣。具体来说,这一方法是指将增值税适用于保险费,当投保人是增值税的企业纳税人时,其可以根据增值税一般的抵扣机制将该增值税额抵扣。当投保人是最终消费者或者生产免税销项的企业时,该保险费用的增值税则无法返还。如果投保人获得1000美元的赔偿金,那么按照虚拟的增值税(假定增值税税率是10%),返计还原的赔偿金额是1100元,返计还原体系对保险公司没有影响,因为多支付的100元在进项税抵扣中抵消了。

如果获赔的投保人是增值税的企业纳税人,那么他必须将该设定的增值税作为销项税申报。因此,返计还原程序无论是对税收收入抑或是增值税投保人都没有影响。如果获赔的投保人是最终消费者或是生产免税销项的企业,那么政府可以在投保人使用赔偿金(包含设定的增值税)购买应税替代物时,挽回允许保险公司抵扣设定的增值税所造成的损失。澳大利亚、新加坡和南非都采用了新西兰对非人寿保险的这种增值税处理方法。

国际上越来越流行的做法是对于金融服务具备 B2B 特征的部分适用零税率(例如,新西兰)。零税率制度允许金融机构抵扣增值税的进项税额。

一般而言,这是一个解决金融机构必须区分提供免税服务和混合服务增值难题的实际可行的方法。根据 IT 行业高成本的特点,对共享服务中心、采购中心的增值税进行进项税额抵扣实质上促进了该产业的竞争力,并且可以影响其经营场所的选择。

同时,国际上普遍认可对银行提供中间业务的服务收费可以按正常的增值税征收办法进行征收,实行环环抵扣征收机制,且只应允许抵扣和这些服务收费直接相关的进项税额,如接受咨询服务所缴纳的进项税额。

(七)一些尚未被任何国家采纳的理论建议

为了直接将中介服务和其他隐性收费的金融服务纳入发票抵扣增值税体系,省去在应税和免税服务间分摊进项的步骤,同时避免对这些服务免税可能引起的层叠征税,一个国家可以对此类服务适用零税率(对具体收费的服务依然按正常方式征税)。通过零税率的适用,所有金融服务在形式上均属于增值税的应税范围,因而,金融机构可以主张全额进项税抵扣。对金融服务适用零税率并不意味着从事应税交易的企业购买零税率金融服务后,这些服务的增值将不被征税,因为企业的销项价格中一定包含了这部分价值。

但是,当金融机构向家庭和从事免税交易的企业提供零税率金融服务时,这些服务的全部价值都将逃避税收征管,而这会导致消费者购买金融服务和其他应税非金融商品、服务相对价格的扭曲。但是,如果不存在与金融服务有较强替代性的其他商品或服务,这种扭曲带来的负面效应亦可忽略。当然,除此之外,政府还需要为零税率的适用承担一定的财政成本。

近年来,人们提出一项新的对金融服务(包括金融中介服务和其他隐性收费的金融服务)征税的方法——现金流动法(cash flow approach),但这一方法尚未被任何国家采用。现金流动法的基本原理可以通过下面的例子加以阐明。假设一家银行的贷款利率是 8%,存款利率为 3%,因此,利率差为 5%。现金流动法是对这家银行的现金流入总量进行征税(假设税率为 10%),并对银行现金流出总量给予抵扣。以一笔金额为 100 美元的存款交易为例,当银行收到这笔存款时需要缴纳 10 美元的税金,当储户连本带利(100 美元的本金加 3 美元的利息)取回存款时,银行可以获得 10.3 美元的抵扣额。结果是银行通过这笔存款交易获得了 0.3 美元的抵扣额。

出贷储户的存款是银行的典型业务。根据现金流动法,银行贷出 100 美元可以获得 10 美元的抵扣额,然而,在贷款方还本付息时(100 美元 + 8 美元),银行需要缴纳 10.8 美元的税金。因此,这笔贷款交易的税收效果是银行发生了 0.8 美元的应纳税额。此时,如果我们将上述银行的存款活动与此贷款活动一并考虑,就会发现两笔交易综合的税收效果是银行 0.5 美元的应纳税额,而这个数额正好等于根据 5% 的利率差和 10% 的税率计算出的银行应纳税额。

虽然现金流动法成功地将所有金融服务都纳入发票抵扣的增值税体系,并且不会引起层叠征税的问题,但是,这一方法并非完全没有缺点。例如,现金流动法要求区分金融机构用于贷款的现金流和用于投资的现金流,因为后者不属于增值税的应税范围。在发达的市场经济制度中,这一区分经常被表述为债权和股权的区别。现金流动法只考虑债权和负债带来的企业资金出入,股权一类的出入不考虑。但债权和股权的分别不是任何情况下都轻易可以作出的。即使我国金融工具种类相比其他国家有限,也会出现相关问题。比如,就母子公司之间的融资安排来讲,债权性融资和权益性融资通常是可以互换的。母公司将自有资金借给子公司时,不应该比在向子公司进行权益性投资时增加任何提供金融中介服务的嫌疑。也就是说,并非发生了法律意义上的贷款,就必然发生了金融服务。

此外,现金流动法存在另外几种局限性。[1] 首先,由于税基中包含了贷款本金,借款人在开始的时候有可能面临大的现金流动负担(与此相反的是,存款人将在开始的时候得到现金流动带来的好处)。第二,由于贷款/存款交易通常需要经过若干期间方能解除,税率在这段时间内发生的任何变化都会构成问题(同一笔本金的纳税额和抵扣额不再相符)。第三,如果该制度正常运作,银行和金融中介服务的所有增值税企业用户都必须各自维护和经营自己的一套现金流动账户,这可能给企业带来遵从成本。

为了消除这些局限,Poddar 和 English[2] 以及欧盟委员会推荐采用一个称为纳税计算账户(TCA)的手段,这些账户在实质上是薄记账户,用以跟踪监测对现金税的计算,并把涉及贷款和存款本金的实际缴税和抵扣推迟到

---

① 下面三段内容基于国际货币基金组织财政事务部,"中国:金融服务增值税的处理办法"(2006 年 9 月)。

② Satya Poddar and Morley English,"Taxation of Financial Services under a Value-Added Tax: Apply the Cash-Flow Approach,"National Tax Journal,Vol. 50,No. 1(March 1997),pp89-111.

有关交易解除的时候进行(附带利息)。因此,企业借款人在开始的时候不再面临其所借贷款引起的现金流动负担。纳税计算账户还可用来跟踪监测期中税率变化产生的影响,并记录对缴纳和抵扣进行的适当调整。此外,可以使金融中介服务提供者负责维护和经营针对其所有客户的纳税计算账户,从而使后者免于现金流动税导致的守法成本。按照规定,金融中介服务提供者将需要向其客户寄送定期报表,向其通报它们在某个有关期间内可以申报的税收抵扣。

纳税计算账户的实用性没有经过测试。然而,根据 Huizinga 的报告,[①]欧盟在 1996 年至 1998 年举办了一个有 10 个金融机构参加的纳税计算账户试点项目,但试点结果不太好:人们发现,这个账户的系统很繁琐,不易实施。

三、我国对金融服务业征收营业税的现状

不同于国际上的通行做法,在我国,无论是隐性收费的金融服务还是直接收费的金融服务一律都被征收营业税。相比于增值税,营业税所具有的层叠征税效应在一定程度上加重了金融机构的税收负担。一方面,金融机构需要为其提供的金融服务的进项缴纳增值税或者营业税(前者如计算机和办公用品,后者如法律服务和会计服务)。而另一方面,金融机构在就其营业额缴纳营业税时,无法抵扣已经缴纳的上述进项税额,产生"税上税"。我国大部分主要的金融机构都为国有,在受到较强的宏观干预的情况下,金融服务的价格(如利率和佣金[②])无法真正实现由市场自主决定。因此,将税负实际转嫁给金融服务的购买者,存在一定的困难。此外,即使金融机构成功地将税负转嫁,如果接受服务的一方是中间环节的生产商,那么包含在该金融服务价格中的税额也无法在其发生销项时予以扣除。

(一)征收范围

根据我国现行的营业税制度,应税的金融服务包括金融和保险业务。

---

① Harry Huizinga, "A European VAT on Financial Services?" Economic Policy, Vol. 35 (October 2002), pp 547-55.

② 例如,证监发〔2002〕21 号《中国证券监督管理委员会、国家发展计划委员会、国家税务总局关于调整证券交易佣金收取标准的通知》中规定,A 股、B 股、证券投资基金的交易佣金实行最高上限向下浮动制度,证券公司向客户收取的佣金(包括代收的证券交易监管费和证券交易所手续费等)不得高于证券交易金额的 3‰也不得低于代收的证券交易监管费和证券交易所手续费等。

首先,金融业务是指经营货币资金活动融通的业务,具体包括贷款①、融资租赁②、金融商品转让③、金融经纪业④和其他金融业务⑤。其中,最后一类"其他金融业务"实际上既包括具有隐性收费性质的金融服务(如代发行债券、承销证券等业务),也包含具有直接收费性质的金融服务(如投资咨询等业务)。因此可以说,在将具有直接收费性质的金融服务纳入应税范围这一点上,我国与其他国家的普遍做法保持了一致。

保险业务是指将通过契约形式集中起来的资金,用以补偿被保险人的经济利益的业务。相比于国际上对人寿保险免税的惯例,我国目前对一年期以上返还性人身保险业务的保费收入免征营业税。根据现行规定,所谓的人身保险不仅包括人寿保险,还包括养老年金和健康保险,⑥而这两项则并非其他国家通常的免税项目。此外,保险公司开办的非一年期以上返还性的人身保险业务,也可经财政部、国家税务总局审核批准后免征营业税。⑦

需要指出的是,我国现行的金融行业营业税制度中对银行为储户提供银行账户的业务缺少相关规定。而营业税税目注释中关于"存款或购入金融商品行为,不征收营业税"的规定指的是金融机构对其自身的投资行为产生的收益不征收营业税。⑧

(二)征收方式

1. 金融服务业务

总体来说,我国对金融机构⑨提供的应税金融服务征收营业税的方法主

---

① 贷款是指将资金贷与他人使用的业务,包括自有资金贷款和转贷。其中,自有资金贷款是指将自有资本金或吸收的单位、个人的存款贷与他人使用。转贷是指将借来的资金贷与他人使用。

② 融资租赁是指具有融资性质和所有权转移特点的设备租赁业务。

③ 金融商品转让是指转让外汇、有价证券或非货物期货的所有权的行为。

④ 金融经纪业是指受托代他人经营金融活动的业务。

⑤ 其他金融业务是指上列业务以外的各项金融业务,如银行结算、票据贴现等。

⑥ 见财税〔1994〕2号《财政部、国家税务总局关于对若干项目免征营业税的通知》,所谓一年期以上返还性人身保险业务,是指投保期一年以上、到期返还本利的普通人寿保险、养老年金保险、健康保险。

⑦ 参见财税〔2001〕118号《财政部、国家税务总局关于人寿保险业务免征营业税若干问题的通知》。

⑧ 例如,银行购买债券的投资收益可分为两部分:一是银行购买债券到期兑付取得利息收入;二是银行购买债券未等到期而卖出所获得的差价收益。前者属于"购买金融商品行为";后者则属于"金融商品转让"。——摘自《中国税务报》1996年7月29日。

⑨ 实际上,在我国从事应税金融业务的不仅限于金融机构,还包括非金融机构。见〔1988〕国税流字第100号《国家税务局关于对非金融机构从事金融业务征收营业税的通知》。

要有三种:依据营业额全额征税、依据金融机构取得的价差征税以及按营业额净额征税。

以营业额全额为计税依据是目前我国金融业最为普遍的征税方式。首先,金融机构的贷款业务采取了同阿根廷相同的毛利息征税法,即不能在应税的贷款利息收益中减去支付的利息。但与阿根廷不同的是,我国向金融机构贷款的企业纳税人无法在其销项税中抵扣其为贷款利息支付的营业税额。

其次,金融机构从事的金融经纪业务①和其他金融业务也都是以营业额全额缴税。这两类业务的营业额为手续费(佣金)类的全部收入,包括价外收取的代垫、代收代付费用等。例如,证券公司在证券交易时,以其客户收取的佣金为计征营业税的营业额。又如,金融机构从事诸如代收电话费、社保统筹费、交通违章罚款等受托收款业务时,以收入减去支付给委托方价款后的余额为营业额。

以收取的价差作为营业税的计税依据主要适用于金融机构从事的金融商品转让业务,此类业务的营业额等于金融商品的卖出价和买入价的差额。其中买入价是指购进原价,不得包括购进其他金融商品过程中支付的各种费用和税金②。卖出价是指卖出原价,不得扣除卖出过程中支付的任何费用和税金。我国目前将金融商品转让业务分为股票转让、债权转让、外汇转让、其他金融商品转让四大类,进行分别核算。③

按净额征税的金融服务项目是金融租赁业务,在我国能够从事此类金融业务的必须是经我国人民银行或商务部批准的机构。这类业务依据金融机构应收取的全部价款和价外费用减去实际发生的成本计算营业额,其中实际成本包括货物购入原价、关税、增值税、消费税、运杂费、安装费、保险费以及支付给境外的借款利息支出。④

2. 保险业务

我国的大部分保险业务也都是依据营业额的全额纳税,例如保险机构

---

① 目前我国的金融经纪业务主要由证券公司从事,如证券的代理买卖和代理证券的还本付息、分红派息等业务。

② 此外,若在持有期间取得股票、债券的红利收入,还需予以剔除。财税字〔1995〕79号。

③ 具体可参见国税发〔2002〕9号国家税务总局关于印发《金融保险业营业税申报管理办法》的通知第十四条。

④ 除外汇借款利息外,还包括人民币借款利息。财税〔2003〕16号《财政部、国家税务总局关于营业税若干政策问题的通知》。

办理初保业务时须依据其向对方收取的全部价款,即向被保险人收取的全部保险费缴纳营业税。保险公司如采用收取储金方式取得经济利益的,①储金业务的营业额以纳税人在纳税期内的储金平均余额乘以人民银行公布的一年期存款的月利率计算,储金平均余额为纳税期期初储金余额与期末余额之和乘以50%。②

(三)其他几类免征规定

除了上文提及的免征营业税的金融服务外,我国现行营业税制度中还有几类重要的免税金融服务:

1. 境内保险机构为出口货物提供的保险产品被新营业税实施条例明确列为免税项目。实践中,这一免税规定涉及保险公司从事的出口信用保险业务和出口信用担保业务,后者是指与出口信用保险相关的信用担保业务,包括融资担保(如设计融资担保、项目融资担保、贸易融资担保等)和非融资担保(如投标担保、履约担保、预付款担保等)。③

2. 符合一定条件的信用担保机构为中小企业提供的信用担保业务收入免征营业税。④ 目前,我国对担保收入如何征收营业税没有统一规定。山东省地税局曾在其1995年发布的一份关于营业税的问答中明确,担保公司因提供信用保证收取的手续费收入和担保保证金应按"金融业"5%税率计算征收营业税,其收取的担保保证金,凡到期全额退还,并在账务上直接冲减营业收入的,可以从当期的营业额中扣除不计算征收营业税。⑤

3. 对金融机构往来利息收入不征收营业税。金融机构往来利息收入是

---

① 储金业务是指以被保险人所交保险资金的利息收入作为保费收入,保险期满后将保险资金本金返还被保险人。

② 财税字〔1997〕45号财政部、国家税务总局关于转发《国务院关于调整金融保险业税收政策有关问题的通知》的通知。

③ 新营业税法实施以前,"境内保险机构为出口货物提供保险"作为营业税暂行条例实施细则中关于"在境内提供保险劳务"的除外规定。财政部、国家税务总局通过发文明确中国人民保险公司、中国进出口银行以及中国出口信用公司所办理的出口信用保险与细则中"境内保险机构为出口货物提供保险"性质相同,不作为境内提供保险,免征营业税。并明确出口信用保险业务包括出口信用保险业务和出口信用担保业务。可参见财税字〔1994〕015号、财税字〔1996〕2号、财税〔2002〕157号、财税〔2003〕16号。

④ 具体可参见《工业和信息化部、国家税务总局关于中小企业信用担保机构免征营业税有关问题的通知》。

⑤ 参见鲁地税流字〔1995〕2号山东省地方税务局关于检发《营业税问题解答(之二)》的通知。

指,金融机构之间相互占用、拆借资金取得的利息收入。[①] 此免税项目包括金融机构从事的再贴现、转贴现业务。[②]

4. 证券投资基金管理人运用基金买卖股票、债券的差价收入从 1998 年起至今一直不予征收营业税。[③]

5. 合格境外机构投资者委托境内公司在我国从事证券买卖业务取得的差价收入,免征营业税。[④]

四、对我国金融服务业征收增值税的立法建议

对于金融服务的增值税处理,需要在两个利益之间寻求最佳的平衡点:即如何增强增值税制度的效率和实效,并降低金融服务的成本。相比于增值税,目前营业税所具有的累积征税效应非常明显。一方面,金融机构需要为其提供的金融服务的进项缴纳增值税或者营业税(前者如计算机和办公用品,后者如法律服务和会计服务);另一方面,金融机构在就其营业额缴纳营业税时,无法抵扣已经缴纳的上述增值税额和营业税额。并且,接受金融服务的增值税纳税人也无法获得进项税额的抵扣。

对于如何将金融服务纳入到增值税的征收范围,目前各国对金融业增值税的处理既有整体免税法,也有变通征税法。欧盟是免税法的代表,即对提供金融中介服务的销项免税,同时,不允许相应的进项抵扣;而现代增值税的国家,则对金融业变通征税,即在无法衡量每笔金融中介服务的销项税额时,给予金融企业进项税一定比例或一定额度的抵扣(如新加坡、澳大利亚),或者直接确定一个整体的金融企业增值额(销项—进项)作为税基(以色列)。变通征税的目的是尽量将金融业一定程度上纳入到增值税的征收链条中来,减少金融服务提供和接受环节税负的累积。但是,对于咨询服务、保险箱业务等直接收费的金融服务,由于服务价格容易确定,各国都正常征收增值税。但是,部分服务征税、部分服务免税也带来一定的征管困难,即如何确定相应进项税额,有些国家采用比例对应法,即按照不同服务

---

① 国税发〔2002〕9 号国家税务总局关于印发《金融保险业营业税申报管理办法》的通知。

② 参见财税字〔1997〕45 号财政部、国家税务总局关于转发《国务院关于调整金融保险业税收政策有关问题的通知》的通知第六条。

③ 具体可参见财税字〔1998〕55 号、财税〔2001〕61 号、财税〔2002〕128 号、财税〔2004〕78 号。

④ 财税〔2005〕155 号《财政部、国家税务总局关于合格境外机构投资者营业税政策的通知》。

销项的比例,确定进项抵扣的比例。

由于金融业缴纳的营业税占我国营业税总额的比例很大,放弃这部分税收收入,整体免税,显然超出了财政的承受能力。并且,给予金融服务免税待遇,对金融业本身未必是最优选择,因为它们不能抵扣其经营中所产生的进项税额。同时,现行的营业税征收办法显然不合理,对营业额整体征税,[①]既无法体现各项金融服务的价格,也无法实现进项税的抵扣,累积税负太多。因此,采取变通征税的办法是今后改革的方向。对于银行存贷等金融中介业务,可考虑借鉴以色列的核定整体增值额的办法,即将银行支付的工资加上会计利润(扣除了成本费用)作为这类服务的总增值额,或者以存贷利息差作为总增值额,整体征收增值税;同时,允许银行等金融机构抵扣进项税额。这一建议,首先,可以在一定程度上体现对金融服务增值额的征税,征收简便;其次,延续了现行营业税的税收核定基础,并且通过税率的设计,可以很好地实现税收收入和税负的稳定;第三,通过进项税抵扣,将金融业提供服务之前链条内的税负全部抵扣,减少税负的累积。

对于直接收费的金融服务,则可以按照增值税的原理实现环环抵扣的征税,其进项税额可以按业务比例进行抵扣。对于保险行业,可参照国际经验,比照银行业征税,但人寿保险业则以免税为主,因人寿保险处于销售链条的终端,面对个体消费者,免税的税负累积效应不明显。

第二部分　对公共机构的增值税处理比较研究

一、公共机构征收增值税的核心问题

政府的活动可以分成三大类:(1)收入和财富的再分配;(2)提供公共物品和服务;(3)提供类似于其他私营企业所提供的物品和服务。三类活动各自与增值税的关联点有所不同。政府机构(或称公共机构)对收入和财富的再分配是指通过税收、社会福利转移以及津贴、财政拨款等手段实现资金在不同团体之间的转移。这种转移本身不构成购买、销售或者供应。再分配

---

① 营业税暂行条例规定:外汇、有价证券、期货等金融商品买卖业务,以卖出价减去买入价后的余额为营业额,即实行差额征税。

本身不包含生产,亦不创造出新的价值;它不属于生产/分配供应链上的环节。但是,在公共机构从事再分配活动中产生了进项税。

公共物品和服务的提供是公共机构向社会大众集中提供的,且无须明确公共机构与每一个消费者或购买者之间的交易。例如,对于政府从事的管理、司法执法、维护秩序、国防等行为来说,从社会公众中锁定任何未受益于此类公共物品和服务的社会成员从而将其排除的做法不具有可能性,因此,政府只能通过征税为这类行为创造资金来源,而此时的税负不与公共物品和服务的消费程度直接相关。另一类公共物品和服务因受益人是可以确定的,而能够以单个消费者为基础计算消费量。但是,社会一般不认为这类服务应当按其价格收费,或者按某个反映其完全成本的比例收取费用。因此,这类物品和服务(常被称为"公益品"——"merit"goods and services)的全部资金或者部分资金,也只能通过税收渠道取得。典型的"有价值"的物品和服务是医疗和教育。

最后一类政府活动即提供类似于私营企业所提供的物品和服务,包括邮政和电信服务、广播和电视服务、电力供应、水力供应和客运服务。尽管在一些情况下,政府会对此类物品和服务通过税收优惠的形式进行补贴,但是,实行商业化经营,参照私营企业的定价收取费用的做法将成为这类物品和服务供应的趋势。对这类物品和服务的供应(所谓"有竞争的"供应)征收增值税的做法也越来越普及,其目的则是消除竞争导致的经济扭曲。

实际上,对公共机构征收增值税引发的问题都与包含"公益品"在内的公共物品和服务供应——也就是上述政府第二类活动——有关。而对于"有竞争"的物品和服务的供应,大多数国家已经开始对其征税以应对私营企业日益加剧的竞争。除教育和医疗服务外,这类物品和服务的供应的税收处理不存在特殊的问题。对收入和财富的再分配无须征税,一般也无人质疑。

对公共部门征税与否后果有什么不同?对于社会成员免费接受的物品和服务供应来说,由于不存在对销项的具体收费,即使征收销项税,政府的收入也是零。而政府由于不返还公共机构进项税所带来的财政收入,也将与政府由于对这些公共机构的活动进行财政支持所增加的成本相抵消。因此,对公共部门是否征增值税这一讨论的焦点,在于对公共部门的豁免可能产生同豁免私人活动相同的负作用。

二、政府支持项目、非营利组织的增值税处理

许多国家面临的一个问题是，是否应当把政府及其机构提供的财政拨款纳入增值税的应税范围。理论上，把财政拨款纳入应税范围不会引起问题：如果在政府向企业提供财政拨款的同时企业向政府缴纳增值税，只要政府和企业明确某笔财政拨款是否包含了应缴纳的增值税即可。例如，如果某企业只有在获得足够的财政拨款的情况下才愿意从事某项活动，那么当财政拨款的数额分别为 100 元和 116 元时，在知道 100 元的财政拨款不用缴纳增值税，而 116 元的财政拨款需要缴纳增值税的条件下，该企业就能够对财政拨款是否足够做出判断。同样，政府机构如果知道 16 元能够通过征收增值税的形式得到补偿，那么它就能知道 116 元财政拨款的成本只有 100 元。

通常，判断财政拨款是类似于免税捐赠还是类似于供应的对价是看财政拨款的支付是否附条件，即接受方获得财政拨款后是否必须满足特定的要求。如果政府通过支付财政拨款能够达到一定的目的，那么这笔财政拨款将被视为应税供应的对价。这类财政拨款的例子包括：为了降低入场费而向非盈利运动场支付的财政拨款（这笔财政拨款与运动场的运营相联系）、向公共运输营运人或者是校车营运人支付的财政拨款，以及为保证城乡居民平等享受电话初装入网服务而向电话公司支付的财政拨款。新西兰有一个著名的案例：信托机构承担了某些之前由政府承担的责任，因而得到了政府向其支付的财政拨款，然而，审理该案的法院认为该笔财政拨款不应被视为应税供应的对价。这个案子发生后，一些管辖区做出回应，扩大应税供应的含义以保障以后类似的案件能够得到相反的处理。

非盈利机构和慈善组织提供的服务通常与公共机构提供的服务相似。某些服务与私营企业提供的服务相竞争；某些服务则更类似于政府机构直接出资向社会提供的福利性质的服务。前者的例子包括市场经济环境下，慈善组织经营的出售被捐赠的物品的小店；后者包括某些机构、组织向有需要的人低价或者免费提供物品和服务。另一些机构、组织则对各种类型的最终消费品进行资助。非盈利机构对诸如交响乐和歌剧等文化活动的经济支持就是一个典型的例子。

各国用来区分非盈利机构和慈善组织的活动是属于经营性活动（应全额缴纳增值税）、纯粹的慈善活动或是资助活动的方法多种多样。甚至，某

些国家为了简化问题,将非盈利机构和慈善组织的所有活动都排除在增值税体系之外。这种做法使非盈利机构和慈善组织不能够主张进项税抵扣,因而,实际上,他们承担了其活动所需进项的增值税。澳大利亚采用了黑白分明的标准以对非盈利机构和慈善组织从事的各种活动进行区分。非盈利机构和慈善组织从事的活动属于经营性活动时,它们可以成为增值税的纳税人,主张进项税抵扣。同时,它们必须就经营性活动的销项全额缴纳增值税。非盈利机构和慈善组织免费提供物品和服务不需要缴纳增值税(但是,一旦接受者向其支付了对价,则非盈利机构和慈善组织需要就对价的价值缴纳增值税)。判断非盈利机构和慈善组织是否是从事社会福利供应的标准是:如果它们提供物品和服务时收取的费用低于市场价格的某个比例,那么则认定,它们是从事社会福利供应,可以免交增值税。而"低于具体的某个比例"则根据销项的类型分别适用不同的门槛:市场价值的50%,或者是市场价值的75%。

三、国际上对公共机构征税的基本模式

(一)欧盟对公共机构免税的基本规则

1. 欧盟及其成员国的规定

按照欧盟第六指令(Sixth Directive)的规定,公共机构提供的服务一般不征收增值税。第六指令第四条第一款将"纳税人"定义为"任何从事经济活动的人",这就意味着,原则上所有的经济活动都属于增值税的纳税范围。但是,第四条第五款对于以公共权力机关(public authorities)的身份从事交易的公共法人(public legal entities)制定了此原则适用中的一个特殊例外。具体而言,第四条第五款的规定如下:"国家、地区或者地方政府机关和公法管辖的其他机构以公共权力机关的身份从事活动或者交易,即使它们从以上行为中获得了费用、报酬、收益或付款,仍不被视为纳税人。"

但是,第四条第五款进一步规定,如果对这类活动和交易采取的免税处理导致了竞争的明显扭曲,那么就必须征税。最后,如果以上机构从事的活动属于第六指令附录D中规定的活动范围,并且其规模超出了允许被忽略的范围,则他们必须被视为纳税人,缴纳税款。所列的项目都是被认为与私营企业有直接竞争的行业,包括电信、水力、天然气、电力、蒸汽、货运和客运、港口和机场服务、商品交易会和展览会经营、仓库服务、旅游代理服务、

商业性质的公共广播电视服务。

　　除了第四条第五款的规定外,第十三条规定了公共机构可以享受纳税豁免的另一些活动。但是,该条规定的许多豁免优惠不仅适用于公共机构,亦可适用于公法管辖的机构、成员国规定属于慈善机构的组织、文化团体等。于是,现有的状况是,公共机构提供的医疗和教育服务(例如,政府学校或者政府医院)排除在增值税的纳税范围之外的法律依据是第四条第五款,而公法管辖的其他机构提供的相同服务或者其他相似的或者具有相同目的的团体提供的相同服务享受税收豁免从而不用缴纳增值税的法律依据却是第十三条。直接适用于公共机构的主要的增值税豁免,主要针对公共邮政服务供应、与社会福利和社会安全相联系的服务、某些文化服务的供应的增值税豁免。

　　这样规定的结果是使得欧盟各成员国的公共机构从事的活动具有多重性质:一些不属于增值税的纳税范围或者属于第十三条规定享受增值税豁免的范围,另一些由于属于附录 D 中规定的项目、或者具有类似于商业经营活动的性质并且豁免会引起明显的竞争的扭曲等原因需要缴纳增值税。

　　比利时增值税法典按照欧盟增值税指令的规定,对于公共主管机关以及公共实体(地区、省、市以及其他实体)适用了特别的增值税待遇,对于这些主体所从事的供应货物和服务的活动被视为在增值税的征税范围以外,除非对这些活动的免税会导致严重扭曲竞争的结果。比利时增值税法按照欧盟增值税指令的规定列举了在任何情况下都应缴纳增值税的活动的种类,即使这些活动是由公共部门提供的。当这些活动不属于增值税的征税范围时,不允许进行增值税进项税额的抵扣。

　　在比利时,慈善和非营利组织所进行的供应活动可以免除增值税的纳税义务,但是应当满足某些条件。这也是符合欧盟增值税指令的。

　　在英国增值税法中,也是与欧盟增值税指令相吻合的,对于那些与私人部门相竞争的经营活动,公共实体有缴纳增值税的义务。其他的活动(例如教育和住房)被视为是非经营性活动,如果由地方主管机关来从事,但是特殊的规则可以允许它们要求退还在这些活动中所发生的增值税。

　　对于英国增值税而言,慈善组织与其他经营者遵守相同的增值税登记规则,因为慈善组织的活动有可能是完全非经营性的,免税的经营或者应税的经营,或者上述三种经营的混合。某些向慈善组织提供的或者由慈善组

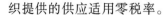

织提供的供应适用零税率。

2. 欧盟豁免政策可能产生的问题

对公共部门的豁免可能产生同豁免私人活动相同的负作用。具体包括：

（1）当一个机构预测到其进项税将不能够得到补偿时，豁免对其面临的进项价格的影响将扭曲其生产决策。这种扭曲类似于豁免对追求利润最大化的私人企业的生产决策产生的扭曲。当然，公共机构追求的不是利润的最大化而是活动成本的最小化。这样的理念在进项的价格被扭曲情况下将导致生产效率的降低。这种扭曲更易发生在多级政府的国家。例如，大部分的，甚至是全部的增值税收入可能流入中央政府的口袋。而此时，增加对公共机构的财政预算拨款从而补偿其支付的进项税款的方法固然简单，但是它却不具有可行性，因为财政预算的资金来源于各级政府。

（2）当一个公共机构同时从事商业性活动和非商业性活动时，它将面临只允许部分豁免所带来的问题，例如，将进项的价值在应税销项与免税销项之间进行分摊。

（3）出现公共部门倾向于自产的现象。相比外包给私营企业，豁免将使公共部门更愿意自己从事生产。

（4）分类可能出现的各种争议，例如什么是与私营企业存在竞争的活动。如果没有一个完善的体系来保障明确性，纳税人不可能会知道他们应当为政府提供的服务支付多少钱。这是欧洲关于此领域的诉讼活动的起点，尽管有时候是欧盟委员会起诉个别成员国，要求其遵守欧盟委员会对法律所作的解释。

（二）现代增值税的处理模式

澳大利亚和新西兰采用的现代增值税模式将"企业"定义为从事经济活动的人，并未把公共机构排除在外。因此，所有的政府机构都能够成为增值税纳税人，就其购买进项时所发生的进项税主张抵扣或者申请返还（同时，就其从事应税供应活动所发生的销项缴纳增值税）。收费的政府供应需要缴纳增值税，但是，明确规定为免税供应的除外。这样的规定无疑增加了征管的成本。为了明确免税供应的范围，税务部门必须对各级政府提供的所有收费供应进行监督。并且，这种监督活动是持续的。但是，澳大利亚的实践经验证明这种模式是可取的：各政府机构有义务提供其认为属于免税范围的供应的详细信息。

（三）教育、医疗的特别处理

对于教育,通常的建议和实践操作都是仅对基础教育免税,而对于基于商业目的提供的更加专业的培训行为,应适用普通税率征税。

如何合理地对教育征税非常复杂。教育所带来的外部利益使对某些培训活动提供补贴都可能被视为最佳的选择。但是,抛开关于外部性的论证,问题主要是为什么对基础教育适用税收豁免。教育领域的两个特征对回答这一问题至关重要:首先,教育是国民收入的重要组成部分;其次,较之私立教育部门,公共部门提供的基础教育服务通常是免费或者是有价格补贴的。

后一个特征意味着,如果对教育以通常的方式征收增值税,将会加剧私立与公共教育提供者之间的竞争扭曲。相反,对教育事业适用零税率可以将二者在某种程度上得以公平竞争。但这又将带来实行增值税退税的难题。尽管像澳大利亚等发达国家已经对教育采取了零税率制度,但退税在发展中国家依然存在问题。此外,由于上述第一个特征,如果整个庞大的教育领域都适用零税率制度,国家需要承担巨大的财政成本。

当然,公共教育机构在高等教育和一些其他领域越来越经常按成本定价提供。在这种情况下,对教育活动以正常的方式征收增值税的理由就十分充足。具体征收时可以是适用较低的税率,从而反映教育开支越来越明显的良性外部效应。

医疗同教育一样,一般只有典型的基础医疗服务才能够享受税收豁免。这些基础服务主要包括注册医师的专业服务、处方药物的供应等。医疗与教育在税务处理上具有相似的问题。一些种类的医疗所具有的外部效应意味着对此类活动应作一定程度的补贴。同样,对基础医疗服务适用零税率也不无道理:澳大利亚就采取这种做法;乌干达对特定种类的药物供应适用零税率;而英国对协助残疾人的活动适用零税率。然而,财政成本和征管的困难阻碍着对核心医疗服务的供应大范围的适用零税率。

随着私有医疗机构的不断壮大,公共医疗机构所提供的医疗服务将更接近于市场价格。因此,应当被适当征税的非基本医疗的范围也将随之扩大,尽管对很多发展中国家来说,短期内仍很难实现。

（四）某些国家具有特色的征管制度

1. 加拿大体系

加拿大的联邦商品服务税(下文简称 GST),纽宾士域省、纽芬兰省和新斯科舍省的协调销售税(the Harmonized Sales Tax)(下文简称 HST),以及魁北克省的魁北克销售税(下文简称 QST),都将公共机构、非营利组织或者慈善机构(以下简称 PNC)的一切供应活动纳入应税的范围。尽管总的来说 PNC 提供的大多数物品和服务都属于应税的范围,但仍有一些特定的供应是享受税收豁免或者适用零税率的。首先,当 PNC 提供应税的或适用零税率的商品和服务时,其对所发生的税额均可享受全额的抵扣。当 PNC 提供免税的物品和服务时,GST、HST、QST 采取了不同于纯豁免体系的处理办法:PNC 将被退还其提供免税供应时所发生的进项税。在加拿大的制度体系下,具体适用免税的活动包括:医疗、教育、社会福利、行政管理,以及慈善机构所提供的大部分服务。由于意识到纯豁免体系存在的问题,这三个制度从建立初始就特别引入了退税机制。从表格一中可以看到至 2005 年 1 月为止,不同供应者的 GST/HST 和 QST 的退税率。退税的资金来源是政府的一般性财政收入。

毫无疑问,这种体系下的退税数额是可观的。以地方政府为例,2004 年 2 月至 12 月间整个加拿大的 GST/HST 的退税总额达到 3.73 亿加元。但是,作为地方政府正常开支的一部分,平均的退税额占政府总支出的比例还不到 1%。

表格一:加拿大 GST/HST 体系和魁北克 QST 体系下的退税率

组 织 性 质	GST/HST 退税率(%)	QST 退税率(%)
市政组织	100	0
大学	67	47
教育主管部门(School Authorities)	68	47
公立学院(Public Colleges)	67	47
医疗机构	83[a]	55
慈善机构	50	50
非盈利组织	50	50[b]

注:a:健康护理退税适用于慈善机构、非盈利组织以及提供类似于普通医院所提供的服务的公共机构;b:只有当该组织的公共资金占其总资金的40%以上时,才适用退税。

2. 豁免加退税体系

一些欧洲国家,主要是欧盟成员国建立了退税体系,以借助该体系来补偿公共机构提供的免税供应中所包含的进项增值税。表格二总结了补偿供应方在提供免税供应时所包含的进项税这一制度所具有的主要特点。该制度的主要目的是为了使政府供应与私人供应处于同一个竞争平台上。在荷兰,对发生在本国境内或者发生在其他欧盟成员国境内的进项税都可以申请退税。与此相对,其他采取公共机构退税的国家都不允许就发生在其他欧盟成员国的进项税申请退税,虽然这种做法违背了欧盟的规则。除了英国是通过中央政府统一的税收基金(Consolidated Revenue Fund)进行退税的以外,其他欧盟成员国的中央政府均是在退税时减少对地方的财政补贴,地方政府因此成为这一退税制度成本的承担者,这就必然导致政府间纵向收支失衡的问题。中央政府可能将因此大赚一笔,而地方政府则需要通过提高地方物业税或者其他费用的征收来弥补由此导致的损失。

表格二:部分国家对政府活动的进项税补偿制度

国家	补偿机制	供应者	资金来源
丹麦	针对应税活动(如垃圾清理)增值税退税	郡,市政府,政府合办企业	市政府出资设立的"增值税退税基金"
芬兰	增值税退税	市政府,市政联合会(municipal federations)	市政府提供退税体系的资金来源
荷兰	增值税退税	市政府,省政府	通过减少财政拨款[b]
挪威	针对应税活动(邮政服务,垃圾清理等)的增值税退税	地方政府	通过减少划拨给市政府的一般财政拨款[b]
瑞典	增值税退税	市政府,地方委员会(country councils)	市政府和地方委员会提供退税的资金
英国	增值税退税	地方政府和警察局	由中央政府提供退税的资金来源,地方政府不承担退税的任何费用

注:b:即使外包(contracting-out)数量的增加带来的增值税收入也被用于增值税退税,但仍不足以填补减少的财政拨款,例如,2000 年,挪威减少的财政拨款数额占退税资金总额的 80%。

3. 澳大利亚体系

澳大利亚 GST 体系将公共机构和非营利组织的所有活动都纳入增值税的纳税范围,并对慈善机构、适用捐赠抵扣的团体和公立学校制定了特殊规则。这三类机构从事下列活动时适用 GST 零税率:一是销售其受赠的二手物品;二是彩票和抽奖活动(bingos);三是将物品和服务以低于市价50%或者以低于购买价75%的价格进行的非商业性销售;四是以低于市价75%或者以低于成本75%的价格提供的非商业性食宿服务。

慈善机构、适用捐赠抵扣的团体,或者公立学校也可以选择使在筹款活动中销售的物品"被征收进项税"(也就是销项豁免)。如果同为一家非营利协会(non-profit association)成员的几个非营利组织之间存在大量的买卖活动,那么它们可以自愿组成一个 GST 纳税团体。通过享受团体待遇,它们之间的交易不再需要缴纳 GST,当然也不能再主张抵扣。

新西兰体系在本质上与澳大利亚体系相同。除上述特例之外,澳大利亚(和新西兰)对 PNC 和私营企业采取相同的 GST 处理办法。

四、我国对公共机构征收增值税、营业税的现状及改革建议

在我国,是否对公共机构、政府性基金①向公众提供公共物品和服务而收取的费用(以下称"行政事业性收费、基金")征收营业税是以该费用、基金是否纳入财政预算为标准进行划分的。对经中央或者省级政府批准并纳入财政预算或财政专户管理,并由财政部、国家税务总局或者省财政厅(局)、地方税务局审核后列入不征收营业税的收费(基金)项目名单的行政事业性收费、基金,不征收营业税。需要明确的是,对已纳入财政预算管理、财政专户管理但未列入名单的收费、基金,须按规定征收营业税。此外,对已列入名单,但国家计委、财政部发文将其明确调整为经营服务性收费的(如,代办外国领事认证费等5项收费②),从调整之日起,征收营业税。

我国新的医疗机构分类管理制度将医疗机构分为营利性医疗机构和非营利性医疗机构。对营利性医疗机构提供的医疗服务,照常征收营业税。

---

① 政府性基金,是指各级人民政府及其所属部门根据法律、国家行政法规和中共中央、国务院有关文件的规定,为支持某项事业发展,按照国家规定程序批准,向公民、法人和其他组织征收的具有专项用途的资金。包括各种基金、资金、附加和专项收费。从1996年起,将养路费、车辆购置附加费、铁路建设基金、电力建设基金、三峡工程建设基金、新菜地开发基金、公路建设基金、民航基础设施建设基金、农村教育费附加、邮电附加、港口建设费、市话初装基金、民航机场管理建设费等13项数额较大的政府性基金(收费)(以下统称"基金")纳入财政预算管理。

② 代办外国领事认证费等5项收费包括:代办外国领事认证费、领事认证代办加急费、代办外国签证费、代办外国签证加急费、代填外国签证申请表费,这5项收费自2003年7月1日起由行政事业性收费转为经营服务性收费。

对政府举办的非营利性医疗机构或者城镇非营利性医疗机构①所提供的医疗服务，免征营业税。需要进一步说明的是，城镇医药卫生体制改革意将医疗机构提供的医疗服务与药品营销分开核算、分别管理，以切断医疗机构与药品营销之间的直接经济利益关系。对于原医疗机构的门诊药房现改为药品零售企业的，其销售药品的收入须独立核算、照章纳税②。

教育服务因提供服务的主体或者收费性质的不同而适用不同的营业税政策。对普通学校以及经地、市级以上人民政府或者同级政府的教育行政部门批准成立、国家承认其学员学历的各类学校（包括民办学校）提供的教育服务收取的费用原则上免征营业税；但是，对职业培训机构等国家不承认学历的教育机构提供教育服务所获得的收入，或者对超过规定收费标准的收费以及学校以各种名义收取的赞助费、择校费等超过规定范围的收入，一律征收营业税。托儿所、幼儿园提供的养育服务遵循同样的营业税处理方法。

对国家邮政局及其所属邮政单位提供邮政普遍服务③和特殊服务业务（具体为函件、包裹、汇票、机要通信、党报党刊发行）所取得的收入，免征营业税。但是，对电信部门提供的服务（包括电话卡、电话号码簿的销售等）获得的收入、广播电视部门或其他单位直接向用户收取的收视费及收视维护费，有线电视安装费、广告费等铁道部及其直属铁路局提供铁路运营服务所得收入、提供航空运输服务及其相关业务收取的费用（燃油附加费除外）均征收营业税。

对另一些提供公共物品与服务的行为征收增值税而不是营业税：对居民生活所必需的公共物品和服务（如自来水、暖气、冷气、热水、煤气、石油液化气、天然气、沼气、居民用煤炭制品的供应）均征收增值税。在实践中，因

---

①　城镇非营利性医疗机构包括：社会捐资兴办的非营利性医疗机构；社会团体和其他社会组织举办的非营利性医疗机构；企事业单位设立的对社会开放的，且其总财产中的非国有资产份额占三分之二以上的非营利性医疗机构；国有或集体资产与医疗机构职工集资合办的，且其总财产中的非固有资产份额占三分之二以上的非营利性医疗机构；自然人举办的合伙或个体非营利性医疗机构。

②　根据《国务院办公厅转发国务院体改办等部门关于城镇医药卫生体制改革指导意见的通知》的规定，可先对医院药品收入实行收支两条线管理，药品收支结余全部上缴卫生行政部门，纳入财政专户管理，合理返还，主要用于弥补医疗成本以及社区卫生服务、预防保健等其他卫生事业，各级财政、卫生行政部门不得扣留或挪作他用。各地区要选择若干所医院积极进行门诊药房改为药品零售企业的试点，取得经验后普遍推开。

③　邮政普遍服务的业务范围：1. 信件（信函、明信片）业务；2. 单件重量不超过10千克的包裹业务；3. 单件重量不超过5千克的印刷品业务；4. 邮政汇兑业务；5.《中华人民共和国邮政法》和国家邮政局规定的邮政业务。

电力产品供应者的不同而适用不同的增值税征收方法。

因为营业税是层叠税,所以我国目前公共服务无论是否征收营业税,都可能存在其他国家由于公共服务豁免增值税带来的经济行为扭曲(如自产、不能抵扣的进项税的价格效应等)。而未来营业税融入增值税之后,至少征税服务部分的扭曲应有所减少。由于我国行政层级多,很容易出现获取税收收入的政府与承担税负的政府级别不同的现象。更何况营业税毕竟是地方税,如果营业税在并入增值税之后仍保留目前主要归属中央的模式,豁免带来的扭曲不可低估。

综上所述,借鉴澳大利亚、新西兰等国的现代增值税税模式,使得公共服务的进项税能够充分返还、收取对价的公共服务按正常增值税税率征税,是对公共机构实施增值税的基本思路和建议。

第三部分　对房地产行业增值税处理的比较研究[①]

在增值税制度设计和发展的过程中,不动产是另外一个被公认为更加复杂和难以处理的领域。从理论上讲,这一问题产生于不动产被视为长期资产(例如居住用财产),该主体涉及到当前消费(用于当前居住的住房)以及未来对该资产进行的持续消费(未来很多年居住该住房)的综合。不动产的投资因素代表的未来价值是与该资产的未来使用相联系的。如果该投资因素缴纳增值税,这将导致双重征税,除非规定进项增值税额抵扣。从原则上讲,增值税是对于供应货物和服务所导致的当前消费所征收的,同时还对经营者的消费给予增值税进项税额抵扣的待遇。

一、房地产行业的理想增值税处理方式

在设计和实行增值税制度过程中,房地产行业是不可忽视的重要领域。涉及不动产的潜在应税行为主要包括以居住或商业为目的的土地及建筑物的使用、出租和销售。此外,如何对建筑材料、建筑物的修理和维护服务以及对新建建筑物进行合理的增值税处理也应当被纳入考虑范围。

---

① 本文前三部分基于 Sijbren Cnossen,"VAT Treatment of Immovable Property,"Tax Notes International,Vol. 10(1995),pp1337-42.

　　首先考虑在生产过程中使用的土地和建筑物。如果一家工厂承租厂房用以生产,那么该工厂获得的租赁服务是用于生产的一个进项,应该采取与其他进项一样的增值税处理。也就是说,应当对该租赁交易征收增值税,租金的价值被包含在工厂生产的产品价格中,产品销售时,工厂可以在其销项税额中抵扣因租赁发生的进项增值税。如果厂房为工厂所有,该自用厂房也可被视为提供了一种长期的服务,其价值也会被包含于产品的价格中,在工厂销售其产品时,一并缴纳增值税。从逻辑上来看,虽然可以将工厂想象成是将其自己拥有的厂房租给自己使用,但是在这种情况下计算估算租金没有意义,因为对自我租赁交易征的任何税都将直接导致工厂销项税额的减少。

　　如果工厂拥有厂房的所有权,那么它在购买厂房时所缴纳的增值税款应允许从销项税额中予以抵免。如果因为未进行销售等原因没有发生销项,工厂有权就此可抵免额申请退税。相应的是,如果厂房是租赁的,作为出租方的厂房所有人也可以主张在其因出租而发生的应纳税额中抵免其购买厂房时所缴纳的增值税款。

　　从经济的角度考虑,对于提供居住性服务的不动产的购买、使用或租赁也应当遵循相同的处理方式。最理想的方式就是将所有拥有或购买居住用房地产的自然人和法人登记为增值税纳税人。这些人在购买居所的同时变成了住房服务的提供者。购买这些服务的消费者或许是其他承租人,而他们供应的租金就是为得到该服务所提供的对价。这些购买房屋的人也可能决定自己居住:此时,他们既是房屋的拥有者、住房服务的提供者,也是获得该房屋提供的住房服务的消费者。

　　上述行为产生的增值税效果应该是:纳税人通过购买房产取得长期的住房服务时,需要就购买价纳税,但同时他也获得了就该笔税额抵免或退税的权利。如果将房屋出租,他需要向承租人索要就其租金应缴纳的增值税款。而承租人作为非增值税纳税人的消费者,将同接受其他服务的消费者一样成为这笔税负的最终承担者。同样,房屋的所有人自己使用房屋时,作为消费者,他获得了价值等同于租金的住房服务,他应同承租人一样为其享受到的住房服务缴纳增值税。作为出租人,他需要向税务机关缴纳刨除修理、维护等投入行为产生的进项税后的增值税净额。总而言之,在增值税的理论体系下,不动产是能够不断提供服务的生产性物品。不动产的销售金额、租金及业主自用的估算租金(imputed rent)都应当被征税,而购买不动产时缴纳的税额应当允许予以抵扣。

在增值税的处理上,土地同建筑物一样。当土地为生产提供服务,对于该服务的增值税处理应当同上述厂房相同。如果提供的服务是消费性的,其增值税处理则应同上述提供住房服务的房屋相同。

最后,为了避免扭曲、减少管理上的困难,保持对建筑材料的销售、建筑物的建造、维护和维修等建筑活动一致的增值税处理是至关重要的。按常理,建筑材料加上建造、维修和维护服务(广义上统称为建筑服务)等于新的建筑物,而对新的建筑物征收增值税等于分别对建筑材料和建筑服务征收的增值税之和。如果对新建建筑物征收增值税所适用的税率与其他对房地产征收的增值税税率不同,那么相应的,这类建筑物中包含的建筑材料和建筑服务所适用的实际税率将会与建筑物维修、维护以及改建活动中发生的建筑材料和服务所适用的增值税税率不同。这样的差异将导致扭曲、增加管理活动的困难,并将成为滋生逃税和避税行为的温床。

二、实践中对理想增值税处理方式的变通

实践中,在房屋业主选择自己居住时,由于业主的登记和租金金额的估算在管理和操作上具有很大的困难,相应的增值税征收也变得不切实际。但是如果对自用出现的估算租金不予征收增值税,却依然对承租人供应的租金征收增值税,则税制的设计将会明显有利于以购房形式获取长期住房服务的纳税人。此外,现实中对小规模出租人难以进行征管也是广泛存在的问题。于是作为替代方式,几乎所有实行增值税的国家都采取对提供住房服务的免税政策,因此无论是承租人供应的租金还是自用业主的估算租金都不征收增值税。但这些国家均规定了对新建的居住用建筑物的征税政策,由于一次性购买房屋的价款可以被视作购买者将来获得的服务价值总和,那么购买时基于购买价被征收的税款则可以被认为是对这些将来发生的服务进行了预先的征税(prepayment method)。

这种对不动产的增值税处理与对耐用消费品(如冰箱、其他家电以及汽车等)的处理实际上是一致的。购买不动产和购买其他的耐用消费品一样,本身并不是消费行为。购买了这些产品得到的是经久的可消费的设施。与居住性房地产相同,没有任何国家对耐用消费品的拥有者在消费发生的当期征税,而都是在购买耐用消费品时征税,实质上是对消费的增值税进行预

缴。但是,同其他耐用品相比,不动产的一个重要特性就是具有价值增值的可能。如果不动产在再销售时有增值,这通常意味着与最初购买时相比,该不动产在未来使用或消费的价值有所增加。这部分未来消费中增加的价值并没有反映在最初的购买价格中,也没有对这一部分价值缴纳过增值税。因此,理论上来说不动产的增值应纳入增值税的税基。但是,如何计算增值的幅度是个难题。例如一栋使用寿命为 40 年的大楼,最初购买价格为 5 百万元,这栋大楼在使用了 10 年后被再次销售。如果再销售价格为 8 百万元,则说明这栋大楼剩余的 30 年使用期得到了增值。而这 30 年使用期所增值的幅度一定大于 3 百万元(8 百万元减去 5 百万元),因为这栋大楼后 30 年使用期的原始价格一定小于 5 百万元。

除了再销售的问题,对不动产采取预先征税法还有另外一个问题。当居住用房产转变为商用房产时,房产所提供的服务将成为生产的进项,因此理论上对该项服务预先征收的增值税应当在销项税额中予以抵扣。然而,由于房屋所有人在购买房屋时往往被视为最终消费者而非增值税纳税人,因此,当购买人基于购买价进行预先缴税时,通常无法获取增值税发票。

三、国际上对房地产行业的增值税处理模式

(一)概述

发达国家对房地产行业征收增值税的方法主要可以分为两种:征税法和免税法。加拿大和新西兰采用的就是征税法。在征税法制度下,不动产的销售和出租在理论上应当是被征税的,但是住房的租金(包括自用情况下的估算金额)及居住用二手房的销售额是免征增值税的。对所有建筑物的修建、改造、维护行为以及商业用房的出租都要征收增值税。建筑物的销售亦只有在该建筑物属于居住用房产的情况下才可获得免税待遇。

欧盟第六指令采用的是豁免法。根据这一制度,不动产的销售和出租理论上都属免税的行为,但是房屋的新建及对现有房屋的改建和维护则是应税行为。另外,与征税法需要明确界定"居住用"的含义相对应,免税法对"非居住性使用"征税,因此对此类行为需要进行明确的定义,例如什么是商业性旅店、宿营场地、停车场地等。此外,由于在此种税制下,商业性的使用、销售既存不动产均属免税行为,为了避免潜在的层叠征税,纳税人应当有权选择登记缴纳增值税。

以上两种方式均需对土地的供给作出适当处理,并考虑土地不如建筑物交易的频繁且常常被用于农业等免税行业中等情况。新西兰和加拿大只对农用的土地免税。而欧盟第六指令则对除建筑用地以外的所有土地都免税。很容易认识到,征税法要比免税法的适用范围更为广泛,同时,也更能实现公平和中立的增值税处理。

无论采用上述何种方法,各个国家在引入增值税时对已经存在的房产所提供的住房服务都免征增值税。

在比利时,免税制度适用于根据增值税法的规定被视为"旧的"土地和建筑物的供应,以及被税法视为"旧的"土地和建筑物权利的转让、授予和再转让。其经营项目就是销售财产的纳税主体所供应的新建建筑物应当缴纳增值税,任何其他主体、经营者或者私人主体,如果选择适用增值税,则应当缴纳增值税。免税制度也适用于不动产租赁(下列不动产除外:宾馆、汽车旅馆、露营场地、停车场、仓库等)。新建建筑物的不动产租赁在某些情况下需要缴纳增值税。

在英国,销售新建住宅财产(第一次销售时)适用零税率,随后的销售是免税的。出租住宅财产也免税。销售新建非住宅财产在完成之日起的最初3年内按照17.5%的标准税率征收增值税。非家庭使用的土地和建筑物(例如自由保有财产的销售、租赁)通常免增值税。由于没有缴纳任何增值税,销售或提供服务的供应者也不能主张就其所发生的任何费用所承担的增值税进项税额进行抵扣。根据标准税率征收的选择权适用于非家庭用土地和财产(符合欧盟规则)。对于英国增值税而言,"土地"这一术语包括固定在土地上的任何建筑物或者永久构造。

(二)一些国家的实践做法

1. 建筑活动

如本文附录表格所示,几乎所有的国家对建筑材料的买卖活动都适用标准税率征收增值税。例外的是:爱尔兰对水泥适用12.5%的优惠税率;意大利对建筑用原材料和半成品买卖活动适用9%的低税率。在维修和维护活动的增值税处理上,大部分国家都采取与建筑材料相同的政策。但也存在例外:对于居住20年以上的住房,比利时对相关的建筑服务(包括建筑材料)采用较低的税率;爱尔兰对维修和维护服务适用12.5%的税率。由于拥有大量需要保护的古老建筑物,意大利对针对旧建筑物进行的建筑活动采用4%的税率。这些做法的问题是根据建筑材料和建筑服务的最终用途决定是否免税,在实践中很难进行监管。

尽管理论上讲,对新的建筑物征收的增值税税率与建筑材料和服务的税率应该相同,但不是所有的国家都这么做。英国对所有建筑服务适用标准税率征收增值税,但是对新建住房买卖和新建住房长期租赁活动适用零税率。结果,当以上两种行为混合在一起时,如对旧住房进行翻新的活动与在旧住房紧密相邻的土地上加盖一栋新住房的活动一并发生,情况将非常复杂。加拿大和西班牙对新建房屋适用的税率低于标准税率,因此,可以预见存在同样的问题。瑞典过去对新建房屋适用标准税率计算应纳税额,在征收时按应纳税额的一半征收;但是自1992年开始改变了这一做法,增值税不再减半征收,而是全额征收。

根据新建建筑物的用途来决定是否给予优惠政策与根据建筑材料和建筑服务的用途来决定是否给予优惠政策一样,都会带来很大的问题。意大利对历史建筑的维修活动和低成本住房的建造活动适用4%的税率。政府扶持的住房在比利时、加拿大、法国和葡萄牙等国家可以享受优惠政策。此外,葡萄牙对公共工程合同也适用低税率征收增值税。这种规定增添了不必要的麻烦。因为实际上只要在提高税率的同时提高补贴金就可以达到相同的效果,而后者更简便易行,还可以有效地避免逃税行为的发生。土耳其对150平方米以下的小户型住房免征增值税。可以预见,许多家庭可能通过购买两套小户型住房从中打通的方法来享受免税政策。

德国和葡萄牙对新建建筑物免征增值税,但是作为替代,对新建建筑物买卖征收财产转让税(亦称登记税)。财产转让税一方面在税率上低于增值税,另一方面不像增值税一样允许抵免进项税额。一般来说,新建建筑物的转让税的应纳税额加上其增值税的进项税额不等于以新建建筑物的出卖价格为计税基础所得的增值税额。这就导致了扭曲,同时增加了管理活动的困难。欧盟成员国中某些国家采用的允许选择登记、缴纳商用房地产增值税的规定,可以部分消除此类不利影响。

2. 租赁

经合组织成员国中没有一个国家规定在业主自用的情况下,对其享受的住房服务的估算租金征收增值税。除了奥地利以外,几乎所有的国家对居住用房地产的租赁都免征增值税(在奥地利,住房租金适用10%的低税率）。由于出租人在取得房屋（通过购买或自建）时已经缴纳了增值税，所以，即使法律规定住房租赁不缴纳增值税，承租人缴纳的租金并没有因此而减少。然而，此种豁免却意味着出租人同自用房屋的业主都承担了房屋维修和改建活动需要缴纳的增值税。

除了加拿大、冰岛、日本、新西兰、西班牙和土耳其外，其他国家对非居住用不动产（商业用、农用、政府使用的土地及建筑物）的租赁适用同居住用不动产相同的税务处理政策。原则上，房产的租赁不需要缴纳增值税。但是，为了减少或者消除潜在的重复征税问题，大多数国家都允许出租人自愿进行登记成为增值税的纳税人，从而像其他纳税人一样有权全额抵扣进项税额并对其获取的租金收入缴税，但前提是承租人也应当是登记了的纳税人或者愿意成为登记的纳税人。这种做法解决了豁免制度下重复征税的问题。由此，出租人可以根据哪种方式税负较低在登记和不登记之间选择，但是做出的选择是无法撤销的。比利时、法国和意大利对商用不动产租赁活动、买卖活动均征收增值税。

3. 不动产买卖

如附录表格所示，所有国家对居住用的二手房买卖均不征税，而对于其他用途的二手房交易绝大多数的国家也采取豁免的政策。例外的国家分别是加拿大、冰岛、日本、新西兰、西班牙和土耳其。这六个国家亦规定不仅房地产的出租人享有选择缴纳增值税的权利，出卖人也同样享有这一权利。豁免意味着住房服务价值的增加不用缴纳增值税（同样，住房服务价值的减少也不会引起增值税退税或抵扣）。值得一提的是，法国以商业房地产交易中商人获得的资本收益为基础适用较低的税率征税；维修活动产生的进项税允许抵扣，但购买房产时缴纳的税款不允许抵扣。这种方法与对已注册的商家从事二手货买卖活动采用的税务处理相似。

上文所述的对不动产买卖和对租赁行为的增值税处理基本一致。但是，使用者购买或者承租不动产后如果改变其用途，如从免税性质的用途改为商业用途，或者相反，则会导致差异。针对这种情况，一些欧盟成员国规定了一个为期10年的调整期限，该期限从购买不动产之日起计算。具体来说，如果4年后不动产的使用从免税的用途改为需要征税的用途，那么原豁免税额中的60%可以用于抵扣。相反，如果7年后建筑物的用途从需要纳税转变为不需要缴税，则还需要缴纳原应纳税额中30%的税款。意大利规定的调整期限是 5 年。新西兰没有对调整期限进行限制。

四、我国对房地产行业征收交易环节税的现状

目前我国对房地产征收的交易环节税中,营业税与增值税最为相似。参考上述房地产行业增值税征收的理论以及其他各国实践,我国营业税在房地产业的适用显现了一定的优势,但同时亦具有明显的不足。对房地产行业适用营业税,最重要的特征及优势就是营业税条例中所规定的宽泛税基。无论是对居住用房产还是商用房产、租赁还是销售都需缴营业税。征税的范围不仅限于新建楼房的销售,任何二手房的销售也需要基于其售价与原始购买价格的差额缴纳税款。土地使用权的租赁与转让也被纳入营业税的征税范围。从法定税基来看,营业税的征税方式更类似于加拿大和新西兰采取的征税法,与欧盟适用的免税法差别较大。而如前文讨论,征税法较之免税法往往是更好的选择。

适用营业税的负面效应中,最重要的就是层叠征税的问题。在房地产行业链条的最前端就开始出现层叠征税的现象:我国对建筑安装业适用营业税,这就意味着在房地产建造阶段发生的进项营业税和增值税都无法抵扣。而由于新建建筑物的建造和销售也都是应税行为,因此当新建房屋被销售后,房屋价值中的大部分都已经被征了两次税。① 并且,当商用房屋的所有人对出租房屋所获取的租金缴税时,其无法抵扣之前所缴纳的营业税额。如果此时的承租人是一个中间环节的生产商,其就租金所缴纳的营业税也依然无法获得抵扣。营业税具有如此严重的层叠征税效应,意味着对房地产行业适用增值税是非常有必要的。

对于业主自用的居住性房产,如果不考虑新建房产承受过的层叠征税效应的话,那么营业税的运转与一种按预征方式适用的、低税率的增值税功能是一样的:根据预先征税法,业主初次购买时需要缴税,而使用期间的估算租金被免税;如果将房屋卖掉,业主则需要对增值部分的价值缴税。② 但如果一个人在购买房屋后将其出租,他将具有对收取的租金缴纳营业税的

---

① 实际上,还有专门针对在此环节避免层叠征税行为的规定。见《营业税暂行条例实施细则》第四条:"单位或个人自己新建(以下简称自建)建筑物后销售,其自建行为视同提供应税劳务。"

② 尽管正如上述第二部分的讨论,再销售的价格和初始价格间的价差并未完全包含房产今后使用价值的全部增值,但是至少在确定税基时考虑了部分的增值。

法律义务。如上文所述,大多数国家都极力避免这种业主自用和房屋租赁两种行为间的差别待遇。当然,在我国实践中,常常将居住用房屋租赁应缴纳的营业税同个人所得税以及其他税种一并征收并共同适用较低(如小于5%)的税率这一做法,部分程度上缓解了这一问题。将来房地产行业进行增值税改革时,最佳的做法是把重点集中在对房东个人所得税的征收上,而对居住用房地产的出租人可选用免税待遇,以此来平衡业主自用和房屋租赁两种行为的税收后果,避免扭曲。

五、对我国房地产业征收增值税的立法建议

目前,我国房地产业适用营业税,既具有一定优势,亦有明显不足,将营业税并入增值税范围,也很有必要对其进行改革。

从经济角度考虑,对于居住用不动产的购买、使用或租赁,最理想的方式就是一体缴纳增值税,实现环环抵扣进项税。

参考国际经验,加拿大和新西兰等国的做法,即对房地产的购买适用较低税率征收,对于使用或租赁房地产则一体征收增值税,与我国现行营业税更易衔接,具有宽泛的税基,同时避免累积征税,是增值税改革较好的选择。

涉及商业或者经营的不动产交易,一般而言,只要是在通常的经营中所使用的不动产,都适用标准的增值税制度。当不动产既用于居住目的,也用于商业目的时就会产生难题。根据双重使用的环境,实际执行中需要将不动产的使用予以划分,以确定用于经营目的的可以允许抵扣的增值税进项税额的数额。

同时,我国对房地产交易的征税不仅局限于营业税,还有契税和土地增值税。这两个税种2008年占税收总收入的比重为3.4%,接近营业税中房地产转让一项的收入。另外,印花税也适用于房地产交易。但在发达国家中,这些流转税种普遍被视为过时的、阻碍房地产市场的发展的税种。尽管营业税具有层叠征税的效应,但它至少被广泛适用于服务消费行为,适用于房地产行业时,营业税对房产的销售和租赁行为也采取相同处理方法。契税和土地增值税则不具有这些特征。这两类税之所以存在的原因主要是政府对不动产的转让监管较为容易,这两类税的征管也就相对便利。但是,如果我国要将增值税引入不动产行业,那么对这些税种的废除也应相应的被提上议程。

附录

经合组织成员国不动产税务处理

国家	建 筑 活 动			租 赁 活 动		买 卖 活 动		
	建筑材料	维修和维护活动	新建建筑物	居住用不动产	非居住用不动产	居住用不动产	非居住用不动产	替代税种
								税种（税率）/b/
澳大利亚	S	S	S	L	S	E	E	财产收购税（3.5）
比利时	S/c	S/c,d	S/c	E	E/*	E	E*/e	登记义务（12.5）
丹麦	S	S	S	E	E*	E	E*	没有，印花税
芬兰	S	E/f	E	E	E	E	E	没有，印花税
法国	S	S	S	E	E/e	E	E/e,g,	登记义务（6.9—18.6）
德国	S	S	E/h	E	E*	E	E*	财产收购税（2）
希腊	S	S	S	E	E	E	E	登记义务（9）
爱尔兰	S/i	L/j	L	E	E*	E	E*	没有，印花税（0—6）
意大利	L	S/k	S/k	E	E/e	E	E/e	登记义务（8）
卢森堡	S	S	S	E	E*	E	E*	登记义务（10）
荷兰	S	S	S	E	E*	E	E*	财产转让税（6）
葡萄牙	S	S	E/h,l,	E	E*	E	E*	登记义务/m（8—10）
西班牙	S	S	L/n	E	S	E	S	登记义务（6）
瑞典	S	S	S	E	E*	E	E*	没有，印花税
英国	S	S	Z/o	E/n	E*,p	E	E*	没有，印花税
其他国家								
加拿大	S	S	L	E	L	E	L	没有
冰岛	S	S	S	E	S	E	S	没有
日本	S	S	S	E	S	E	S	财产转让税（4）

续表

国家	建 筑 活 动			租赁活动		买 卖 活 动		
	建筑材料	维修和维护活动	新建建筑物	居住用不动产	非居住用不动产	居住用不动产	非居住用不动产	替代税种
新西兰	S	S	S	E	S	E	S	没有,印花税
挪威	S	S	S	E	E	E	E	没有
土耳其	S	S	S	E	S	E	S	财产转让税(4)

注:

S:适用标准税率

L:适用优惠税率

E:享受纳税豁免

Z:适用零税率

*:如果财产涉及应税活动允许选择性申报纳税

注:

a/ 一些欧盟成员国和一些经合组织成员国对旅馆服务、宿营服务、停车服务征收增值税。

b/ 未显示某些特殊税率。

c/ 比利时对公共房屋,如提供给老年人、学生、残疾人、少年和无家可归者的公寓等适用 12% 的中间税率。这类房屋的建筑活动同样适用 12% 的税率。

d/ 比利时对居住 20 年以上的住房提供翻新、维修和维护服务适用 6% 的优惠税率。

e/ 对从事商业性租赁活动的出租人的租赁、买卖行为征收增值税。

f/ 芬兰对水管、下水道、暖气管、天然气管道和电线的安装活动征收增值税。

g/ 法国对社会住房项目用地的买卖行为适用 5.5% 的增值税率;其他用途用地买卖适用 13% 的增值税率。商业用途的财产交易根据交易实现的利得征收增值税;购买时缴纳的增值税不允许进项抵扣,但维修行为的增值税允许进项抵扣。

h/ 德国和葡萄牙对新建建筑物采用其他税种征税。

i/ 爱尔兰对水泥适用 12.5% 的优惠税率征收增值税。

j/ 爱尔兰规定如果维修和维护活动的价值低于工程合同价值的三分之一,则对建筑物维修和维护活动适用标准税率征收增值税。

k/ 意大利对特定(历史)建筑物维护活动和低成本住房工程按照 4% 的低税率征收增值税。

l/ 葡萄牙对公共工程合同和改进住房条件工程适用 5% 的优惠税率。

m/ 另外,财产转让需要适用 0.75% 的税率缴纳印花税,工程建设合同适用 0.6% 的税率缴纳印花税。

n/ 西班牙对工程承包商以外的人从事工程建设活动适用标准税率征收增值税。

o/ 英国对提供商业用途的新建建筑物行为适用标准税率征收增值税。

p/ 从最初的建造人或者发展商手中租赁不动产超过 21 年的,适用零税率征收增值税。

第九章
增值税征管制度比较研究

一、纳税义务发生时间比较研究

在增值税法上,纳税义务发生时间对于确定以下事项具有重要意义:何时应就提供的货物或服务开具发票,何时应缴纳税款,当税率发生变化的情形下应适用何种税率,关于该货物或者服务的提供应于哪一个纳税期限内提交纳税申报表以及受让该货物或服务的纳税人可于哪一个纳税期限内进行进项税抵扣。[①]

（一）国际增值税相关立法

1. 欧盟增值税第六号指令[②]

该指令的第六编设定了一个基本概念——“应税交易”（chargeable event）。该概念是指对已满足应课征增值税法定要件的事件,税务主管机关依据法律,有权在特定时间向负有纳税义务的纳税人提出缴纳税款的要求,即使纳税人收取款项的时间可能存在迟延,但此时增值税应当是可征收的。增值税第六

---

① Victor Thuronyi, Tax Law Design and Drafting, Volume 1, International Monetary Fund, 1996.

② Council Directive 2006/112/EC of 28 November 2006.

号指令规定,当存在货物或者服务供应①时,应税事项发生,增值税应当是可征收的。此为一般规定(general rule),随后规定了几种特殊情形:(1)当货物或者服务的供应(supply of goods or services)产生连续的账单或者款项时,除分期付款或者延期付款的货物销售外,货物供应以及服务供应应当视为在前述账单或者款项所归属的时期届满之时完成。在这种情形下,当不存在账单或者应纳税人坚持这些账单在将来的某一时间才会存在时,税务主管机关将很难坚持要求纳税人缴纳税款。因此增值税第六号指令作出第2款的规定,②即各成员国可以规定在特定的情形下,在一段时期内连续进行的货物或者服务供应,至少每隔一年视为完成。(2)在货物或者服务供应之前预先支付部分价款的情况下,收到价款之时,对于收到的部分价款,可征收增值税。

此外,增值税第六号指令的立法者认为对于各成员国的国内交易的"应税交易"并无进行统一规制的必要,因此赋予各成员有选择地适用上述规定的权利。各成员国可以就特定交易或者特定种类的纳税人,规定在下列某一时刻可以征收增值税:(1)不迟于增值税发票开具之时;(2)不迟于收取价款之时;(3)当没有开具增值税发票,或者迟延开具时,在可征税事项发生之日起的一段指定时期内。

2. 英国1994年增值税法

该法第6节对"供应时间(time of supply)"进行详细规定。英国作为欧盟成员国,并没有引进"应税交易",但其基本概念"纳税时点"(tax point)③与"应税交易"具有同等的意义。纳税时点是指将商品的销售或服务的提供视为发生应税行为的时点。在纳税时点所属的纳税期限内,纳税人必须依据当时有效的税率计算缴纳增值税。④

在英国,纳税时点分为基本纳税时点(basic tax point)与实际纳税时点(actual tax point)。⑤ 基本纳税时点分为以下几种:(1)可以移动的货物的供

---

① 本文所指供应自英文 Supply 直译而来,其含义为销售货物和提供服务。

② Ben Terra, Julie Kajus, A Guide to the European VAT Directives, Volume 1, IBFD, 2006, P701.

③ 在英国,tax point 同时也用 time of supply 进行表述。新西兰以及新加坡商品与服务税法采用 time of supply 这一表述。

④ 除非存在特殊情形,例如采取收付实现制的纳税人或者旅游经营商。

⑤ See HMRC Notice 700 The VAT Guide, April 2002.

应,纳税时点通常为供应人(supplier)发出货物或者受让人提取货物的当天,这一规定适用于分期付款销售、赊销;(2)不可移动的货物的供应,货物达到可使用状态的当天;(3)服务供应,纳税时点为提供服务的当天,通常为除开具发票以外的所有的工作均已完成之时。

然而,当以下情形发生时,优先适用实际纳税时点:(1)如果供应人在基本纳税时点之前开具发票或者收取销售款项,则开具发票或者收取销售款项所涉及的那一部分销售额的纳税时点为开具发票或者收取销售款项两者之中的较早者;其中,销售款项包含账面记录,例如相互债务的抵消,纳税时点为账面记录发生之时;(2)如果在基本纳税时点之后的十四天内开具发票,则开具发票之时为纳税时点;(3)如果纳税人未能在基本纳税时点之后的十四天内开具发票,则必须向税务主管机关递交书面申请,说明原因;当纳税人的此项申请未得到批准,并且超过基本纳税时点的十四天期限开具发票,就应适用基本纳税时点。

英国税务及海关总署(HMRC)还对定金、连续的货物与服务供应、采取销售或退货、试销形式或者其他类似形式的货物销售的纳税时点进行详细解释。第一,关于定金,大多数的定金具有预付款的性质,供应人收取定金之时为实际纳税时点。但一些类型的定金并非作为供应的对价,因而收取这些定金并不产生纳税时点。例如,供应人收取定金作为出租货物完好返还的保证金,货物完好返还时供应人退还定金,否则没收定金,在这种情形下,并不存在纳税时点。第二,关于连续的货物与服务供应,倘若供应人持续地向同一受让人进行服务供应,并且定期收取价款,则每一次供应人开具发票或者收取价款两者之中的较早者,为纳税时点。上述规定同样适用于连续的货物供应,例如水、天然气及电力。第三,关于采取销售或退货、试销形式或者其他类似形式的货物销售,直到顾客确定接受货物,不再享有退货权时,货物才视为出售。当供应人设定少于或等于十二个月的退货期限时,该期限届满之时为纳税时点;当供应人并未设定退货期间或者设定的期间长于十二个月,自发出货物起满十二个月时为纳税时点;在前述情形中,倘若顾客于期间届满之前承诺不予退货,则承诺之日为纳税时点。

在前述基本纳税时点与实际纳税时点外,英国还规定了十二种特定情形下的纳税时点,包括将货物移送自用、建筑行业中分期付款合同(stage

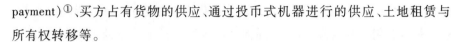

payment)①、买方占有货物的供应、通过投币式机器进行的供应、土地租赁与所有权转移等。

3. 新西兰 1985 年商品与服务税法②

该法于第 9 节对供应时间(time of supply)进行以下规定:(1)货物与服务供应应当被认为是在供应者或者受领者出具发票,或者供应者就该供应收取款项的时间中较早者发生。这个规定是对供应时间的一般规定,倘若不存在下列特殊情形,则适用这一规定。(2)特殊情形下的供应时间:第一,如果货物或者服务的供应发生在关联方之间时,倘若商品可移动,则发出商品之时为供应时间;倘若商品不可移动,商品达到使受让人可使用之状态时为供应时间;服务供应,服务提供之时视为供应发生时间;第二,如果货物供应发生在租用协议下,或者服务供应发生在有关定期付款的协议或者安排下,这些供应应当视为在协议或者制度规定的期间内的连续供应,每次连续供应应当被视为在应当支付款项或者收到款项两者间较早的时间作出;第三,如果货物或者服务是要依据分期付款购买协议供应,该供应应当被认为在协议缔结时供应。

4. 新加坡商品与服务税法③

该法对供应时间(time of supply)的规定体现在第 11 节:(1)一般情况下,倘若商品可移动,则发出商品之时为供应发生时间;倘若商品不可移动,商品达到可使用状态时为供应发生时间;倘若商品是在供应人尚不确定是否构成供应之前发出(例如基于试销协议、销售或退货协议或者其他类似条款,供应人发出商品或者受让人提取商品),以供应人确定该供应已发生,或者发出商品之日起满十二个月,两者中的较早者为供应发生时间。服务供应则以服务提供之时为供应发生时间。在上述一般情形发生之时,倘若纳税人在供应发生之日起十四天内开具发票,则该供应的发生时间为发票开具之时,除非该纳税人书面申请不予适用该条规定。(2)特殊情形下,进一步规定:倘若在前述的一般供应发生时间之前,供应人先行开具发票或者收

---

① 英国税务及海关总署在 2008 年 2 月发布的 Notice 708, Buildings and Construction 中,规定建筑服务的纳税时点,还专门就此制定了特殊反避税规则(Special anti-avoidance rule)。

② Goods and Services Tax Act 1985 No. 141 (as at 01 April 2009), Public Act. See http://www.legislation.govt.nz/act/.

③ Goods and Services Tax Act, see http://statutes.agc.gov.sg/non_version/html/homepage.html.

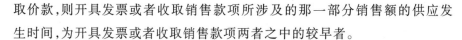

取价款,则开具发票或者收取销售款项所涉及的那一部分销售额的供应发生时间,为开具发票或者收取销售款项两者之中的较早者。

(二)纳税义务发生时间之原理探究

通过对上述增值税部分国家与地区相关规定的概述,不难看出,尽管各国与地区之间对增值税纳税义务发生时间的规定存在差异,但是通常而言,纳税义务发生在以下时点:(1)货物发出或者服务提供之时;(2)发票开具之时;(3)货物达到可使用状态之时;(4)收到全部或者部分价款之时。

由于货物的销售与服务的提供为增值税的应税活动,因此当发生货物销售或者服务提供时纳税义务发生。欧盟的"应税交易"与英国的"基本纳税时点"均为销售货物或者提供服务之时。对于发票开具与收取价款,将其作为纳税义务发生时间,其原因可作如下分析。

增值税纳税义务发生时间与抵扣权的适用紧密相联。在一个基于发票的增值税体制中(VAT based on the invoice system),纳税人基于发票上所包含的已付或应付增值税税款进行抵扣。倘若抵扣权先于供应人缴纳增值税产生,国家财政不得不在征收税款之前预先提供经费以实施增值税(pre-finance)。因此,解决之道在于将增值税纳税义务的发生与发票的开具联系起来。在开具发票之时,供应人缴纳增值税,而受让人在收到发票之时则可以进行增值税抵扣。然而,对于尚没有开具发票或者根本无须开具发票的情形而言,上述办法显然并不适用。例如预付款或者向最终消费者进行销售,此时应纳税人可对归属于国家财政的税款进行处置。因此,在上述情形之下,收取价款即产生纳税义务。[①] 因此,出于国家财政的考虑,确保税款的有效征收,各国通常规定上述情形中发生较早者为纳税义务发生时间。

(三)我国纳税义务发生时间的立法建议

1. 我国增值税暂行条例及其实施细则的规定及其修改建议

增值税暂行条例第十九条对纳税义务发生时间作出了一般规定:(1)销售货物或者应税劳务,纳税义务发生时间为收讫销售款项或者取得索取销售款项凭据的当天;先开具发票的,为开具发票的当天;(2)进口货物,为报关进口的当天。暂行条例实施细则第三十八条对"收讫销售款项或者取得

---

① Ben Terra, Julie Kajus, A Guide to the European VAT Directives, Volume 1, IBFD, 2006, P701.

索取销售款项凭据的当天",按销售结算方式的不同,作出了细致的规定①。

我国增值税立法对纳税义务发生时间的规定,与上述国家与地区采取的思路一致,均有一般规则与特殊规则之分。与此同时,在具体规定上也存在许多类似之处,例如均以发票开具与销售款的收取作为主要时点;发生视同销售将货物移送自用时,纳税义务发生时间为货物移送的当天;进口时,为进口报送的当天。

我国增值税立法将发票开具及销售款项的收取作为基本的纳税义务发生时间,而对发出货物或提供服务这一事项的发生,视为"收讫销售款项或者取得索取销售款项凭据"的其中一种表现形式②,值得商榷。倘若纳税人销售货物或者提供应税劳务时,既没有开具发票,亦没有收取价款,而又不属于暂行条例实施细则第三十八条规定的特殊情形③,则无法确定纳税义务的发生时间。尤其是在关联方交易的情况下,价款的收取与发票的开具可能存在严重的迟延。

诚然,发票的开具存在一个期限要求,在交易发生之日或特定日期应开具发票,因此即使在价款迟延支付的情况下,也可以确定纳税义务发生时间。然而,这与增值税的原理已渐行渐远。增值税对货物销售与服务提供进行征税,在货物销售与服务提供之时增值税纳税义务本已产生,出于国家财政上的考虑,才将开具发票和收取价款与增值税纳税义务的发生时间联系起来,最终却舍弃这一最为基本的时点,而完全依赖于发票的开具与价款的收取。欧盟增值税第六号指令规定的"应税交易"以及英国增值税法规定的"基本纳税时点"这两个基本概念正是以货物销售与服务提供作为纳税义务发生的一种基本判断标准,值得借鉴。

---

① (一)采取直接收款方式销售货物,不论货物是否发出,均为收到销售款或者取得索取销售款凭据的当天;(二)采取托收承付和委托银行收款方式销售货物,为发出货物并办妥托收手续的当天;(三)采取赊销和分期收款方式销售货物,为书面合同约定的收款日期的当天,无书面合同的或者书面合同没有约定收款日期的,为货物发出的当天;(四)采取预收货款方式销售货物,为货物发出的当天,但生产销售生产工期超过12个月的大型机械设备、船舶、飞机等货物,为收到预收款或者书面合同约定的收款日期的当天;(五)委托其他纳税人代销货物,为收到代销单位的代销清单或者收到全部或者部分货款的当天。未收到代销清单及货款的,为发出代销货物满180天的当天;(六)销售应税劳务,为提供劳务同时收讫销售款或者取得索取销售款的凭据的当天;(七)纳税人发生细则第四条第(三)项至第(八)项所列视同销售货物行为,为货物移送的当天。

② 参见《暂行条例实施细则》第三十八条第(三)、(四)项。

③ 例如提供服务的同时并未收讫销售款或者取得索取销售款的凭据,如何确定纳税义务的发生?

2. 对关联交易中的纳税义务发生时间的立法建议

新西兰商品与服务税法明确规定对发生在关联方之间的关联交易,倘若商品可移动,则发出商品之时为供应时间;倘若商品不可移动,商品达到使受让人可使用之状态时为供应时间;服务供应,服务提供之时视为供应发生时间。对于关联交易,并不以发票的开具或者价款的收取作为供应时间。

英国于 2003 年针对连续的货物与服务供应,出于反避税目的专门设定一个新的纳税时点[1]。当供应在关联方之间发生,并且受让人不享有完全抵扣进项税的权利时,在现存规则之下纳税人简单地通过迟延付款及开具发票,就可能使纳税时点产生迟延。出于上述考虑,英国引进该新规则,对于上述特定情形适用一个新的定期一年的纳税时点。当一年的纳税时点出现时,首先供应人需要计算此一年间受让人接受货物或者服务供应的总额。其次,供应人需要将此计算出来的总额与已经开具发票或者已经收取款项的金额进行对比,如果前者等于后者,则供应人无须补缴税款;如果前者大于后者,则对于该差额,供应人应计算缴纳增值税。

上述两个国家对关联交易的纳税义务时间作出的特别规制具有特殊意义。对纳税义务时间进行特别规定,有助于对关联交易进行规制与监管。在当前反避税的呼声之下,亦可从纳税义务发生时间这一点入手。

二、纳税期限比较研究

纳税人在经营活动中经常发生纳税义务,倘若要求其每次发生纳税义务时即进行纳税申报及缴税,则会极大地增加其纳税成本。因此,税法上设置纳税期限(tax period)。纳税人将在该期限内发生的所有纳税义务统一在一张纳税申报表上进行申报缴税。纳税期限的长短是一个国家的政策问题。标准纳税期限为一个公历月份。通常应税销售额较小的纳税人,可允许适用三个月或者一年的纳税期限。纳税期限与缴税期限(payment periods)应加以区分,例如有的国家要求达到一定规模的企业在一个月的纳税期限内三次预缴税款。[2]

---

[1] HMRC:New time of supply rules for ongoing supplies, VAT Information Sheet 14/03, October 2003.

[2] Victor Thuronyi, Tax Law Design and Drafting, Volume 1, International Monetary Fund, 1996.

（一）国外增值税纳税期限立法

1. 欧盟增值税第六号指令

该指令第 252 条规定：（1）增值税申报表须在成员国规定的最终期限内提交。该最终期限不得超过每个纳税期届满后 2 个月。（2）纳税期应由各个成员国规定，可以是 1 个月、2 个月或 3 个月。然而，成员国可以规定不同的纳税期间，只要这些期间不超过 1 年。

2. 英国增值税法

英国增值税纳税期限分为以下四种：

（1）一个季度的标准纳税期限。为了将纳税申报表在一年中平均分流，减轻税务机关的负担，进行纳税登记的应纳税人会被分配到三个组当中，第一个组的纳税期限分别为 4 月—6 月，7 月—9 月，10 月—12 月以及 1 月—3 月。第二个组的纳税期限为 5 月—7 月，8 月—10 月，11 月—1 月以及 2 月—4 月。第三个组的纳税期限同为 6 月—8 月，9 月—11 月，12 月—2 月以及 3 月—5 月。应纳税人可以申请符合自身会计年度的纳税期限。

（2）一个月的纳税期限（Monthly tax periods）。纳税人进行税务登记时，预计进项税将超过销项税时，可申请适用一个月的纳税期限，进行每月的纳税申报。当从每月的超额增值税返还转变为缴纳增值税时，应纳税人的纳税期限也相应地转为三个月。在自愿登记①的情形下，不允许采用一个月的纳税期限。

（3）非标准化的纳税期限（Non-standard tax periods）。当会计年度与公历年度不一致时，纳税人可申请更符合自身财会系统特点的纳税期限。

（4）年度纳税方案（annual accounting scheme）。倘若应纳税人已经进行税务登记超过十二个月，并且每年不含税应税供应销售额低于 60 万英镑，则可申请年度纳税方案。每年只提交一份纳税申报表。但年销售额超过 10 万英镑的应纳税人，要依据以前年度的纳税额进行预缴；年销售额低于 10 万英镑，并且年应纳税额低于 2000 英镑，则无须预缴增值税；年销售额低于 10 万英镑，并且年应纳税额等于或者大于 2000 英镑，则仍须分季度预缴增值税。

---

① 当年应税销售额超过起征点，则必须进行税务登记，成为应纳税人，此为强制登记（compulsory registration）。应税供应的销售额未超过强制登记的起征点，亦可以申请进行自愿登记（voluntary registration）。在任何情况下，必须考虑进行该自愿登记是否可从中受益。倘若应税供应全部或者主要是零税率供应，则可申请免除登记（exemption from registration）。

3. 新西兰商品与服务税法

该法第 15 节详细规定已登记纳税人的三种纳税期限：

(1)6 个月。纳税人在 12 个月的期间①内的应税供应不超过或者不可能超过 25 万美元,并且该纳税人申请以 6 个月为纳税期限。(2)2 个月。(3)1 个月。纳税人可申请以 1 个月为纳税期限,同时,如果一个纳税人在 12 个月期间内的应税供应超过、或者可能超过 2400 万美元,则该纳税人必须以 1 个月为纳税期限。

适用 2 个月及 1 个月纳税期限的纳税人可以申请将纳税期限改为 6 个月。② 适用 6 个月纳税期限的纳税人可以申请将其纳税期限改为 2 个月。适用 1 个月纳税期限的纳税人可申请将其纳税期限改为 2 个月,但是在 12 个月期间内的应税供应超过或者可能超过 2400 万美元的纳税人只能适用 1 个月的纳税期限。

4. 澳大利亚商品与服务税法③

该法在其众多条文中分散规定了多个纳税期限,主要有以下几种：(1)一般纳税期限为 3 个月,分别终止于 3 月 31 日、6 月 30 日、9 月 30 日或者 12 月 31 日。(2)纳税人申请适用 1 个月的纳税期限并经批准,纳税期限为一个月。具有以下情形的,税务局局长必须作出对该纳税人适用一个月纳税期限的决定:第一,该纳税人的年应税销售额达到 2000 万美元;第二,该纳税人临时从事经营行为不超过 3 个月;第三,该纳税人过去存在不履行纳税义务的情形。除该纳税人的年应税销售额达到 2000 万美元,必须强制适用一个月的纳税期限外,该纳税人可申请撤销适用一个月的纳税期限。(3)当一个人成为登记纳税人或者法律要求其进行税务登记,或者适用于纳税人的纳税期限发生变化(例如从 1 个月转变为 3 个月),税务局局长可指定少于 3 个月,并且与该纳税人之前已提交的纳税申报表所属的纳税期限不相重合的特定纳税期限。(4)当一个纳税人无须进行税务登记,并且没有申请

---

① 12 个月期间是指起始于某一个月的第一天,而终止于另一个月的最后一天之间为期十二个月的期间。

② 税务机关在审批纳税期限的变动申请时,应考虑的因素:该申请人以往提交纳税申报表及缴纳税款的情况,该申请人财务报告的惯行做法,该申请人应税供应的性质及交易额以及以前适用 6 个月纳税期限的情况。

③ A New Tax System(Goods and Services Tax) Act 1999, See http://www.austlii.edu.au/au/legis/cth/consol_act/antsasta1999402/index.html.

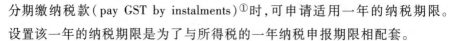

分期缴纳税款(pay GST by instalments)①时,可申请适用一年的纳税期限。设置该一年的纳税期限是为了与所得税的一年纳税申报期限相配套。

5. 小结

各国根据年应税销售额或者应纳税额的大小,分别确定几种不同的纳税期限。一般而言,年应税销售额或者应纳税额较大的纳税人,适用的纳税期限较短。同时,适用较长纳税期限的纳税人,一般应预缴增值税税款。

(二)我国增值税纳税期限立法现状及立法建议

1. 我国增值税相关立法规定

增值税暂行条例第二十三条规定:"增值税的纳税期限分别为1日、3日、5日、10日、15日、1个月或者1个季度。纳税人的具体纳税期限,由主管税务机关根据纳税人应纳税额的大小分别核定;不能按照固定期限纳税的,可以按次纳税。"暂行条例实施细则第三十九条明确指出以1个季度为纳税期限的规定仅适用于小规模纳税人。

2. 立法建议

(1)在国家税收利益与纳税人成本之间寻求最佳平衡点。将我国增值税纳税期限与前述欧盟、英国、新西兰及澳大利亚的增值税纳税期限相比较,一个显而易见的区别在于,我国的纳税期限相较而言比较短。季度纳税期限是2009年新增值税暂行条例中增加的,并且仅适用于小规模纳税人。由于纳税期限较短,纳税人每年进行的纳税申报与税款缴纳次数较多,企业的纳税成本也相应加重。我国之所以进行这种规定,大部分原因出于保证国家财政收入,使资金尽快回笼,减缓财政压力,同时亦是为了打击增值税逃避税。因此,增值税的纳税期限是一个国家政策问题,立法者需要平衡国家政策需要与纳税人的纳税成本。

(2)将增值税的征管及行政程序与其他税种的征管相结合。将增值税的征管与其他税种的征管相结合,有利于纳税人理解税收征管程序,简化征管程序,提高征管效率。同时税种的行政程序之间的兼容性大大提高,摩擦减少。其中,在货物进口方面将增值税与关税的征管相结合就是一个明显的例子。前述澳大利亚商品与服务税中规定的一年纳税期限,亦是为了使增值税与所得税的年度申报相配套而设置的。这对于增值税立法不失为一

---

① 英国也存在分期缴纳税款制度。

种启示,应关注增值税与其他税种之间的制度配套。

三、增值税发票管理比较研究

现代国家的增值税体系大多建立在发票抵扣基础之上,这种增值税体系通常称为"以发票为基础的增值税体系"。发票对增值税征管的重要性不言而喻。

（一）增值税发票控税原理

增值税以计算方法为分类标准,可以分为直接减除法增值税(direct／subtraction method VAT)、相加法增值税(the addition method VAT)以及抵扣法增值税(the tax credit method VAT)。直接减除法曾在最初引进增值税的法国被使用,实践证明,当交易涉及不同税率或免税优惠时,这种方法不能计算出最终的增值税税负,因而,该方法被淘汰。相加法的淘汰则是因其计算基础包含工资、租金、利息、利润等因素,导致增值税税基和所得税税基的界限模糊不清,最终不适合于计算消费型增值税。

抵扣法的原理是将记录在增值税发票中的符合条件的进项税额从一定的销项税额中剔除,从而得出纳税人当期应纳税额。简单的操作流程、密合的发票链条、清晰的计算结果,使抵扣法风靡开征增值税的所有国家,增值税发票也因此成为增值税征管工作中最重要的工具。各国制定法律明文规定增值税发票的印刷、领购、开具、申请抵扣、保管、作废,税务机关全程监督,从而实现以票控税。

增值税发票与增值税实体法的关系相当密切,一张内容完整的增值税发票,几乎可反映一国增值税实体法的所有一般性条款。增值税实体法中对一般纳税人和小规模纳税人的区分直接带来两种不同的增值税发票管理制度。一般而言,一般纳税人之间使用的增值税发票可统称为增值税专用发票,小规模纳税人开具的增值税发票则称为简易发票或普通发票,同时,对价额低于一定数额的供应也只能使用简易发票。

由于使用简易发票的小规模纳税人采用简易征收计税而非发票抵扣法,所以通常所说的"以票控税",不包括增值税简易发票,专指增值税专用发票。要真正实现以票控税,增值税专用发票至少得发挥以下三大功能:一是承载令增值税体系切实可行的各种信息;二是使税务机关对增值税的实施进行有效监管;三是使客户可持此凭证行使抵扣税额的权利。

增值税发票一方面给各国带来征管便利,另一方面,嚣张的发票犯罪活动也给各国带来征管难题。特别是在我国,发票犯罪甚至成为独立于增值税犯罪的常发性犯罪,"金税工程"实施以前的大规模增值税专用发票犯罪破坏了正常的发票链条,眼下正日益猖獗的普通发票犯罪则带来所得税成本抵扣凭证①识别的混乱。发票犯罪一来损害交易参与人的直接利益,二来破坏正常的税收秩序,给国家税收征管工作带来麻烦。我国在打击犯罪之余,寄希望于更精密的发票管理制度的建立。因而,进行增值税发票管理制度的比较研究确有其必要性。

(二)国际增值税发票管理制度的比较

增值税发票管理制度一般围绕增值税专用发票展开,顺带对普通发票作出规定。发票管理制度主要包含下列内容:发票概念、发票印刷、发票领购、发票开具、发票保管、税务机关检查权。除这些一般内容外,各国均会根据本国实际制定解决特定问题的特别规定。

1. 一般内容立法综述

(1)发票概念和种类。从税收意义定义发票,学理上认为,"发票是指在购销商品、提供或者接受服务以及从事其他经济活动中,开具、收取的收付款凭证,是会计核算的原始凭证,是税务稽查的重要证据。"②然而,各国并不热衷于直接在法条中界定发票概念,发票概念一般只在学理中使用。发票按载体分类,可分为纸质发票和电子发票;按开票人是一般纳税人还是小规模纳税人分类,可分为增值税专用发票和简易发票;按开票人是供应人、领受人还是第三方分类,可分为一般发票、自开发票或委托发票;按用途分类,可分为增值税发票和增值税借记或贷记凭证;按开票事项的数量分类,可分为单笔发票和汇总发票。

(2)发票印刷。纸质发票的印刷是整个发票使用流程的开端,国家掌握发票印制权以保证源头监管。在纸质发票时代,一般由国家指定具备一定资质的生产企业集中印制发票,通过准入门槛和防伪技术来降低发票被伪

---

① 《企业所得税法》第八条:"企业实际发生的与取得收入有关的、合理的支出,包括成本、费用、税金、损失和其他支出,准予在计算应纳税所得额时扣除。"《企业所得税实施条例》第三十一条:"企业所得税法第八条所称税金,是指企业发生的除企业所得税和允许抵扣的增值税以外的各项税金及其附加。"普通发票不允许直接抵扣增值税,因而属于上述规定中的可扣除"税金",非法取得的普通发票主要用于企业所得税税前扣除。

② 刘剑文主编,《税法学(第二版)》,人民出版社2003年版,第402页。

造的可能性。然而,电子发票产生后,集中印制消失,发票真实性改由电子签章、电子数据交换等技术手段保证。

（3）发票领购。与发票印刷一样,发票领购也是纸质发票时代的特有名词。符合条件的纳税人在规定时间内到税务机关领购发票,税务机关给纳税人发放空白发票的同时,对纳税人前期发票的使用状况进行检查,以监督纳税人履行纳税义务。

（4）发票开具。发票开具是发票管理制度中与增值税实体法关系最为密切的一个环节。发票开具中,开票事项对应应税供应,发票开具人对应实体法中的应税供应人,发票收票人对应领受人,开票时间一般对应供应发生时间,开票地点一般对应供应人营业地,票面金额包括供应对价。一般而言,一张完整的增值税专用发票应该包含下列事项:开具时间;序列号,是发票的唯一标识;供应人的增值税识别码;领受人的增值税识别码;供应人和领受人的全名和地址;所供应货物的数量与性质或所提供服务的范围与性质;供应的货物与服务的生产日期、完成日期或支付货款的记账日期,假如上述日期可以确定并且区别于发票的开具时间;单位利率的应纳税额或免税率,不包括增值税的单位价格以及未包含于单位价格内的所有折扣;适用的增值税税率;应付增值税税额;免税或由客户支付增值税时,标明适用了免税优惠或反向征收;如果有义务支付增值税的人是税务代表人,则该税务代表人的增值税识别码、连同其全名、地址;其他与实体法相关的内容。

（5）发票保管。为便于税务稽查,各国均规定了发票的最短保管年限,通常是十年,只有经过最短保管年限,纳税人才允许将发票登记簿、发票存根销毁。

（6）简易发票。简易发票的适用一般有两种情况,一是供应人为小规模纳税人的情况,二是供应的金钱对价低于一定标准的情况。简易发票应包含的内容可视情况减少。各国对小规模纳税人和最低开票对价均有不同规定,具体视国情而定。

（7）税务机关批准权。税务机关作为发票监管机关,是发票管理法律关系的主体,它可以在发票管理整个流程中行使法定职权,特别在发票印刷环节批准生产企业、在发票开具环节批准免开发票等。根据现代国家依法行政的理念,各国对税务机关的职权均有明文规定,其行使职权有明确的法律依据和限制。

2. 各国发票立法特别规定的比较

（1）南非1991年增值税法及增值税法实施细则①

关于免开发票的规定，南非财政部1991年12月25日颁布的增值税法实施细则第二节规定了免开发票的情形：假如某项供应有足够详细的资料反映税务发票要求具备的内容，则可以免开发票。所谓足够详细的资料应包含下列内容：第一，该交易正被讨论是否构成由已登记卖方实施并包含在定额分期付款的书面服务供应合同项下的应税供应；第二，领受人持有合同文件；第三，合同文件中写明了供应人的名称、地址和增值税识别号，或合同的其他附件中有供应人的上述信息；第四，领受人保存了每一次支付货款的银行结单或付讫支票。虽然各国增值税法均赋予税务机关特别许可权，但鲜有法条如本条这样详细规定免开发票应满足的条件。

关于自开发票的规定，实施细则对"领受人对已开具的发票"（即"自开发票"）作出了详细规定。自开发票的首要条件是通过预先审批程序。为通过审批，领受人应当向地方财政征管所（the local Receiver of Revenue）提交阐述充分理由的申请。除了便利领受人取得税务发票外再无其他目的的，不得适用自开发票审批程序。严格讲，只允许对具备自觉遵从自开发票制度传统的部分产业和交易适用该审批程序。并且，只有在交易的对价须经领受人对商品或服务进行特定测试、检验或其他管理后方可确定的那些供应中，供应人无法在交易当时开具发票的情况下，领受人才能自行开具发票。适用自开发票的对象包括农民、转包商、代理商、特许权人、承运商。

（2）新西兰1985年商品与服务税法②

该法对于开具发票的主体有特殊规定。正常情况下，只有已登记纳税人才能开具税务发票，但该法第24节"税务发票"第6条第2B款作出特殊规定：如果纳税人出售依该法第5节第2小节规定被视为由其提供的商品，则不论该纳税人是否为已登记纳税人，均应就此供应开具税务发票，发票中要求注明"已登记纳税人增值税识别号"和"纳税人税务登记号"。这一规定涉及到应税供应的认定，再一次证明发票制度与增值税实体法密切相关，实体法越发达，发票制度越周详。

---

① See source, http://www.acts.co.za/vat/index.htm.

② Goods and Services Tax Act 1985 No.141（as at 01 April 2009），Public Act. See http://www.legislation.govt.nz/act/.

关于应纳税额末位数的处理。该法第 24 节"税务发票"第 8 条规定:每一张税务发票显示的应纳税额应该包括货币单位中的"元"和"分",如果有比"分"更小的位数则采用四舍五入的办法使其精确到"分"。极少国家关注这一问题,新西兰的规定弥补了国际增值税发票管理制度中的一项空白。

(3)英国 1994 年增值税法及 1995 年增值税法实施条例

英国的增值税法实施条例第 14 条对于税务发票的内容有一项颇具特色的规定。它要求每一张税务发票必须注明与该发票相关的交易的类型,具体可供选择的交易类型有:买卖、分期购买、借款、交换、租赁、来料加工、代销、代购。

这项规定无疑对反映真实交易具有重要作用,可以在一定程度上防止跨交易类型的发票欺诈。但是,具体操作该规定时税务机关须支付较高的发票制作成本并进行复杂的分类管理,这一缺陷令其难以在世界范围内推广。

(4)汤加 2003 年消费税法①

汤加消费税法第 19 条和第 20 条规定了"消费税借记凭证和贷记凭证"。该法规定,当消费税发票显示的已征收消费税额超出了就该供应本应征收的消费税时,供应人应当向领受人提供一张消费税原始贷记凭证;当消费税发票显示的已征收消费税额低于就该供应本应征收的消费税时,则供应人应当向领受人提供一张消费税原始借记凭证。

不仅汤加消费税法有此规定,南非增值税法第 21 条、英国增值税实施条例第 15 条、新西兰商品与服务税法第 25 节均规定了借记凭证和贷记凭证。当交易出现变数,带来应纳税额的变更时,借记凭证和贷记凭证将和原始发票一起构成新的抵扣凭证。借记凭证和贷记凭证的优点在于其可以适用于国内增值税专用发票和进出口增值税发票的变更。

(5)澳大利亚 1999 年商品与服务税法及商品与服务税与税务发票的条例(ATO ID 2001/290)②

---

① CONSUMPTION TAX ACT 2003, See http://www. revenue. gov. to/Search. aspx? ID = 577&txtSearch = NO. 29% 20of% 202003.

② See source, GST AND TAX INVOICE (ATO ID 2001/290) http://law. ato. gov. au/atolaw/view. htm? rank = find&criteria = AND ~ tax ~ basic ~ exact:;: AND ~ invoice ~ basic ~ exact&target = JA&style = java&sdocid = AID/AID2001290/00001&recStart = 1&PiT = 99991231235958&recnum = 4&tot = 1396&pn = ALL:;: ALL.

关于向谁开具税务发票的问题。澳大利亚行政法规 GST 与税务发票通过一个案例说明了如何确定发票的收票方。已登记为商品与服务税纳税人的律师代理了一起劳动纠纷案件。案件的处理结果是劳动者获胜,保险公司按法律规定及合同约定赔付了劳动赔偿及该劳动者雇佣该律师代理案件的劳务费。在这个例子中,虽然法律服务这一应税供应的实际付费方是保险公司,但律师提供这一应税供应的对象是劳动者,即劳动者才是供应的领受人。律师在就法律劳务开具税务发票时,发票的收票方应当是供应的领受人即劳动者,而不是劳务费的支付人保险公司。

发票是反映供应双方税务关系的凭证,发票的开具人和收票人与应税供应的供应人和领受人为一一对应关系。明确这一点对开具税务发票有莫大益处。

(6)欧盟 2001 年发票指令及 2006 年第六号增值税指令①

为实现第六号指令提出的"简便化(simplifying)、现代化(modernising)、协调化(harmonising)与 VAT 有关的发票制度"的目标,发票指令提出了各成员国进行电子发票立法的指导性原则,以推动电子发票的使用,并对发票的电子存储进行了统一安排。作为唯一顺应电子商务发展潮流的税控工具,各国实施电子发票已成为不可逆转的趋势,欧盟为推进电子发票使用所作出的努力值得各国借鉴。

3. 启示

从发票管理制度的国际立法可以看到,各国较倾向于在实体法中规定增值税发票制度,并且以实体法为基础,发票管理处处体现实体法的规定。在我国,发票管理制度的法律渊源除财政部颁发的发票管理办法及国家税务总局颁发的发票管理办法实施细则外,还包括国家税务总局关于增值税专用发票的六十多个发文发函。数量虽然不少,法律层次却非常低。此外,我国的发票管理制度虽覆盖了国际立法的主要内容,但从具体规定看,我国的规定比较粗糙,特别是与增值税实体法的结合不够紧密,发票内容往往不能反映实体法要求,除增值税实体法不太完善是主要原因,发票管理规定滞后于经济社会的发展也是原因之一。

---

① Search the key words'Directive 2001/115/EC' and'Directive 77/388/EEC'in this website:http://publications. europa. eu/official/index_en. htm.

（三）我国发票管理制度的现状及立法建议

发票管理制度的改进能有效促进增值税征管工作、预防犯罪。我国发票管理制度立法完善的方向应当是：提高立法层次，细化主要规定，针对征管实务制定特别条款。

1. 对现行规定的分析

现行规定一般条款中，发票印刷、领购、保管等条款规定均比较合理，简易发票条款有待进一步细化，而发票开具条款的规定却有待立法完善。

（1）增值税暂行条例的规定

该条例第二十一条第一款规定："纳税人销售货物或者应税劳务，应当向索取增值税专用发票的购买方开具增值税专用发票，并在增值税专用发票上分别注明销售额和销项税额。"基于"以票控税"原理，一旦一般纳税人之间发生了应税供应，必须开具增值税专用发票，一是反映交易已发生，二是使领受人取得发票抵扣联申请抵扣。显然，上述条款在正常的发票开具条件中硬生生地加入"须经购买方索取，供应人方可开具增值税专用发票"。这样的规定无疑是违反发票管理原理的。同时，该规定给予了供应人逃避开票的藉口，可能助长增值税专用发票犯罪。

第二十一条的第二款规定："属于下列情形之一的，不得开具增值税专用发票：（一）向消费者个人销售货物或者应税劳务的；（二）销售货物或者应税劳务适用免税规定的；（三）小规模纳税人销售货物或者应税劳务的。"这款属于免开发票条款。显然，立法者认为上述情况容易甄别，且除此三种外再无其他情形可免开发票，简单使用禁止性条款即可。实际上，征管实务中可能出现模糊地带，如某供应同时涉及正常税率、优惠税率、免税货物时，供应人是否为增值税纳税人是一个问题，供应人如何就该供应开具发票又是一个问题，单看这款禁止性条款无法解决；再者，对普通发票的开具没有作出明确规定。因此应当借鉴南非增值税法关于免于开具发票的规定、新西兰商品与服务税法关于开票人认定的规定以及澳大利亚关于发票收票方认定的规定，赋予税务机关监督审批权，将免开发票的规定灵活化，或者增加特殊情况下开具发票的具体规定。

（2）发票管理办法实施细则的规定

该实施细则第五条规定："发票的基本内容包括：发票的名称、字轨号码、联次及用途，客户名称，开户银行及账号，商品名称或经营项目，计量单位、数量、单价、大小写金额,开票人,开票日期,开票单位(个人)名称(章)等。有代扣、代收、委托代征税款的,其发票内容应当包括代扣、代收、委托代征税种的税率和代扣、代收、委托代征税额。增值税专用发票还应当包括:购货人地址、购货人税务登记号、增值税税率、税额、供货方名称、地址及其税务登记号。"

实施细则第五条可谓问题众多,漏洞百出:

一是增值税识别码缺位。我国没有引入增值税识别码,现有的税务登记号仅仅是依税收征管法的规定,对从事生产、经营的纳税人进行的税务登记。导致的后果是,无法区分增值税应纳税人和其他税种的应纳税人。对于普通的纳税人而言可能会产生误解:认为不是增值税纳税人就无须税务登记,进而逃避其他税种的纳税义务。

二是对供应人和领受人私人信息采集过多。这种做法一方面表明我国对纳税人的监管严格,另一方面却反映出我国信息共享程度低,在增值税发票上记录如联系电话、银行卡开户行及账号等本应为工商登记信息的内容。

三是对增值税纳税义务发生条件规定不清。国际通常做法要求在发票中反映供应的商品与服务的生产日期、完成日期或支付货款的记账日期,只要它们与开具发票的日期不同;标明是否享受了税收优惠或实施了反向征收。增值税中立原则(neutrality principle)要求不强加过多义务给纳税人,其中包括识别法律适用的义务,因此,法律的适用应当明确化,使纳税人清楚什么项目应缴纳增值税、什么项目属于免征增值税范围、什么时候承担纳税义务、到底是由供应人还是由领受人向税务局申报缴纳增值税等等。我国发票缺少上述内容,实际上是对纳税人权利的忽视。

四是缺少发票金额使用币种以及发票内容使用语言的规定。我国经济社会的稳步发展使我国逐步迈进经济大国行列,越来越多的跨国贸易将在日常经济生活中发生,另外,我国是多民族国家,虽然统一了货币,却没有统一语言,因而,规定发票使用币种和语言均有其现实意义。

2. 立法建议

(1)制定增值税发票特别条款

特别条款建立在征管实务基础上,为达到便于征管和预防犯罪双重目的服务。各国立法中规定的特别条款均与本国实践紧密结合,具有极强的针对性,解决实际问题,我国制定特别条款同样须针对征管中的实际问题。

从发票使用流程看,交易变更带来退货退税的问题是不容忽视的。我国的退货退税机制中,开具红字增值税专用发票是唯一解决办法。然而,增值税法规定可用于抵扣销项税额的单据除增值税专用发票外,还有海关进口增值税专用缴款书、农产品收购发票和农产品销售发票以及运输费用结算单据,假如这些单据也发生变更如何保证其真实性?笔者认为,可以借鉴国际增值税立法中采用借记凭证和贷记凭证的方法,同时适用于所有可抵扣票证的变更。

目前,我国普通发票的违法使用较为普遍,甚至曝光出不少大规模的伪造、倒卖、虚开普通发票的犯罪行为。究其原因在于国家不可能再造一个耗资巨大的"金税工程"来监管普通发票的使用,只依赖税务机关的常规稽查手段不能及时发现违规情况。发票管理制度中可以适当引入群众监督以弥补国家监督之不足。例如,在发票管理办法中明确规定有奖举报制度,既为举报人的举报行为保密,又保证补贴合理的举报花销,以鼓励群众积极监督。

普通发票中的定额发票管理漏洞最为明显。定额发票的特点是票面应纳税额固定,有较长的抵扣有效期,较容易领购,这些特征使其逐渐成为各类服务行业最经常使用的发票种类。由于定额发票领购容易,符合资格的纳税人可以多领之后将发票转让同行业其他经营者,形成发票非法"回笼";由于定额发票开具程序过于简单,供应人一般不会在定额发票上详细注明供应商品或服务的具体情况,不注明开具时间,不签署经营者名称,一旦发生纠纷,消费者无法证明交易的真实性。笔者认为,国家应当加强对定额发票的监管,一方面明令供应人在发票上注明相关信息,另一方面鼓励群众举报监督。

（2）引入电子发票

随着商业活动的发展特别是电子商务的兴起,纸质发票的弊端日益显现,一些经济较为发达的国家和地区开始使用电子发票,以便利商业交往及税收征管。欧盟电子发票专家组主席 Bo Harald 甚至作此预言:"纸质发票没有未来可言。"[①]欧盟委员会及其成员国不留余力推动电子发票在欧盟境内的使用,我国台湾地区大力发展电子发票,我国可以广泛汲取世界先进做法,结合国情,开创中国特色电子发票立法。

---

①　See Status report from the Expert Group on e-Invoicing, page 1,12 June2008.

四、纳税申报

（一）国外增值税纳税申报概述

1. 欧盟增值税第六号指令及英国增值税法

该指令第 252 条规定，增值税申报表必须在成员国规定的最终期限内提交。该最终期限不得超过每个纳税期届满后 2 个月。

如前所述，英国作为欧盟成员国，规定了四种纳税期限。一般而言，如果采取一个季度的标准纳税期限，则应于纳税期限届满之日起一个月内提交纳税申报表及缴纳税款。缴纳税款的期限与纳税申报的期限是一致的。在提交书面纳税申报表，但采用电子方式缴纳税款的情况下，可获得七天的延长申报缴税期限。采用年度纳税方案的纳税人，在每一年度纳税期限届满之日起两个月内进行纳税申报，并补缴税款。同时，适用该纳税期限的纳税人即使采用电子方式缴纳税款，也不能获得七天的延长申报缴税期限。

2. 新西兰 1985 年商品与服务税法

该法第 16 节规定三种纳税申报期限：倘若纳税期限届满次月为 12 月，已登记纳税人应于 1 月的第 15 天之前（含当天）提交纳税申报表；倘若纳税期限届满次月为 4 月，则应于 5 月的第 7 天之前（含当天）提交纳税申报表；倘若以上情形均不满足，则应于纳税期限届满次月的第 28 天之前（含当天）提交纳税申报表。

不再作为登记纳税人的个人、法人或其他组织，必须就其登记所属的最后一个纳税期限、依照前述的纳税申报期间提交最终纳税申报表（final return）。

新西兰商品与服务税法第 17 节规定，对于用于抵债的商品销售，商品的销售者不应将该商品销售包含在一般的纳税申报表中，而应当向税务机关提交特别纳税申报表（special returns），并在该申报表中列示：(1)销售者的名称、地址及税务登记号（如果该销售者为登记纳税人）；(2)被销售商品的所有者的名称、地址及税务登记号（如果该所有者为登记纳税人）；(3)销售日期；(4)销售商品的种类与数量；(5)销售金额及应纳税款；(6)规定应当列示的其他情形。这一规定有利于税务机关对于登记纳税人交易情况的监控，但无疑增加纳税成本。

除此之外，税务局有权要求任何人（不论其是否为登记纳税人），依据其

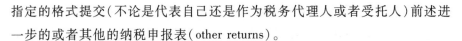

指定的格式提交(不论是代表自己还是作为税务代理人或者受托人)前述进一步的或者其他的纳税申报表(other returns)。

3. 澳大利亚商品与服务税法

(1)当适用 3 个月的纳税期限时,倘若纳税期限内包含 9 月 1 日,则纳税人应于 10 月 28 日之前(含当天)提交纳税申报表;倘若纳税期限内包含 12 月 1 日,则纳税人应于 2 月 28 日之前(含当天)提交纳税申报表;倘若纳税期限内包含 3 月 1 日,则纳税人应于 4 月 28 日之前(含当天)提交纳税申报表;倘若纳税期限内包含 6 月 1 日,则纳税人应于 7 月 28 日之前(含当天)提交纳税申报表。

(2)适用除 3 个月纳税期限外的其他纳税期限,应于纳税期限届满次月的第 21 天之前(含当天)提交纳税申报表;倘若该纳税期限于某一个月的前七天届满,则应于当月的第 21 天之前(含当天)提交纳税申报表。

(3)适用一年纳税期限的纳税人,倘若不适用所得税法规定的纳税申报期限,则应于年度纳税期限届满后的 2 月 28 日之前(含当天)提交纳税申报表。

除一般的商品与服务税纳税申报表外,税务局可要求纳税人提交更进一步或者更为全面的纳税申报表(包括作为代理人或者受托人而提交的纳税申报表)。在这些申报表里,纳税人可能需要提交与该申报表所属的纳税期限或者以前纳税期限相关的信息与资料。

(二)我国增值税纳税申报规定及立法建议

我国增值税暂行条例第二十三条第二款规定:"纳税人以 1 个月或者 1 个季度为 1 个纳税期的,自期满之日起 15 日内申报纳税;以 1 日、3 日、5 日、10 日或者 15 日为 1 个纳税期的,自期满之日起 5 日内预缴税款,于次月 1 日起 15 日内申报纳税并结清上月应纳税款。"

2009 年新增值税暂行条例将纳税人纳税申报和缴纳税款的期限从 10 天延长到 15 天,这是一个有利的改革。这样可以为企业提供更加充足的时间来准备纳税申报和缴纳税款,减轻了企业的纳税成本。但如果想更进一步减轻企业纳税申报的成本,则纳税期限不失为一个着力点。纳税申报与纳税期限之间存在紧密联系,由于我国规定的纳税期限较短,因此直接导致企业每年纳税申报义务的加重。

此外,值得注意的是,目前多数国家与地区的增值税纳税申报基本具有以下两个特点:一是即使纳税期限内应纳税额为零,仍应进行纳税申报,原因之一在于增值税法上存在结转下期抵扣以及超额抵扣增值税退还的规定,另一原因在于税务机关希望全面掌握纳税人的交易情况,以便审计;二是纳税人在进行纳税申报时需要进行自我评税(self - assessment),亦即纳税人需要自行计算税款,以使税务机关能集中精力进行审计。不论该自我评税是否能有效运作,纳税人必须在纳税申报表上提供详尽的信息,以使税务机关能对纳税人的计税进行审查。通常而言,在自我评税体制下,纳税人在计税时必须分步骤将信息填列在申报表上,而税务机关则必须提供全面的指引。我国的纳税申报亦应具有上述两个特点。

五、超额增值税抵扣的返还

(一)国外相关立法规定

1. 欧盟增值税第六号指令

该指令在其第 183 条规定:"在一个确定的纳税期限内,当抵扣额超过销项税时,各成员国可以依据其制定的规定,退还税款或者将超出部分结转下一纳税期间。然而,如果超出数额可忽略不计,则成员国可不予退税和结转下一纳税期间。"该条指出对于超额增值税抵扣,存在两种处理办法,一是予以退还,二是结转下一纳税期间。

2. 英国增值税法

英国对于超额增值税抵扣允许返还,但如果纳税人存在未清缴的其他纳税责任,则先将该返还税款用以抵消该未清缴的税款。此外,对于超额增值税抵扣的返还,在申请返还时需要提供证据,如果暂时存在证据不足,可在三年内请求退还。

倘若纳税人预期每次提交纳税申报表时进项税均大于销项税,可申请适用一个月的纳税期限,于每月提交申报表时申请增值税返还。同时为了防止对该一个月的纳税期限进行滥用,英国特别规定年销售额低于起征点,但进行自愿登记的纳税人不能申请适用该一个月的纳税期限,因而也就不能每月申请增值税返还。①

---

① HMRC:Refunds of VAT from HM Revenue & Customs, See http://www.hmrc.gov.uk/vat/managing/payments/refunds.htm.

超额增值税抵扣返还的处理程序如下：(1)当纳税人向税务机关提交纳税申报表申请返还增值税时,税务机关对收到日期进行登记。(2)税务机关将对纳税申报表进行自动可信性审查(automated credibility checks),大多数纳税申报表在通过审查后随即进入下一步增值税返还程序。(3)没有通过自动审查的纳税申报表,税务机关将会对其进行人工审查。(4)如果仍旧存在问题则会发送到当地审计机关进行调查。(5)根据当地审计机关反馈的结果确定是否给予增值税返还。一旦申请通过,返还的税款将直接通过银行账户支付。与此同时,如果存在增值税返还的迟延补偿金(repayment supplement)①,则随同返还的税款一同支付。②

3. 澳大利亚商品与服务税法

该法第 35 部分(Division 35)对商品与服务税超额抵扣作出了一般规定,同时在第 51 部分、第 54 部分及第 165 部分分别对合资企业(GST joint ventures)、分支机构(GST branches)及游客退税作出特别规定。值得注意的是,该法第 168 部分对于超额抵扣作出反避税规定③。

该法第 35 部分规定当纳税人提交纳税申报表,倘若进项税在抵扣销项税后仍有余额,则纳税人有权获得退还税款。对于返还超额税款的具体操作,该法规定参照 1953 年税收征管法的规定。1953 年税收征管法第 3 部分规定每个实体④都必须专门为一级欠税(primary tax debts)建立至少一个往来结算账户(Running Balance Account, or RBA),也可以区分不同种类的一级欠税分别建立独立的往来结算账户。当该实体依据税法规定享有退税时,税务机关先在往来结算账户内将该退税额与该实体的其他欠税先行抵

---

① HMRC 必须在 30 天净天数(net days)内对申请增值税返还的请求进行处理,倘若未在规定期限内处理完毕,并且最终该返还请求获批准,则 HMRC 要向该申请增值税返还的纳税人支付迟延补偿金,数额为请求返还的增值税税款的 5% 或者 50 英镑两者中较大者。但是,倘若该纳税未在纳税申报期限内按时提交申报表、以前纳税期限并未提交纳税申报表或者当期提交的纳税申报表计税存在错误,更正后可予返还的税款减少超过 5% 或者 250 英镑(以两者中较大者为准),则该纳税人无权获得该迟延补偿金。所谓净天数,不包括 HMRC 对纳税人申报表相关错误的更正时间,以及当地审计机关对该纳税人的调查所花费的时间。

② See HMRC Notice 700/58 Treatment of VAT Repayment returns and VAT Repayment Supplement, March 2002.

③ 澳大利亚《商品与服务税法》第 165 部分明确将主要目的或者首要后果在于增加退税额(increasing refunds)或者改变退税时点(altering the timing of refunds)的安排视为避税安排。

④ 依据澳大利亚《1953 年税收征管法》,"实体"是指公司、合伙、受托人、政治团体、一人公司及任何其他人。

销,余额(RBA surplus)才为最终应退还的数额。第3A部分规定税务机关可以将该退税款转账到实体以特定的形式指定的境内金融机构的账户中,或者以税务局局长指定的另一种方式予以退还。倘若申请退税的实体未向税务机关提交影响或者可能影响退税额的相关资料与通知,税务机关可对该退税额进行核定或者直到该相关资料与通知提交时才予以退税。

4. 小结

英国与澳大利亚对于超额增值税抵扣采取的是退还政策。在采取同一处理方式的前提下,两者也存在以下相同点:一是在退税前均先将进项税超出销项税的部分与纳税人的其他欠税进行抵消,返还余额。这一方面有利于其他欠税的清缴,为建立各税种间一致协调的征管方式、提高征管效率提供例证;另一方面这一措施也是防止纳税人滥用退税政策,抑制避税行为。二是两国均制定对超额增值税退还的反避税措施,对纳税人滥用退税权进行预防。英国体现在排除自愿登记的纳税人每月申请税款返还的权利,并且对退税申请进行双重审查。澳大利亚则在其反避税条款中将税款返还明确包含在内。

(二)超额增值税抵扣处理的立法建议

我国增值税暂行条例第四条第三款明确规定:"当期销项税额小于当期进项税额不足抵扣时,其不足部分可以结转下期继续抵扣。"显然我国对于超额增值税抵扣采取的是结转下期抵扣的方式,而非退还增值税。如前所述,欧盟第六号增值税指令规定了两种基本处理方式,由各成员国自行选择。在做出立法选择及进行立法检讨之前,有必要先行对两种基本处理方式之利弊进行分析权衡。

增值税作为一种间接税,与直接税的一个基本不同点在于税务机关经常对增值税纳税人"负债"。例如纳税人在一个纳税期限内购买昂贵的机器或者设备,其包含的进项税大于当期该纳税人的销项税。[①] 在对于超额增值税抵扣的问题上,一种情形是政策制定者经常由于国家预算紧张而限制或者剥夺纳税人向税务机关申请退税的权利;另一种情形则是基于增值税的中立性及公平,民众代表们又对税务机关退还增值税设定了一个紧迫的时间表。倘若不允许对超额增值税抵扣进行返还,最大的弊端在于损害了增

---

① Victor Thuronyi, Tax law Design and Drafting, Volume 1, International Monetary Fund, 1996.

值税征收的公平性及经济中立性。对于出口商而言,则可能降低其在国际上的竞争力。然而,倘若对超额增值税抵扣进行返还,则将使税务机关处于不利之境地,税务机关将疲于反逃避税及查处税收欺诈。

基于以上两种处理方式的利弊权衡,可采取折衷方法。超额增值税抵扣可以进行返还,但必须存在保障措施。一是在超额增值税抵扣予以退税前,必须先结转下期抵扣一段时间(例如六个月),只有在该时段内结转抵扣仍有余额的,才可进行返还;二是对于大型昂贵的资本货物进行分期抵扣;三是当税务机关对退税申请存在合理怀疑时,可以进行审查,倘若退税必须在一定期间内完成,则审查所花费的时间不计算在内,英国正是采取这一保障措施;四是允许税务机关获取一些保证(例如从银行),以确保纳税人在获得退税后继续从事经营活动。[①] 这些保障措施的存在对于税务机关的征管能力提出更高要求。

立足于我国国情,倘若允许进行超额增值税返还,则可能为逃避税收提供一条"便捷之道"。税务机关征管能力有限,即使存在众多保障措施可能亦无力施行。将超额增值税抵扣结转下期继续抵扣,不失为一种较为简便之处理方法,但可适当延长可抵扣期限。

---

① Victor Thuronyi, Tax law Design and Drafting, Volume 1, International Monetary Fund, 1996.

第十章
增值税法的反避税规则比较研究

一、增值税避税的理论分析

(一)避税概念简析

避税、逃税与税收筹划之间一直界限模糊,对于避税的合法性,也是长期争论不休的话题。在增值税立法中,对于反避税规则如何安排,显然是不能回避的问题。本章通过比较研究,讨论增值税法上的反避税规定。

避税(tax avoidance)是指在法律上利用税制来追求自身利益,运用法律内的手段减轻应当缴纳的税额。此时纳税人一般会将信息资料全部向税务机关公开。避税具有两面性,一方面避税不道德地逃避了自己对社会的责任;另一方面,尽可能地寻求所有法律途径来减轻自己的税收负担,又是每个公民的权利。

经常与避税相比较提到的概念是偷税或逃税(tax evasion)。逃税是指个人、公司、信托和其他实体不遵守法律,逃避应当缴纳的税款。逃税通常是纳税人向税务机关蓄意瞒报或误报其真实的财务状况以降低税收责任,不真实的税务申报包括少报所得、利润、利得或多报扣除额。

逃税在几乎所有的国家都构成犯罪,当事人将受到罚款或监禁。瑞士有所例外,伪造文件等税收欺诈属于犯罪,但少报资产等逃税则不构成犯罪。根据我国刑法的规定,逃税属于犯罪。[①] 一些逃税者用一些新奇的法律理论来为其逃税辩解,这些个人和团体被称为税收抗议者(tax protesters)。美国的一些税收抗议者采用这种方法来逃税,但最终均以失败告终。真正的税收抗议者强烈反对逃税,他们公开拒绝纳税,而不是试图蒙骗税务机关。一些人甚至将他们未缴纳的税款捐献给慈善业。

在英国,没有一般反避税规定(General Anti-tax Avoidance Rules, GAAR),但税收立法上有一些条款用来防止税收规避,称为反避税条款。该国对避税的定义为:涉税交易的主要目的,或交易的主要目的之一是追求税收利益。司法规则依赖税收立法的目的推定,在防止避税上逐步演化,包括对循环交易及自我抵消交易的规制(如 IRC v. Ramsey 案件),或在一个交易中添加一些步骤,这些步骤除了规避税收之外,没有任何商业目的(如 Furniss v. Dawson 案)。在 2004 年的政府预算案中,要求某些避税方案的发起人和使用人必须将方案的细节报告给税务当局,这一要求引起了一些争议。

英国税务当局使用税收减缓(tax mitigation)来指称那些可以接受的税收筹划(tax planning),这些筹划以议会明确认可的方式来实现税负最小化。避税尽管遵循了法律文本规定,很多人也认为是可以接受的,不构成逃税形式的犯罪,但避税藐视了法律精神。如果一定要区分税收减缓与避税,就要依赖对立法目的的解读。

对于逃税与避税的区别,英国前财政大臣 Denis Healey 幽默地说道:"避税与逃税的区别,就看监狱大墙墙壁的厚度。"[②]美国最高法院大法官 George Sutherland 认为,纳税人只要采取法律上许可的方法,就有法律上的权利去降

---

① 十一届全国人大常委会第七次会议于 2009 年 2 月 28 日通过了《中华人民共和国刑法修正案(七)》。刑法第 201 条:"纳税人采取欺骗、隐瞒手段进行虚假纳税申报或者不申报,逃避缴纳税款数额较大并且占应纳税额百分之十以上的,处三年以下有期徒刑或者拘役,并处罚金;数额巨大并且占应纳税额百分之三十以上的,处三年以上七年以下有期徒刑,并处罚金。扣缴义务人采取前款所列手段,不缴或者少缴已扣、已收税款,数额较大的,依照前款的规定处罚。对多次实施前两款行为,未经处理的,按照累计数额计算。有第一款行为,经税务机关依法下达追缴通知后,补缴应纳税款,缴纳滞纳金,已受行政处罚的,不予追究刑事责任;但是,五年内因逃避缴纳税款受过刑事处罚或者被税务机关给予二次以上行政处罚的除外。"

② This article contrasts tax evasion, tax avoidance and tax mitigation:http://www.economicexpert.com/a/Tax:evasion.html.

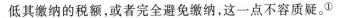

低其缴纳的税额,或者完全避免缴纳,这一点不容质疑。①

（二）增值税避税概念简析

增值税避税与欺诈会有交集。所谓增值税欺诈,主要有以下情形:(1)隐瞒销售。这是最典型的逃税行为。增值税的应纳税额为销项税额减去进项税额,一旦纳税人隐瞒销售,增值税销项税额就会减少,相应地应纳税额就会减少。目前最值得关注的隐瞒销售,一种是现金交易,另外一种则是利用电子手段抹杀销售记录。(2)违规使用发票。这是与我国国情相联系的欺诈形式。有学者认为专用发票的存在是造成我国增值税逃税现象严重的重要原因。(3)恶意注册。增值税纳税人要取得抵扣的权利,必须符合一定的资格并向税务机关申请注册,这是各国通行的制度。一些不具备资格的纳税人为了获得抵扣权,会采取欺诈手段恶意申请注册,使得本来不应当抵扣的税额被抵扣,减轻税收负担。(4)滥用税收优惠。这并不是增值税所特有的欺诈形式,但是对我国而言予以强调非常必要。目前增值税减免税规定复杂,严重破坏了增值税的中立性,这给纳税人利用税收优惠来偷逃税提供了有利的条件。(5)关联交易。增值税关联交易与所得税领域的有所区别。其特殊性在于关联交易的双方分别处于增值税抵扣链的上下游。纳税人通过关联交易降低税负的计划必须利用到抵扣链和小规模纳税人或者免税纳税人这些条件。

总之,增值税的避税,核心是改变销项税额与进项税额,一般是减小销项税额,扩大进项税额。

二、国际增值税反避税立法比较研究

国际增值税避税的案例不多,增值税案例大多是增值税欺诈类型。但各国增值税法均有反避税的专门规定。

（一）新西兰 1985 年商品与服务税法②有关反避税的规定

新西兰 1985 年商品与服务税法第 76 节是专门的反避税条款。该条款规定,避税包括以下行为:(a)已登记纳税人缴纳税款责任的减少;(b)已登

---

① United States Supreme Court Justice George Sutherland, Gregory v. Helvering(1934-5)293 U. S. 465,460.

② Goods and Services Tax Act 1985 No. 141 (as at 01 April 2009), Public Act. See http://www. legislation. govt. nz/act/.

记纳税人缴纳税款责任的延迟;(c)已登记纳税人退税权的增加;(d)已登记纳税人退税权的提前;(e)提供商品与服务的纳税人应支付对价总量的减少。避税安排包括有效或无效的合同、协议、计划或备忘录,包括所有付诸实施的步骤或交易。同时,一个避税安排必须直接或间接地:(a)有避税的目的或效果;(b)或者避税是其目的或效果之一,但避税不是附带的目的或效果,而是主要的目的。

避税安排具有对抗税务机关的性质,在法律效力上属于无效。如果已登记纳税人受该避税安排的影响,则不论已登记纳税人是否为该安排的一方当事人,税务机关会考虑采用合适的方式来调整已登记纳税人获取的税收利益。税务机关可以调整其应纳税额或应退税额。第76节是一般反避税规定。目前,正在酝酿对该节的改革建议,立法者期望从对主观意图的考察,转向更多对交易效果的客观考察,进一步明确税务机关的特别调整权。

(二)加拿大消费税法①有关反避税的规定

加拿大的商品与服务税(GST)规定在消费税法(Excise Tax Act)中,该法第274节是反避税条款。第274(2)条引进了一般反避税规定:"当一个交易是避税交易时,该当事人的税收后果将以在此情形下的合理结果来确定,以便否定除本节外从该交易或包含该交易的系列交易中直接或间接获取的税收利益。"避税交易的含义是,(a)该交易直接或间接地带来了税收利益,除非能合理地说明该交易实施或安排主要是基于诚实信用之目的,而不是为了获取税收利益。(b)系列交易的部分或全部将直接或间接地带来税收利益,除非能合理地说明已经实施或安排的交易主要是基于诚实信用之目的,而不是为了获取税收利益。"税收利益"指的是在本规定下应纳税或其他应纳数额的减少、规避或延迟,或退税额、减免额或其他数额的增加。该纳税人的"税收后果"指的是与数额计算有关联的税额、净税收、进项税抵扣、减免或其他应纳数额、应退税等。

(三)毛里求斯增值税法有关反避税的规定

毛里求斯增值税法第36A条作出了反避税规定。所谓避税行为,是指某一安排或交易的目的或效果直接或间接:(a)减少或规避了任何依照本法规定本应承担的任何责任;(b)减轻了任何人的任何税收责任;(c)改变了

---

① Excise Tax Act, see source: http://laws.justice.gc.ca/en/E-15/text.html.

任何人的应纳税范围,或推迟了任何应纳税的时间;(d)获得了不应得到的任何进项抵扣或任何税收返还。对于避税行为,税务机关基于增值税法的目的,可以忽略或改变该安排或交易,以适当的方法进行调整,以便对抗从该安排或交易已经得到或可能得到的任何税收利益。第36A条不适用于基于诚信商业原因而实施的任何安排或交易,即其主要目的不包括规避或减少税收,或获取任何税收利益。所谓"税收利益",包括任何人应纳税责任的减少、就商品与服务的供应中任何人应支付总对价的减少、应纳税时间的推迟、某人进项税抵扣权或退税权的增加。

(四)增值税反避税著名案例:英国 Halifax 案[①]

1. 案例事由

本案涉及到 Halifax 上市公司在建造众多呼叫中心时,用来减少增值税负担的一种方案策划。Halifax 上市公司实施了一系列交易,以便使其提供的建筑劳务归属于若干全资子公司,从相关增值税立法的文义解释出发,这些全资子公司能够就建筑成本的增值税全额抵扣。如果 Halifax 公司自己直接作为独立的合同商,对于这些建筑成本在增值税上就只能抵扣5%,因为 Halifax 公司是一个金融机构,其实施的增值税供应是免税供应,申请增值税成本抵扣的资格受到限制。

英国税务局拒绝了 Halifax 子公司的进项税抵扣诉求,理由是这些交易仅仅只是设计来规避增值税的方案。Halifax 公司向英国增值税特别法庭提起上诉,法庭将本案提交欧盟法院(ECJ),要求欧盟法院就欧盟增值税立法中的相关条款作出解释。

2. 欧盟法院解释

欧盟法院认为应税货物供应与服务供应的成立,应根据客观标准判定,而不应只考虑交易的目的或结果。相关交易是否属于应税供应,还要考虑是否属于符合增值税目的的应税供应,尽管英国增值税特别法庭的裁决结果认为避税是进行交易的唯一动机。

欧盟法院继续指出,欧盟法不能建立于滥用或欺诈的结果之上,相应地,欧盟法不能扩展至包容"滥用的实践",即"交易不是在正常的商业运作

---

① 本节主要参考 EU Anti-Avoidance Principle-Indirect Tax:http://www.mwe.com/index.cfm/fuseaction/publications.nllist/index.cfm.

中完成,其唯一目的就是不当获取欧共体法所提供的不当得利。"欧盟法院同时认为,反滥用原则仍然受到两个条件限制:其一,要求在适用欧共体法时法律具有确定性,即在判断适用与否上采用客观的标准而不是主观的标准;其二,当事人采用减少税收责任的方式来安排其商业事务要有正当的依据,并不能要求当事人以缴纳最多增值税的方式来选择行动。

基于法律确定性与有资格选择减轻税负这两点考虑,欧盟法院认为构成"滥用做法"可以从以下两方面来检验:一是从交易考察,在形式上适用了相关的法律规定,并获取了一定的税收利益,但这种得利与这些法律规定的目的相悖。二是若干客观要素必须说明,这些交易存在必不可少的目的,即获取税收利益。交易没有避税目的,只是纯粹得到税收利益,这样的"滥用做法"并不存在。在判断交易的真正实质与意义时,欧盟法院认为成员国的法院可以考虑客观要素,如这些交易的纯粹人为性质,以及行为人参与避税方案的法律、经济与个人连结。

如果存在滥用做法,欧盟法院的观点是,涉案交易必须重新定性,以恢复到没有滥用做法时的常态情形。应纳增值税应适当进行调整,但对纳税人不再作进一步处罚。欧盟法院解释道,成员国在发现滥用做法时,由税务机关来规定可以抵扣增值税的条件,但这样做在方式上必须与防止欺诈和滥用的目标相适应,以免削弱增值税的财政中立。

3. 启示

参照本案,为了使增值税的筹划变得有效,相关交易应该有一个商业目的,也包含有税收目的,而且交易不是虚构的。问题是,一个交易的商业原因需要达到何种程度才能避免权力滥用规则的运用,欧盟法院在判决中没有给出指引。英国税务局指出,如果他们发现一个交易的各方面都缺乏"实质和真实的商业目的",他们就会寻求适用 Halifax 案件判决所确立的滥用原则。

明智的做法是,对每个交易同时保存书面记录,以证明其商业性与实质,其益处在于可以向税务当局出示,方便未来的谈判或争议处理。对于一些有争议的交易,这些交易脆弱且易受挑战,考虑一些可能的变通方法并保存文件是有价值的,对于纳税人在税收结果上也有替代性效率。遇到相类似的案例,欧盟的成员国法院会引用欧盟法院在 Halifax 案所作出的指引来进行调整,如果纳税人能保存相应的记录,这就会对法院构成压力,并帮助纳税人获得最优惠的调整结果。

（五）小结

本文只选取新西兰、加拿大和毛里求斯的增值税反避税规定进行介绍，实际上其他许多国家也有增值税反避税立法，如澳大利亚商品与服务税法第 165 节、新加坡商品与服务税法第 47 节、南非增值税法第 73 条等。通过比较，发现其实这些国家的增值税反避税规定表述极为相似。在判断避税行为时，都要考虑目的和效果等因素，税务机关对避税行为有相应的调整权。但值得指出的是，这些国家的增值税法虽然引进了反避税规定，但避税的案例并不多见，这些反避税条款没有更多实践的检验，自然学理的探究也不深入，研究的文献也异常稀缺。

三、我国增值税反避税规定的现状和立法建议

（一）增值税暂行条例的相关规定

我国增值税暂行条例第七条规定："纳税人销售货物或者应税劳务的价格明显偏低并无正当理由的，由主管税务机关核定其销售额。"该规定表明，我国增值税反避税规定主要是关注销项税额的真实性。如果纳税人蓄意减少销项税额，则其申报销售额不为税务机关认可，税务机关有权核定调整。增值税暂行条例实施细则第十六条规定了税务机关核定的方法，即纳税人有条例第七条所称价格明显偏低并无正当理由或者有本细则第四条所列视同销售货物行为而无销售额者，按下列顺序确定销售额：（一）按纳税人最近时期同类货物的平均销售价格确定；（二）按其他纳税人最近时期同类货物的平均销售价格确定；（三）按组成计税价格确定。组成计税价格的公式为：组成计税价格 = 成本 × （1 + 成本利润率）。属于应征消费税的货物，其组成计税价格中应加计消费税额。公式中的成本是指：销售自产货物的为实际生产成本，销售外购货物的为实际采购成本。公式中的成本利润率由国家税务总局确定。

增值税暂行条例第七条的反避税规定是不全面的，只关注销项税额，忽视了进项税额也可能导致税收规避。国家税务总局注意到这一不足，为此专门发布《关于加强增值税征收管理若干问题的通知》（国税发〔1995〕192号）："一、关于增值税一般纳税人进项税额的抵扣问题：3. 纳税人购进、销售货物所支付的运输费用明显偏高、经过审查不合理的，不予抵扣运输费用。"

从我国增值税的反避税规定观察,我国增值税的避税问题似乎不是很严重,发生的案例不多,大多数案例仍然集中于增值税犯罪。增值税反避税的手段,主要寄希望于税务局的核定权,即税务机关认为价格不合理时,有权进行调整。但税务局进行核定调整并不容易,税务机关人手不够,对交易信息的掌握也很难全面。基于契约自由与权利处分自由的法则,交易主体可以谈判商定自己的交易价格,税务机关不得随意干预市场交易,所以税务机关要锁定所谓的"滥用做法"其实并不容易。再者,即使怀疑纳税人的交易价格不合理,还有举证责任分配问题,税务机关怀疑必须提供必要的依据,绝不能随意有"罪"推定。虽然,增值税暂行条例第七条将举证责任转嫁到纳税人身上,即要提供"正当理由",但税务机关并非毫无举证责任。最后,即使千辛万苦证明纳税人的交易价格不合理,税务机关重新核定价格,至少要说明核定方法的合理性。因此,我国增值税暂行条例对反避税的规定不够成熟,这也是税收实务中弃之不用的症结所在。

（二）税收征收管理法实施细则的相关规定

税收征收管理法实施细则第三条规定:"任何部门、单位和个人作出的与税收法律、行政法规相抵触的决定一律无效,税务机关不得执行,并应当向上级税务机关报告。纳税人应当依照税收法律、行政法规的规定履行纳税义务;其签订的合同、协议等与税收法律、行政法规相抵触的,一律无效。"

对于该条规定,学界一直存在争议:

一是税收征收管理法实施细则能否规定合同的效力。对此,最高人民法院关于适用《中华人民共和国合同法》若干问题的解释（一）第四条有规定:"合同法实施以后,人民法院确认合同无效,应当以全国人大及其常委会制定的法律和国务院制定的行政法规为依据,不得以地方性法规、行政规章为依据。"税收征收管理法实施细则是国务院令,是行政法规,因而涉足规定合同的效力问题是妥当的。

二是对该条规定中的"相抵触"如何理解。逃税是明显违反税收法律、行政法规的行为,属于抵触。问题是,避税是否也属于抵触呢？避税通常在法律文义之内,却有悖于法律的精神（the spirit of the law）,有悖于立法者目的。避税往往内含有人为的要素,如采用一定的法律形式,这些人为的要素与法律的精神不吻合。"个人有权运用法律允许的方式,去降低或规避本应承担的税负,这在法律上不应该受到质疑。尽管如此,当一个纳税人越过界限(crosses the line)所实施的行为,只有税收动机,却与法规的意旨不符,其税收利益不应受到支持。"①避税违背法律精神,是否与税收法律、行政法规相抵触呢? 如果"抵触"扩展至避税,那么避税的合同同样归属于无效。基于上述分析,通常可认为税收征收管理法实施细则第三条的规定可以用来作为反避税工具。但基于维护交易安全之重要,税法不应过度冲击民法秩序,因而对于上述"抵触"概念采取严格限制解释更为合适,最好排除避税。

(三)完善我国增值税反避税规定的立法建议

1. 引进一般反避税规定

在加拿大、澳大利亚、新西兰等国家的增值税法(商品与服务税法)中都有增值税一般反避税的规定。目前,我国的企业所得税法第四十七条引进了一般反避税规定。② 在我国未来的增值税立法中,引进一般反避税规定有必要,其功能与《企业所得税法》第四十七条相同。从国际立法趋势、作为特别反避税规定的兜底规定方面来看,尤其是我国的增值税将逐步合并营业税,扩展至更广泛的商品与服务交易,从这些意义上看,我国增值税法引进一般反避税规定是有必要的。

我国增值税法引进一般反避税规定时,应该考虑以下国际立法经验:(1)交易或安排的主要目的与效果是追求税收利益。即包括目的标准与效果标准,"目的"指的是指向的结果,"效果"指的是达到的结果。③ (2)税收利益包括:减少或推迟纳税人的应税责任;增加或提前纳税人的退税(抵扣)权利;在销售货物与提供劳务中,整体上减少了任何人的应支付对价。(3)规避增值税的合同、协议无效。(4)强化纳税人的披露义务,税务机关有权要求其披露方案(包括逃税、避税与税收筹划方案)。(5)纳税人承担举证责任。对纳税人的避税采取法律推定,允许纳税人举反证推翻。即纳税人如果能够证明交易的实施或安排是基于诚实目的(bona fide purposes),而非出于获取税收利益,可以不被认定为避税。(6)明确税务机关有权根据交易实质进行纳税调整。(7)考虑引进公开市场价值(open market value)或公允

---

① Gregory v. Helvering, 293 U. S. 465,469(1935).

② 《企业所得税法》第四十七条:"企业实施其他不具有合理商业目的的安排而减少其应纳税收入或者所得额的,税务机关有权按照合理方法调整。"

③ Insomnia(No. 2)Pty Ltd v FC of T: http://www. austlii. edu. au/au/journals/JATax/2000/4. html.

价值(fair value)来调整销项税额或进项税额。

2. 引进增值税避税披露规则

防止纳税人避税,单靠税务机关的力量是不够的,还得依赖纳税人的自知自觉。英国税法另辟蹊径,相信"公开是一种力量",在2004年颁布并实施了增值税避税方案披露规则①。该规则通过赋予纳税人以报告义务的方法来解决反避税工作中信息不对称的难题。在该规则中,对避税方案进行了类型化,包括售后回租协议、延长许可期限、通过对非营利性团体或不合格团体进行教育或培训、跨境账面价值凭证等十一类避税方案需要披露。

满足以下要件的纳税人必须就其方案尽到报告义务:(1)必须是增值税纳税人;(2)必须是所列举方案之一的一方当事人;(3)相关的事件已经发生;(4)流转额超过了最低的标准额;(5)正在实施方案的纳税人,依照本规则应当向税务机关报告,但至今仍未报告。如果纳税人未能及时向税务机关全部报告,将受到处罚,罚款额为参与避税方案所节省增值税的15%,在特定方案中的罚款额为5000英镑。在未来的增值税立法中,我国可以考虑引进英国式的增值税避税披露规则,对于反避税大有裨益。实际上,2008年企业所得税法第四十三条已经在强化纳税人的披露义务,以遏制关联企业通过关联交易来达到避税目的,②增值税立法也大可从中学习。

---

① These Regulations may be cited as the Value Added Tax(Disclosure of Avoidance Schemes) Regulations 2004 and come into force on 1st August 2004. In these Regulations "Schedule 11A" means Schedule 11A to the Value Added Tax Act 1994.

② 《企业所得税法》第四十三条规定:"企业向税务机关报送年度企业所得税纳税申报表时,应当就其与关联方之间的业务往来,附送年度关联业务往来报告表。税务机关在进行关联业务调查时,企业及其关联方,以及与关联业务调查有关的其他企业,应当按照规定提供相关资料。"

附录一
我国增值税改革与立法
2008 年国际研讨会情况报告

　　为了推动我国增值税改革与立法研究工作,根据世界银行技术援助项目安排,2008 年 9 月 26 日至 28 日,全国人大常委会预算工作委员会法案室与财政部税政司在贵州省贵阳市联合召开"中国增值税改革与立法国际研讨会"。全国人大常委会预算工委副主任冯淑萍出席会议并致辞。澳大利亚、比利时、印度、英国、新加坡和国内的专家学者,全国人大常委会法工委、国务院法制办、财政部、国家税务总局、部分地方人大和财税部门的代表,全国人大常委会预算工委和贵州省人大财经委、财政厅、税务部门的有关同志共 40 多人参加了会议。

　　会议主要围绕我国增值税改革方向和路径、纳税人与税率的确定、抵扣范围的界定、税收优惠政策的设计和税收征管制度的完善等问题进行研讨。会上,外方专家分别介绍了国际增值税制度发展演变与立法的基本情况和经验,中方专家介绍了我国增值税制度及改革的基本情况,分析了增值税制度设计和征管中存在的问题,并对推进我国增值税改革与立法提出了建议。

　　通过研讨,大家一致认为,随着我国社会主义市场经济体制的逐步完善,加快增值税改革、提高税收法律级次已成为社会各方面的普遍共识。目前,生产型增值税对我国经济运行和发展的不利影响日益明显,级次过低的税收法律体系影响了税收制度的严肃性和稳定性。在全国范围内实现增值税转型改革,努力做好增值税立法工作显得尤为紧迫。为此,财税有关部门应当认真总结增值税转型试点经验,积极做好在全国范围内推开增值税转型改革的各项准备工作。负责增值税法草案起草和审议具体工作的有关部门和机构应当按照第十一届全国人大常委会五年立法规划的要求,相互支持、密切配合,结合增值税转型改革,做好法律起草的各项工作,全面清理有关规范性文件,为增值税改革提供坚实的法律基础。

一、增值税改革的方向和路径

关于增值税经典模式与现实差距。有些专家提出,从历史沿革和发展趋势上看,现代经典模式的增值税制度主要具有四个方面特征:纳税人涵盖面广,包括政府、公共部门等尽可能多的主体;征税范围广阔,覆盖几乎所有的货物和劳务;采用单一标准税率,与宽税基适应;税收优惠项目极其有限。但从各国增值税制度建立与改革的实践与结果来看,与经典模式存在不小差距。例如,许多欧洲国家仍然采用多档税率和若干免税项目,澳大利亚、加拿大对食物采取零税率,日本没有将慈善组织纳入征税范围等。产生差距的原因在于各国建立和改革增值税制度的历史背景、制度基础和面对的政治因素不同,即各国的具体国情不同。但是,从税制本身来讲,狭窄的税基、多档税率与过多的优惠项目增加了征管成本,影响了交易效率和增值税中性特点的发挥。

关于我国的增值税改革。不少专家建议,应当以增值税制度现代经典模式为依据,结合中国经济社会发展的实际情况,积极稳妥地推进。改革方向与目标应当包括:推动由生产型向消费型转变,允许企业抵扣固定资产进项税额;逐步将增值税范围扩大到所有的服务领域,扩大增值税税基;应当采用相对较低的单一税率;尽量减少税收优惠项目等。不过,由于增值税改革需要改变对原有税收体系的依赖,将对政治、经济和社会等各方面产生较大影响,因此,有必要在明确改革方向与目标的前提下,选择合适的路径,采取适当的方式,积极稳妥地实施增值税改革。

在选择改革路径时,应当注意以下主要因素:一是税收收入及其分享。实践表明,如果宏观经济形势不出现大的波动,宽税基和相对较低的单一税率的改革方案,不但不会减少税收收入,而且有可能促进税收收入的增长,这主要是因为受之前复杂税制扭曲的经济行为逐步减少,税收征纳成本降低而效率提高所致。同时,由于商品和服务的生产与销售行为在全国范围内进行,对商品和服务征收增值税的收入进行分配就是非常重要的问题。虽然各国增值税收入分享的决策与管理经验不尽相同,但是采用客观因素的科学规范的分配方法和公开透明的决策与管理体系是其基本特点。二是时间保障。税收改革的顺利进行不仅取决于改革方案的切实可行,而且取决于税收征纳双方对有关措施的熟悉领会与精心准备,这些都与充分的时间保证密不可分。国际经验表明,成功的增值税改革需要决策者及时公布改革方案,使得税收征纳双方尽快熟悉具体措施,用尽量短的时间从人员、设备、合同、发票等各个方面做好准备。国际货币基金组织(IMF)研究发现,从税制改革措施的公布到税收征纳双方顺利落实,大约需要2年的时间。当然,如果已经积累了试点试验,那么这一阶段的时间可以相应缩短。

关于改革的步骤,有的专家提出,在增值税转型改革已经确定的情况下,可考虑推进以下三个方面的改革:一是将适合纳入增值税而原来征收营业税的部分行业先行试点征收增值税。这些行业包括:通讯业、物流业和建筑业等。二是建立稳定透明的出口退税制度,并在法律制度方面加以完善,不再频繁改动,以免影响企业的正常生产经营行为。三是全面清理简化现行的优惠政策。

二、纳税人的确定

专家认为,在纳税人确定方面主要有三个关键问题:如何确定增值税登记注册标准;针对小企业的增值税政策;公共机构是否应纳入增值税的纳税人范围等。

关于增值税纳税人的登记标准。不少专家指出,为了便于征管,大多数国家对增值税纳税人的登记注册标准——企业年营业额都作了规定,但差别较大。以美元为核算标准:英国为124000美元、新加坡为700000美元、阿联酋为1000000美元(其增值税法草案中的规定),比利时与俄罗斯没有明确规定登记注册标准,但规定营业额低于一定标准的(比利时为年营业额8185美元,俄罗斯为连续三个月营业额81000美元)的纳税人可以选择增值税免税待遇。从比利时不设登记注册标准的做法来看,为其增值税征管带来了极高的成本,平均每 5 个增值税纳税人就有 1 个全职税务稽查人员;而新加坡由于采取了较高的登记注册标准,限制了纳税人总规模,其增值税征管成本仅为 0.7%。

关于对小企业的规定。对于小企业的界定各国规定不一,有的以营业额为标准(各国规定的增值税登记注册标准就是一种常用的界定小企业的方法),有的除营业额标准外还有对其从事的生产经营领域的要求。会计核算、账簿保存、增值税申报缴纳等增值税合规要求给小企业带来的负担比一般企业要重,不利于小企业的生存与发展,因此,大部分国家和地区给予小企业特殊的增值税待遇并赋予小企业是否愿意适用标准增值税制的选择权。如上文所述比利时、俄罗斯对营业额低于一定标准的小企业赋予免税选择权。此外,比利时还规定对于从事特定行业(如面包房、屠宰、理发等)且年营业额不超过 1100142 美元的小企业可以适用简易纳税程序和比例税率,并且允许抵扣其进项税。俄罗斯则规定适用简易税制或者统一税制的企业不属于增值税纳税人。也有的国家将低于登记注册标准的小企业排除在增值税纳税人之外,仅规定小企业可以自愿注册为增值税纳税人,适用标准增值税制,如英国、加拿大、新加坡。

目前我国增值税制中规定了一般纳税人和小规模纳税人,并对这两种纳税人实行不同的税率和发票等一系列措施。这导致两者税负上差异较大,征管成本增加,存在重复征税现象,而且容易引发税收欺诈问题。

关于公共机构是否应当成为增值税纳税人。有些专家表示,公共机构是否应当成为增值税纳税人及如何缴纳增值税,各国的规定不尽一致。在英国、比利时和欧盟,公法所规范的公共机构只要其行为不构成市场竞争行为,就不需要登记注册成为增值税纳税人;只有当其行为会构成市场竞争行为时,才需要注册成为增值税纳税人。在俄罗斯,公共机构的特定行为不需要缴纳增值税。在新加坡,由于公共机构与私人部门都可以提供教育、医疗等公共服务,而政府对这两种机构在从事应税服务时,给予同样的增值税待遇。

有的专家认为,对于购买商品和劳务能否获得进项税额抵扣是公共机构面对的重要问题。对于这个问题,世界上主要有两种应对方式:一种是加拿大和欧洲一些国家对公共机构采取特殊政策加以处理。例如,欧盟成立专门机构来处理公共机构的进项税额抵扣问题。但是,这种做法成本很高。

另一种是以新西兰为代表的采用现代增值税模式的国家将公共机构视同为一般纳税人,全部纳入增值税体系,可以实行进项抵扣,这就有效降低了税收征纳成本。

针对上述问题,不少专家提出如下建议:一是从提高税制整体效率看,应当制定较高的增值税登记注册标准。二是从防止有关主体行为扭曲的角度看,政府等公共机构的经济行为也需要纳入增值税征税范围。三是对小企业尽量不采取增值税特殊政策,仅规定其可以自愿登记注册,适用标准增值税制,以降低征管成本,减少税收欺诈行为。

三、税率的确定

关于采用单一税率还是多重税率。与会专家提出,理想的模式应是与宽税基相适应的较低的单一税率,不应通过设定增值税优惠税率来实现收入再分配目标,收入再分配目标的实现可以通过所得税制度设计等来实现。但从实践来看,除了少数国家如新加坡和阿联酋(其增值税法草案中的规定)仅规定了单一标准税率外,其他各国大都在标准税率之外规定了低税率。

根据有关资料,世界上大部分国家和地区增值税标准税率都在15%—20%之间,如英国为17.5%,俄罗斯为18%,法国为19.5%,意大利为20%,墨西哥为15%,巴西为17%等;一些西欧和北欧国家采用高于20%的标准税率,如比利时为21.5%,瑞典和丹麦为25%等;少数发达国家和地区采用低于10%的标准税率,如新加坡为7%,加拿大为5%。标准税率之外的低税率主要适用于食品、医疗服务等生活必需品和一些特定商品,如比利时规定对特定商品适用12%的低税率、对生活必需品适用6%的低税率,英国规定对国产燃料、电力和其他特定商品适用5%的低税率,俄罗斯也规定对食品、医疗服务和其他特定商品适用10%的低税率。

关于标准税率的确定。专家认为,税率和税基的确定是相互对应的,一般而言,高税率相对应的是窄税基,而低税率则对应宽税基。在实际税率设计时,许多国家采用了低税率,而是否采用低税率一般考虑以下因素:一是财政收入,二是征管成本,三是与国际惯例的衔接等。除了以上三方面因素外,可能还需要分析一个国家的现实情况,以确定现实情况与良好税制的差距及改革的进度。有的代表提出,增值税是我国的主体税种,在财政支出具有较强刚性的情况下,采用较低的单一税率有难度。而且,如果将服务纳入增值税征税范围,那么会使得纳税人税负发生较大变化,有关要求出台优惠低税率的呼声会很高。这就可能出现保留较高税率,再出台优惠低税率的情形。有的代表则认为,即使采用较低的单一税率,也并不一定会造成增值税税收收入下降。以新加坡为例,目前该国增值税纳税人登记注册标准在世界范围内是最高的,而且出口还是零税率,但目前新加坡增值税收入占比仍然较高。1994年增值税改革前,新加坡增值税收入占税收总收入的11%,目前,该比例已经达到20%以上。

四、增值税抵扣范围的界定

增值税进项税额抵扣范围、固定资产进项税额抵扣及其调整、对当年没能抵扣的进项税额的处理是增值税抵扣范围中的关键问题。对此,各国根据实际情况和一般原则采用了不同的处理方法。

关于增值税进项税额的抵扣范围。有些专家提出,通常情况下,除了为提供免税项目及非经营性行为而发生的进项税额外,其他进项税额可以抵扣。例如,欧盟规定非经营性支出所发生的增值税进项税额不能抵扣;比利时和英国规定商业赠与和娱乐项目所发生的进项税额不能抵扣,乘用车进项税额只能抵扣50%等。

对于资本资产(包括动产和不动产以及与被视为资本资产的相关服务)进项税额能否抵扣,各国规定不尽一致。例如,欧盟、比利时和英国允许抵扣,而俄罗斯和新加坡则不允许。但通常与生产经营相关的固定资产进项税额可以纳入抵扣范围。允许抵扣固定资产进项税额的国家,有不少规定了抵扣的调整时限。根据固定资产类别不同,调整时限也有差异。例如,欧盟规定固定资产进项税额的调整期限是5年,不动产则是15年。

对于当年(纳税年度)无法抵扣完毕的进项税额,国际上有三种主要处理方法:一是将其用于抵消纳税人应缴纳其他税种的应纳税额;二是向下年度结转,用来抵减下年度增值税销项税额;三是在当年将其退还给纳税人。其中,欧盟、比利时主要采用了第二种处理方式;英国主要采用了第一种和第三种处理方式;俄罗斯则采用第二种和第三种方式。虽然,一些国家采用了第三种处理方式,允许纳税人申请退税,但是纳税人大额退税申请需接受严格的审计。例如,比利时。

关于我国增值税进项税额的抵扣。有些专家提出,由于增值税征税范围决定了其进项税额抵扣范围,因此应当从增值税现有征税范围和今后增值税征税范围扩大的基础上两个方面研究我国增值税进项税额的抵扣问题。在增值税现有征税范围下,目前有关固定资产中机器设备进项税额可以抵扣的规定是合理的,而建筑物等不动产的进项税额的抵扣问题应当在扩大增值税征税范围,调整营业税征税范围的基础上加以解决。同时,对于一些行业和项目,如交通运输业等,可以采取扣除率的方法,而不是抵扣进项税额的方法,加以特殊处理。另外,建议借鉴国际经验,对当年无法抵扣完毕的进项税额,在规定结转下年留抵外,也可采用允许经审查后给予退税的办法加以处理。这样一来,企业可以根据实际情况,在不改变税收责任的前提下,选择更合适的方式解决进项税额抵扣问题,防止经营过程中由于税额抵免的问题影响现金流。

五、税收优惠政策的设计

与会代表一致认为,由于增值税中性的特点,增值税税收优惠政策不宜被作为促进产业发展、调节收入分配和调控交易价格的手段。增值税优惠政策要尽量精简,免税项目的范围要尽量缩小。

有的专家提出,增值税产生发展的历史经验表明,税收优惠主要通过税基和税率两个层面的制度设计发挥作用。税收优惠涉及的主要领域包括农业产品、金融服务、不动产、教育医疗、社会慈善与文化服务等领域。这是增值税改革与立法中需要特别关注的领域。

关于农业产销领域。许多国家采取了销项免税,核心进项免税或视同抵扣的方法。例如,印度、比利时等。不过,也有一些国家没有任何优惠,对农产品销项与进项均要征税。例如,新西兰与丹麦。需要指出的是,如果对农产品给予优惠政策,那么,仅免除农产品销项税额的做法是不完全的。这是因为,如果对农产品销项税额进行免税,而对进项税额不作处理,进项税额就会转化为成本的一部分转嫁给消费者,出现了税收累积效应,导致农产品价格含税。

关于金融服务领域。历史上对其开征增值税的国家不多,但是,在现代金融业迅速发展的情况下,针对不同服务内容,不同国家采取了不同措施。对于利息收入、债券收入等,免税限于差额收入部分。例如,印度。对于一般性收费、保险业务、证券经纪、资产管理等服务,有些国家规定需要缴纳增值税。例如,印度、新加坡等。对于金融服务业如何征收增值税,发展的趋势是根据不同的金融服务产品采取不同的税收政策。

关于不动产等其他领域。对于不动产交易,历史上对其开征增值税的情形也不多,但是,目前除去对使用过的住宅和住宅的长期租赁外,其他不动产交易都要缴纳增值税。关于教育医疗和慈善等领域,历史上许多国家给予了增值税免税待遇,对政府和非营利组织的进项税额实行抵扣。目前,有些国家对提供教育医疗和慈善服务征税。例如,新西兰。

关于我国增值税优惠措施。有的专家指出,我国目前增值税税收优惠具有以下几个方面的特点:一是政策面广,涵盖工业农业、科技教育、文化卫生、环保与资源利用等领域;二是优惠形式多,包括税基、税率与税额优惠等;三是优惠环节多,包括生产加工、商业流通和资源回收利用等。存在五个方面的主要问题:一是覆盖范围广、内容庞杂、政策导向性不强;二是政策设计缺乏系统性、带有明显的临时性特征;三是政策设计不够科学规范;四是某些政策待遇不公平;五是政策效果的评估薄弱、监督缺位等。

针对上述问题,专家建议:一是应当明确税收优惠原则,不要将税收优惠作为解决增值税累退性问题和鼓励行业发展的手段。二是缩小免税范围。应当将减免税政策集中于居民生活、社会福利、科研医疗等个别项目上。例如,农业生产资料、食品、残疾人用品、教学图书等。三是避免中间环节免税。免税措施若设置在生产流通的中间环节则会造成重复征税,应当直接规定某些商品或劳务免征增值税。四是规范免税形式。建议根据政策对象和免税内容选择适当的免税形式。例如,零税率免税形式应当仅限于出口退税,特别起征点应当仅限于小规模经营者等。五是进行严格管理。应当采用"税式支出"的方式将优惠政策让渡的税金列入部门预算,提高税收优惠政策的针对性和透明度。各有关部门在编制部门预算时应当对税式支出所反映的税收优惠项目给予审核与评估。

六、税收征管

税收征管是增值税制度的重要组成部分,也是增值税改革的重要保障。与会专家一致认为,应当在简化税制的基础上,对我国增值税征收管理进行改革。通过加强信息化建设,完善征管方法与流程,提高征管人员业务素

质,增强与纳税人互动,切实提高征管效率,降低税收征纳成本。

关于降低增值税征管成本、提高征管效率。有的专家提出,应当从纳税人认定管理、增值税发票管理、税收征收和缴纳、出口货物退(免)税管理四个环节入手,加强对增值税征管的分析。在纳税人认定管理方面,要降低销售额标准,简化认定程序并保持政策的连续性;在增值税发票管理方面,应当改进"以票控税"的增值税发票管理制度,推进"金税工程"与纳税人 ERP 系统的有效衔接;在税收征纳方面,应当大力推行网上申报纳税,缩短申报时间,并加大对违法行为的稽查与监控力度;在出口退税管理方面,需要通过各项措施改变目前出口环节征退税脱节、征管程序繁琐以及信息化建设相对滞后的现状,以有效降低征管成本,提高征管效率。

有的专家提出,欧盟增值税征管效率较高,主要有三个方面的原因。一是财税官员较熟悉自身的业务;二是大量使用电子发票等先进信息技术;三是实行相对简单的注册标准登记。通过使用增值税电子发票,欧盟减少了大约75%的增值税申报成本,并且税务部门也可以通过电子审计有针对性地甄别税收欺诈行为。同时,电子发票必须要与企业的 ERP 系统结合起来,并且在数据传输中保证安全性。不过,采用电子发票也会带来较大的成本,如对纳税人和税务官员的培训与基础设施建设等。

有的代表提出,当前我国大约有210万户增值税一般纳税人,占全部增值税纳税人的15%。如果降低增值税一般纳税人注册登记标准,将原先大量小规模纳税人也纳入一般纳税人的范围,那么会对征管系统——"金税工程"造成比较大的压力和挑战,因此需要对"金税工程"三期进行不断完善。有的外方专家对我国国税、地税和海关等税收系统之间,税务部门与其他部门之间的信息不能共享等表示无法理解,在加强税收征管信息化建设时,应当采取有效措施解决这一问题。

关于提高纳税人的税法遵从度。有的专家提出,我国目前税收征管部门的信息化系统与企业内部的财务信息系统(ERP)仍没有实现完全意义上的对接。因此,要加强这方面的工作,特别是加强征管部门与纳税人的互动、加强对纳税人的指导,处理好管理与服务的关系,促进纳税人主动遵从税法规定。有的专家指出,防止税收欺诈行为,关键是要实施简约明确的增值税制度。税收制度越复杂,企业进行避税,不法分子实施税收欺诈行为的倾向就越高。例如,新西兰在最近十几年来从来没有发生过增值税逃税的

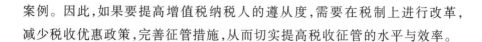

案例。因此,如果要提高增值税纳税人的遵从度,需要在税制上进行改革,减少税收优惠政策,完善征管措施,从而切实提高税收征管的水平与效率。

七、完善增值税制度的主要任务及工作思路

财政部税政司郑建新副司长在研讨会闭幕式的致辞中,介绍了转型改革的有关情况并就完善我国增值税制度的主要任务及下一阶段的工作发表了意见。他认为,随着我国社会主义市场经济体制的逐步完善,健全税收法律,提高税收立法级次已经成为全社会的普遍共识。制定增值税法已经列入十一届全国人大常委会五年立法规划。为此,必须完成增值税转型改革、扩大增值税征收范围两项重大改革任务,并全面清理增值税优惠政策,进一步提高增值税征管水平。

我们认为,制定增值税法已列入全国人大常委会五年立法规划,为了保证立法任务如期完成,应当将增值税改革与立法同步推进、整体考虑,结合增值税转型改革和扩大征收范围改革,加强增值税立法重要问题的研究。主要是加强扩大增值税征收范围相关法律问题的研究,由于这项改革既涉及增值税制本身的重大变革,又涉及财政体制、征收机关等方面的配套调整,因此,应当加强扩大增值税征收范围对经济、行业、企业和财政收入影响的研究,摸清底数,为提出切实可行的扩大征收范围的方案和路径提供依据,为相关法律制度的设计提供支持。同时,加强对增值税法律制度中有关重要问题的比较研究,提出我国增值税法律制度设计的具体建议。本次研讨会对增值税立法的一些主要问题进行了较为深入的研究和讨论,国内外专家从不同的角度提出了相应的意见和建议,需要我们进行认真的梳理、分析比较和归纳总结,并结合我国的国情,研究提出我国增值税立法的具体路径和改革方向,设计出既体现增值税特点、比较规范,又符合我国国情的增值税法律制度。

附录二
中国增值税改革与立法
2009 年国际研讨会简报

　　根据世界银行技术援助项目安排,2009 年 5 月 26 日至 28 日,全国人大常委会预算工作委员会法案室与财政部税政司在江苏省镇江市联合召开第二次"中国增值税改革与立法国际研讨会"。来自澳大利亚、英国、印度、美国、新加坡、阿联酋等国的国际专家和部分国内专家应邀参加了会议,全国人大常委会法工委、国务院法制办、财政部、国家税务总局、部分地方人大和财税部门的代表到会参加讨论。

　　我委法案室联合财政部税政司执行的世界银行增值税改革与立法研究项目为期两年,目前进程过半,完成了专题研究任务,现已转入《中华人民共和国增值税法草案》(专家稿)(以下简称草案专家稿)的起草阶段。项目聘请了若干国内专家组建了草案起草专家组,在前期专题研究的基础上,自 2008 年 12 月份开始,历经数月的调研和讨论,完成了草案专家稿初稿。此次国际研讨会的主要任务是对草案专家稿初稿进行研究讨论,进一步明确起草的重点与难点以及草案修改的方向,最终拟于 2009 年年底完成该项目的研究工作,形成草案专家稿及其说明,推动增值税制改革和我国增值税法的立法工作。会上,起草组专家分别介绍了各自负责部分的条文及其说明,与会其他专家针对各章内容提出了评论意见,并进行了热烈讨论。大家对草案专家稿初稿的指导思想、主要特点、框架结构及其主要内容给予了充分肯定。现将草案专家稿初稿、会议讨论提出的意见和建议以及主要立法建议简报如下。

一、草案专家稿初稿的起草指导思想、主要特点和主要内容

(一)指导思想

经过前期的研究和讨论,专家组一致认为,草案专家稿初稿(以下简称初稿)起草的指导思想至少应当包括以下三个方面:第一,草案专家稿是世界银行中国增值税改革与立法研究项目最重要的成果,是对所有中外专家研究成果的总体反映,作为专家稿,应特别强调专家特色;第二,增值税在我国已实施近30年,这为增值税制的进一步改革和立法积累了丰富经验,草案专家稿应充分吸收这些经验,体现中国特色;第三,增值税是一个从国外引进的税种,该税税制的技术性很强,草案专家稿应充分体现和借鉴国际增值税发展和改革的有益经验。

(二)主要特点

以上述指导思想为指导形成的初稿具有以下主要特点:

1. 充分体现了未来中国流转税税制改革的方向与要求,对增值税实施全面扩围,将所有货物和劳务全部纳入增值税的征收范围,取消营业税,以解决我国目前因增值税和营业税并行造成的重复征税和增值税抵扣链条中断等问题,充分发挥增值税的中性特点;

2. 充分考虑我国国情、立法传统和增值税的实践基础,研究吸收现行增值税、营业税行政法规、规章和规范性文件中科学合理、行之有效的内容,并将其上升为法律;

3. 充分吸收借鉴国际增值税改革与立法的实践经验,在全球已开征增值税的140多个国家中,选择各国最佳、通用的实践经验作为参考,提高增值税法的科学性和可操作性。

(三)框架结构和主要内容

初稿共九章,其框架结构和主要内容如下:

第一章　总则:主要规定立法目的和原则;

第二章　纳税人:主要界定纳税人,包括对起征点和合并纳税作出原则

性规定;

第三章 应税交易和免税交易:主要规定增值税税基,确定货物和劳务的免税范围以及销售额;

第四章 税率:主要规定标准税率、低税率和零税率;

第五章 应纳税额:主要明确应纳税额的计算公式,销项税额与进项税额的确定等事项;

第六章 纳税时间和地点:主要明确核定税基和税额的时间,规定税收管辖权和税收收入在不同地区间的分配等;

第七章 征收管理:主要规定增值税纳税人登记管理、核价、出口退税、反避税、发票管理等与征收管理相关的事项;

第八章 特殊规定:从行业和主体的角度,主要规定对金融业、农业、医疗服务、教育服务、房地产业、公共部门等特定行业的特别税收处理制度,以及小规模企业等问题;

第九章 附则:主要规定名词解释、实施时间等事项。

二、对草案专家稿初稿的主要意见和建议

(一)关于初稿整体框架和立法原则

在整体肯定初稿框架结构的基础上,专家就框架和立法原则提出以下几点意见和建议:

1. 处理好立法与授权的关系。初稿条文中对于国务院及其部门的授权不宜过多,适用于绝大多数人的一般规则必须规定在法律中,法律细致、明确,相关主体的行为和决策才更具有确定性。

2. 尽量避免用列举的方式解释概念。最好给出抽象的概括性原则,列举必然产生遗漏。

3. 应当明确特殊政策的目的。如果规定低税率或免税政策,那么需明确该政策的目的是什么,同时,应考虑周全,设计细致完整的条款制度保证目的真正实现。

4. 坚持增值税的中性原则。与其他税种相比,符合中性原则是增值税的一大优势,通过对进项税的环环抵扣机制,避免中间交易环节税负的累积,从而降低交易成本。增值税立法必须坚持中性原则,减少造成抵扣链条不完整的特殊规定,避免扭曲经济行为。

（二）关于第一章总则的主要内容及专家的主要建议

第一章总则阐述了增值税法的立法目的是为规范增值税征收和缴纳行为，保证国家税收收入合理增长，维护纳税人合法权益。同时，对增值税的主要税收要素，如消费型增值税、征收范围、标准税率和征收方式等，作出了总纲性的规定。

专家对于总则规定什么内容有不同意见。有专家提出，应在总则中增加部分内容，并对初稿中的主要内容作出原则性规定：（1）增加立法宗旨的规定；（2）明确"消费型增值税"的定义和性质，指出增值税并非对所得征税，而是对消费支出征税，体现税收中性原则；（3）增加增值税在生产以及流通各环节缴纳、环环抵扣的表述；（4）增加"增值税计税原理"的内容，明确增值税征收的整体流程。也有专家指出，在德国、法国和日本等国家及台湾地区的增值税法中，一般不在总则中规定具体原则，而是在各章中分别加以阐述。

（三）关于第二章纳税人的主要内容及专家的主要建议

第二章纳税人主要规定了以下几项内容：一是纳税人范围包括所有进行应税交易的单位和个人；二是进口交易的纳税人，即当应税交易的实际纳税人不在中国境内时，需确定其在境内的纳税义务人；三是起征点的设定，规定国务院设定起征点，同时赋予起征点以下的纳税人在符合一定条件的情形下，可以选择成为增值税纳税人；四是规定了合并纳税的情形，即符合一定条件的有关联关系的单位可以选择合并纳税。

专家主要围绕以下两个问题进行讨论：一是起征点设置问题，即起征点的政策目标、设定原则及设定方法；二是小规模纳税人制度及一般纳税人和小规模纳税人分类管理问题。

专家们提出以下主要建议：（1）提高增值税起征点，取消小规模纳税人制度，同时，在符合一定条件的情形下，赋予小企业和个人选择成为增值税纳税人的权利；（2）对增值税纳税人制度予以具体化，参考国际上通行做法，规定纳税人的登记注册、退出注销等程序。

（四）关于第三章应税交易和免税交易的主要内容及专家的主要建议

第三章应税交易和免税交易规定了以下几项内容：一是规定并定义应税交易包括销售货物、提供劳务、销售无形资产和不动产以及进口货物；二是规定视同应税交易的情形，包括代销、单位向员工转让货物或投资于其他单位、单位向股东分配货物等;三是规定了免税交易的项目范围,共列举了十五项免税交易,主要包括农产品、农业技术、银行、保险、土地、科学研究、外国援助、残疾人事业、福利服务、公益文化以及政府性基金或收费涉及的部分交易。

专家围绕应税交易类型、视同销售货物和免税交易范围等进行了讨论,提出如下主要建议:(1)归并交易范围类型,将交易行为简化为销售商品、提供劳务和进口三类;(2)重新梳理界定免税交易范围,尽可能缩小免税交易范围,并评估每项免税规定是否能够达到预期目标,是否会造成经济扭曲;(3)对于金融业、房地产业、公共部门以及教育医疗等免税问题,需要综合研究,区别不同情况采取不同待遇。

(五)关于第四章税率的主要内容及专家的主要建议

第四章税率本着体现增值税中性特点的单一税率原则,兼顾扩大征收范围前后总体税负稳定以及出口零税率原则,设定了标准税率、低税率以及零税率三档税率。

专家的讨论集中在以下三个问题上:一是是否实行单一税率,低税率是否保留,如果保留适用于哪些交易;二是如何确定税率的水平,将税率设定在多少才能既保证财政收入不出现大幅波动,又使相关行业的税负保持相对稳定;三是出口零税率的问题。

会上,国外专家倾向于采用单一税率,同时认为如果有必要可保留低税率,但应尽可能缩小低税率适用范围;国内专家倾向于保留低税率,以保证新老税制的衔接,同时,赞同将低税率适用范围限定在有限范围之内。国内外专家一致认为,出口应实行彻底的零税率。此外,对于税率水平的确定,专家们一致认为,需要分行业、分区域进行模型测算,其他国家在经济模型分析方面已经有成熟的做法,可供我国参考。

(六)关于第五章应纳税额的主要内容及专家的主要建议

第五章主要规定了增值税应纳税额的计算,即按照以票扣税的原则,对增值税应纳税额计算方法、销(进)项税额计算方法、进项税额抵扣权、合法抵扣凭证、混合交易的进项税抵扣、纳税调整等方面进行了规定。

专家们主要在两个问题上争论较多:

一是未能当期抵扣的进项税的处理机制。当应纳税额为负时,即销项税额小于进项税额时,可以采用当期退税机制,也可以将未能抵扣的进项税向以后年度结转。目前,我国采用的是后者。在增值税实现转型并扩围以后,大型设备(房产)和大宗服务采购的进项税额都可以抵扣,不可避免会出现纳税人当期应纳税额为负且数额较大的情况。如果不退税,将大量占用纳税人流动资金,进而影响其正常经营活动。国际上,很多国家为了维护企业的正常经营行为,通常是建立退税机制。

专家建议我国应引入退税机制。但是,必须相应建立完善税务稽查制度和手段,并在法律中补充退税条款,明确退税时间和退税程序。

二是混合交易行为的进项税额抵扣问题。专家建议,对于由免税交易或非应税交易与应税交易混合进行的交易行为,既存在可抵扣进项税额(应税交易),也存在不可抵扣进项税额(免税交易或非应税交易),如能准确区分,则必须按比例抵扣。

(七)关于第六章纳税时间和地点的主要内容及专家的主要建议

第六章主要规定了纳税义务发生时间、纳税地点和纳税期限。这些规定基本上承袭了现行增值税和营业税的现有规定,但也体现了一些新的思路:

一是对纳税义务发生时间的规定,基本保留现行的判定基本原则,即为收讫收入款项或取得索取收入款项凭据的当天,如果提前开发票的,即为发票开具当天。所谓取得索取收入款项凭据的当天,为书面合同确定的付款日期的当天,未签订书面合同或者书面合同为确定付款日期的,为应税行为完成的当天。

二是对纳税地点的规定同样承袭了现行办法,即为纳税人机构所在地或者居住地。取消了对非固定业户在"机构所在地"补征税款的规定,仅由其居住地(企业即其登记注册地)主管税务机关补征。

三是在纳税期限上对现行规定做了微调,删除了现行增值税中1日和3日的纳税期限规定;补充了"延期纳税"条款;与第二章取消小规模纳税人的规定相适应,将适用于"1个季度"的纳税期限的纳税人范围缩小到仅为外国企业常驻代表机构。

专家提出的主要意见如下:

1. 关于纳税时间,专家认为本章关于纳税义务发生时间的规定比较模糊,很多条款的规定使用"某一时间或者另一时间"的说法。为了法律的清晰明确,应尽量避免使用"或者"这样的可选择用语,可明确规定两个时间中

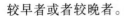

较早者或者较晚者。

2. 关于纳税地点，专家建议应进一步明确总分机构不在同一县(市)的纳税地点问题，是汇总纳税还是单独纳税。同时，应进一步细化建筑业劳务的纳税地点问题，如对"跨省承包工程"的处理等。

3. 关于纳税期限，专家提出，初稿中对纳税人的具体纳税期限，规定由主管税务机关根据纳税人应纳税额的大小分别核定，而国际通行做法是根据纳税人的营业额而不是应纳税额进行划分。同时，应该赋予纳税人选择较短的纳税期限的权利。从立法的前瞻性来看，纳税期限与征管制度紧密相关，立法应充分考虑将来现代化税收征管制度的改革和完善问题。

(八)关于第七章征收管理的主要内容及专家的主要建议

第七章是对增值税征收管理的规定。初稿明确了在征收管理的法律适用上，税收征收管理法为一般法，增值税法为特殊法。增值税征管具体包括增值税专用发票管理和纳税申报管理等内容，主要包括三方面：一是确认了以票控税的发票管理制度；二是建立增值税登记制度，便利境外机构等非居民纳税；三是建立增值税反避税制度，规定纳税人销售价格偏低或有以避税为目的进行的不合理商业安排，税务机关有权核定和调整，此外，还规定建立部门间和国际间的协调和信息交流机制。

专家提出了以下五方面的意见和建议：

1. 改革以票控税的征收管理办法。在增值税与营业税合并后，征收管理将面临严峻的考验，现行的各项规定需要集合成为统一的规定。目前以票控税的发票管理方法虽然取得了很好的效果，但仍存在不少缺陷，如现行的"金税工程"过于重视增值税专用发票的形式，对发票的交易内容欠缺审查，也无法与纳税人财务系统直接相连接等，因此应进一步加强对发票的信息化管理。在条件成熟时，可应用电子发票及电子征管平台。有些专家进一步提出，单纯依靠技术并不足以有效遏制增值税欺诈行为，一个有效的机制不仅仅需要对发票进行监控，还包括对企业账簿的审计、稽查等，未来的发展方向应该是建立"以票控税"和"以账管税"相结合的模式，以提高征管效率。

2. 注重纳税人权利的保护。现行的征收管理制度主要是从政府的角度设计，注重维护政府的税收利益，但是在降低纳税人的遵从成本、方便纳税人缴税方面还需进一步明确相关制度和办法。

3. 改进增值税纳税人登记制度。专家提出应该将增值税登记注册与一般的税务登记区分开来,也就是允许偶尔发生应税行为的单位或个人进行增值税登记,成为增值税纳税人。

4. 反避税条款的可操作性不强。有专家指出英国增值税法中的反避税条款并不能帮助当局解决这一问题,反而在实际运行中带来了很多的不确定性。

5. 增加对违反纳税义务的纳税人的惩罚性条文。部分专家认为,初稿中没有明确规定惩罚性条款,仅在本章第一条中提到适用税收征收管理法中的相关规定,这容易导致人们忽视这方面的问题。

(九)关于第八章特殊规定的主要内容及专家的主要建议

第八章特殊规定是对国际上公认的较难以适用增值税一般规定的行业或部门的增值税问题的规定,主要包括房地产业、公共部门、金融业和农业等的法律适用问题。参照一些国家和地区的主要做法,这些特殊规定的基本原则是对特定行业或部门的免税范围限定在尽可能小的范围内。

会上,专家对该章内容的讨论集中在以下四个方面。

1. 房地产业的增值税处理

按照对房地产业整体上征税的原则,初稿规定了房地产业的应税项目包括不动产销售、国有土地使用权出让、土地使用权转让、空间使用权转让、不动产相关应税劳务等;视同应税行为包括不动产或土地使用权的无偿赠送、自建及其销售、抵押或互换等;规定免税交易包括两年期以上个人住房租赁、两年以上自用住房的转让、国有与农民集体所有土地所有权变动、国有土地使用权的无偿划拨、农村集体土地承包经营权的转移、继承或公益性赠与、国家对土地的征收或征用等,并赋予免税交易人成为增值税纳税人的选择权。

专家认为,初稿确立的对房地产业整体征税的原则符合现代增值税制的发展方向。根据各国实践,欧盟等国采取的将土地和不动产交易等纳入免税范围的做法并不是最佳经验,更好的做法是新西兰、澳大利亚和加拿大等国采取的做法,即商业性房产的销售、租赁、新建和修理都要缴纳增值税;对于居住用房的新建、销售新建住房、修理也需缴纳增值税,仅对其租赁和转售免增值税。专家同时也对一些具体条文提出了进一步修改意见,主要集中在对下列行为的免税处理上:(1)为了区分个人租赁或商业租赁,对两年期以上的个人住房租赁,应该考虑设置一个更短的期限,如60天;(2)不动产的继承转让免税范围应仅限个人自住住房;(3)国家对不动产、土地使用权的强制征收或征用是否需要免税值得再考虑,在澳大利亚,对于国家出于公共利益强制征收或征用不动产、土地使用权的行为也要征税。

2. 公共机构的增值税处理

初稿中所指公共机构包括行政单位、事业单位、军事单位、社会团体等承担行政管理或提供公共物品或服务的机构。当这些机构从事与私营部门之间具有竞争性的交易时,如教育、医疗卫生、邮政、电力、供水、广播电视等,为了避免对私营部门的歧视,创造公平的市场竞争环境,需要在税收方面给予公平待遇。初稿首先明确了对公共机构的交易实行全面征收增值税的原则,但将行使行政管理职能获得收入的行为排除在应税交易之外,主要是指行政性收费等;其次,列举若干免税交易,主要是指现行增值税制规定的幼儿教育、养老院、残疾人福利机构提供的服务,医院提供的公共医疗卫生服务,学校提供的教育劳务,宗教场所提供的文化宗教服务等;另外,对幼儿教育、养老院、残疾人福利机构规定适用零税率,即在免销项税的同时,允许这些机构申请进项税额抵扣。

专家的主要建议如下:

(1)进一步缩小免税范围。对于公共机构的行为,理论上应该全面征税,很多国家的实践经验表明,全面征税的好处很明显,主要是简化征管、减少扭曲,如新西兰、澳大利亚、加拿大等现代增值税制国家。初稿规定的免税范围比较宽泛,还应进一步研究限制。

(2)任何免税的公共服务都应该在法律中明确列出,同时与提供免税服务相关的免税货物应该限定在与这些服务直接相关或者作为服务内容一部分的范围内。

(3)对政府的一般公共支出(非竞争性的)实行免税或者适用零税率。在澳大利亚,对政府公共支出活动适用零税率,免除销项税,同时建立进项税抵扣基金,对政府公共支出的进项税予以退税。

3. 金融服务的增值税处理

对金融服务征收增值税是增值税领域一个永恒的挑战。由于增值税采用发票抵扣制度,这一制度的运行需要根据具体的服务价格计算其销项税额。然而,银行和其他金融机构提供的金融中介服务的价格通常隐藏在某种形式的差价中,与各项服务无法一一对应,例如,银行存贷业务的服务价格事实上包含于贷款和存款的利息差额中,而货币兑换业务的价格则涵盖在购汇率和换汇率的差额中。但是,对这类隐性服务价格的一一核定无论从概念上还是征管上都难以进行。由于不能核定每笔金融中介服务的销项税额,从而无法开具增值税发票,无法实现增值税的环环抵扣。① 正因此,许多国家均把金融中介服务等不直接收费的金融服务排除在增值税征收体系之外。但是,实行现代增值税的国家还是采取了一些对金融服务变通征税的方式。

　　初稿整体上确定对金融服务变通征收增值税的原则,列举五项免税服务,并对不同金融服务的应纳税额的计算进行了详细规定。其中,初稿选择放弃了存贷款业务这种无法衡量价格的金融服务。

　　专家对金融服务的相关问题进行了深入讨论,主要建议包括以下两个方面:

　　(1)决定如何对金融服务征税需要回答以下四个问题:一是对免税的金融服务,我国应该采用一个宽的还是窄的范围? 二是对银行的收费课税,必须要有足够的征管能力,需能够监控银行将进项税额在应税服务和免税服务上的划分;三是对向企业提供的金融服务与向个人提供的金融服务,其增值税处理应当有所不同,对前者或者免税,或者允许其抵扣进项税;四是应

---

　　① 起草专家组崔威副教授对金融业征税的分析如下:银行的核心业务是存贷款业务,这一业务的实质是:储户和借款人事实上是提供资金和接受资金的人,如果没有银行的中介,储户(资金所有人)将自行放贷给借款人,并收取利息;银行的出现是为二者之间提供了中介服务,银行一方面为资金所有人寻找放贷的对象,承担风险;另一方面,为借款人提供融通的资金。因此,银行的中介服务既向储户提供,也向借款人提供。这两项服务的价格就是存贷款的利息之差。假设存款利率为3%,贷款利率为8%,其差额5%就是银行两项中介服务的价格。银行提供服务的价值从而确定(贷款本金×5%),这是银行提供中介服务的销项,随之销项税额也非常容易确定(销项×税率)。但是,只确定销项并不能解决银行中介服务的增值税征收难题。因为增值税是需要发票才能抵扣的,只有确定储户和借款人分别获得了多少银行的中介服务,银行才能够分别为其出具增值税发票。仍在上述存贷款利率条件下,假定资本在供求平衡的状态下,储户自行向借款人放贷的收益是6%,当通过银行时,银行储户只获得了3%的收益,另外3%的差额(6%−3%)则是银行向储户收取的中介服务价格,借款人多付出2%(8%−6%)则是银行向借款人收取的中介服务价格。然而,现实世界中很难确定资本供求平衡状态下的放贷收益(或者称资金净成本),6%只是理想状态下的假设,实际中不可能确定。如果储户和借款人的整体销项服务金额都不能分别核定,更不用说分别核定每一个储户和借款人的销项服务金额了。这也成为对银行中介服务征收增值税的最大障碍。银行中介服务的进项即银行的各项成本采购,如办公设备等。保险服务的确定则需区分人寿保险与非人寿保险,其中介服务的征税也面临同样的问题。

明确对财产保险、意外险和人寿保险服务应该课税还是实行免税。

（2）目前，国际上普遍认可的做法是，对银行提供中间业务的服务收费可以按正常的增值税征收办法进行征收，实行环环抵扣征收机制，且只应允许抵扣和这些服务收费直接相关的进项税额，如接受咨询服务所缴纳的进项税额。

4. 农业的增值税处理

农业的增值税处理同样是增值税领域一个普遍性的难题。主要原因：一是无论在任何国家，农业往往是特殊补贴、特殊待遇最多的领域；二是大量的农业生产者的存在，导致税收征管上的无效率。初稿修正了现行的设定抵扣率的做法，认为这种方法无法使农业生产者获益，反倒是农产品加工企业从中获利更多；规定对初级农产品的生产和初步加工实行免税政策。

专家提出的主要建议如下：

（1）对农业的增值税处理，不能成为一种变相的补贴。这种补贴由于市场机制的作用，往往适得其反，需要补贴的群体往往得不到补贴；

（2）对农业的增值税处理思路，应该与设置较高的起征点相结合，通过设定较高的起征点，将多数小规模农业生产者排除在增值税的征收范围之外，从而降低征管成本；

（3）中国作为一个发展中国家，对农产品实行零税率不失为一项好政策。

（十）关于第九章附则的主要内容及专家的主要建议

第九章附则主要规定了实施条例的制定、本法施行日期等内容。专家建议，本章应对初稿中的一般用语作出定义，其他更详细更长的术语定义可放在相应的章节。

三、主要立法建议

增值税的改革与立法涉及众多重点问题，需要在今后的改革与立法过程中进一步深入研究。结合专家的建议，提出如下立法建议：

（一）设置较高的增值税起征点

目前规定的增值税起征点太低（法定的增值税起征点在月销售额2000元至5000元之间，营业税的起征点在月销售额1000元至5000元之间），并且只限于个人，高于销售额起征点的个人、所有的企业不管规模大小都是增值税纳税人。通常情况下,国外增值税制都规定增值税纳税人登记注册制度,达到一定金额销售额的企业或个人,通过登记注册,才能成为增值税的纳税人。专家认为,国际上最好的增值税实践做法是设定一个较高的增值税登记注册标准,将多数小规模企业和个人排除在增值税纳税人范围之外,将有限的征管资源集中在大企业上,降低征管成本,提高征管效率。同时,赋予小规模企业和个人成为增值税纳税人的一定条件下的选择权。

我们认为,设定较高的增值税登记注册标准(即起征点),是比较好的选择。既符合现代增值税制的选择和取向,有利于提高征管效率,将有限的增值税征管资源集中在大企业增值税的征收管理上,也有利于降低中小企业的税收负担,促进中小企业的发展壮大。至于起征点设定在多少合适,需结合小规模纳税人的问题来研究。

(二)取消小规模纳税人制度

我国现行增值税制将增值税纳税人划分为一般纳税人和小规模纳税人两类,小规模纳税人是指年销售额在 50 万元以下的生产性企业和年销售额在 80 万元以下的其他企业,统一按照 3% 的征收率征收增值税,不适用一般纳税人的进项税抵扣机制。目前我国小规模纳税人制度在实践中产生了较多问题,发票管理易出现漏洞,征管不规范,征纳成本较高;并且,由于不能进入环环抵扣机制,小规模纳税人不能开具增值税专用发票,限制了其与大型企业之间的交易,不利于中小企业的成长和发展。

小规模纳税人问题与起征点问题密切相关。实施现代增值税的国家往往设定一个比较高的起征点(增值税登记注册标准),起征点以下的企业免征增值税。这一制度将很多小规模企业排除在增值税纳税人范围之外,不需缴纳增值税,也就不再单独设立小规模纳税人制度。

专家提供了 2001 年浙江和 2004 年全国有关小规模纳税人数量和增值税收入的数据。数据显示,小规模纳税人在不同产业、行业中的数量和缴税金额有所不同,但整体上,小规模纳税人数量占增值税所有纳税人的 85% 以上,而税收收入的贡献仅占增值税税收收入的 10% 左右。这也说明了,牵扯了税务部门大量征管精力的小规模纳税人制度所获得税收收益非常少,小规模纳税人制度效率非常低下。

因此,我们赞同专家提出的建议,应当取消小规模纳税人制度,对增值税纳税人统一注册登记,起征点以上的企业成为增值税纳税人,起征点以下的企业不纳增值税;对增值税纳税人不做任何区分管理。对于起征点以下的企业,在符合一定条件的前提下,如会计账簿健全等,可以选择申请注册登记成为增值税纳税人。这一制度设计,不仅能很大程度地提高增值税的征管效率,而且也是对中小企业很好的鼓励和扶持措施。中小企业是安排就业的最好渠道,也是保持市场活力、促进经济可持续发展的生力军,消除制度障碍,为小企业创造公平宽松的成长环境,也应是增值税改革的重要目标之一。

为了提高立法的科学性,应进一步对我国小企业的规模分布、小企业税收负担等进行数据测算分析。

（三）缩小免税交易的范围

专家建议,应尽量缩小免税交易的范围,理由主要包括:1. 根据增值税制的原理及其中性特征,要维护增值税抵扣链条的完整性,必须缩小免税交易的范围。2. 增值税所指免税与其他税种的免税含义不同,特指免除销项税,同时该项交易对应的进项税不能抵扣。对于中间环节的经营者来讲,未能抵扣的进项税沉淀为经营成本,向下一个交易环节转嫁。一般而言,只有在最终消费环节的免税才能真正达到降低税负的目的。从这个意义上讲,增值税的免税并不一定是税收优惠待遇,反而造成抵扣链条的中断,增加了征管的复杂性和难度。外方专家特别指出,增值税是一个非常不适合设定所谓"优惠制度"的税种,效率非常低,很难达到预期效果,并且造成扭曲。如果规定优惠,最好选择直接税或直接的财政补贴方式。因此,理想的增值税制是将所有的货物和劳务全部纳入征收范围,不作任何免税规定。

当然,现实中,各国都没有达到理想的要求。专家提出,对于一些能够直接进入最终消费环节、属于基本生活需要的货物和劳务,可以界定为免税交易,如食品、药品、养老托幼服务、残疾人服务等。我们认同上述建议。

（四）简化税率

根据增值税的原理,税率的多样化与免税规定的效果一样,必然造成抵扣链条的不完整、不统一。目前,我国增值税领域存在多档税率,除 17% 的标准税率外,农产品适用 13% 的税率,还有若干征收率。如现行增值税制中,化肥行业的进项税率为 17%,销项税率则适用 13%,导致化肥企业始终有 4% 的进项税不能抵扣。抵扣链条的断裂,扭曲了正常的市场经营活动,而且产生很多偷逃税的空间,需要设计很多制度来弥补漏洞,增加了制度的复杂性和征管难度。因此,理想的增值税实行单一税率。我们认同专家的建议,如果一定要保留低税率,则尽量控制在最终消费环节,限定范围,减少扭曲。

（五）出口适用零税率

我国现行增值税暂行条例第二条规定:纳税人出口货物,税率为零;但是,国务院另有规定的除外。该规定肯定了出口适用零税率的原则,同时,赋予了国务院例外规定权限。出口退税,并不是对出口商的政策补贴,而是增值税税制本身的一项内在机制。首先,增值税的本质是对本国最终消费征收的税收,是一种消费税(Consumption-based tax),当出口商将货物出口到境外时,货物并没有在国内实现最终消费,出口商作为中间环节,应当抵扣其进项税;其次,增值税从设计之初,在国际贸易中即奉行目的地征税原则(Destination Principle),即在国际贸易中,由进口国对进口货物征收增值税,该笔增值税不能作为出口商的销项税抵扣出口商的进项税,因此,对于出口国而言,此时出口商的销项税额为零。根据增值税环环抵扣的原理,出口国需以退税的方式抵扣出口商已缴纳的进项税额。这就是出口退税的原理。实施增值税的各国基本奉行这一原则,由此出口货物在国际市场上的价格都不承担增值税进项税额负担,符合不因税收负担影响货物市场竞争的中性要求。

我国自1994年实施增值税以来,出口适用零税率并没有被一体遵行。实践中,出口退税率往往与进项税税率不一致,而且国务院为了调控出口形势,多次调整出口退税率。这种做法适合实际的需要,但是从理论上讲,给出口企业带来一定的不确定性。我们认为,专家提出实行彻底的出口零税率的建议是合理的。应当还原增值税的本来面目,实现一个"纯净的"(pure)的增值税制。至于对"两高一资"等限制出口的产品,可以采用关税手段来限制出口,不必违背增值税基本原理和基本规则。

（六）对房地产业的征税问题

我国房地产业适用营业税,既具有一定优势,亦有明显不足。对房地产行业适用营业税,最重要的特征及优势就是营业税条例中所规定的宽泛税基。无论是对居住用房产还是商用房产、租赁还是销售都需要缴税。征税的范围不仅限于新建楼房的销售,任何二手房的销售也需要基于其售价与原始购买价格的差额缴纳税款。土地使用权的租赁与转让也被纳入营业税的征税范围。

适用营业税最主要的不足之处就是多环节累积(cascading)征税问题。在房地产行业链条的每个环节都存在累积征税的现象,从建筑安装业开始征收营业税,意味着在房地产建造阶段发生的进项营业税和增值税都无法抵扣。而由于新建建筑物的建造和销售也都是应税行为,因此当新建房屋被销售后,房屋价值中的大部分都已经被征了两次税。并且,出租商用房时,当承租人是中间环节的生产商,其就租金所缴纳的营业税依然无法获得抵扣。

从经济角度考虑,对于居住用不动产的购买、使用或租赁,最理想的方式就是一体缴纳增值税,实现环环抵扣进项税。

对房地产行业征收增值税的方法,国外一般分为两种:征税法和免税法。加拿大和新西兰采用的是征税法。不动产的销售和出租整体上征税,但是对居住房的租金(包括自用情况下的估算金额)及居住用二手房的销售额免征增值税。对所有建筑物的修建、改造、维护行为以及商业用房的出租都要征收增值税。建筑物的销售也只在该建筑物属于居住用房产的情况下才可获得免税待遇。

欧盟第六号增值税指令采用的是免税法。根据这一制度,不动产的销售和出租理论上都属免税的行为,但是房屋的新建及对现有房屋的改建和维护则是应税行为。另外,与征税法需要明确界定"居住用"的含义相对应,免税法对"非居住性使用"征税,因此对此类行为需要进行明确的定义,例如什么是商业性旅店、宿营场地、停车场地等。由于在此种税制下,商业性的使用、销售既存不动产均属免税行为,为了避免潜在的层叠征税,纳税人有权选择登记缴纳增值税。

我们认为,加拿大和新西兰等国的做法与我国现行营业税更易衔接,具有宽泛的税基,同时避免累积征税,是增值税改革较好的选择。

(七)对公共机构的征税问题

目前,我国的公共机构提供的服务是被排除在营业税的征税范围之外的。在服务业纳入增值税征收范围后,将公共机构提供的服务排除在增值税适用范围之外,不仅使整个税制更为复杂,而且会造成严重的市场扭曲:公共机构更愿意选择自己向自己提供服务(服务内化),不利于市场分工和竞争。从经济层面上来说,对公共机构全面征税制度最符合中性原则。其理由如下:1. 由于公共机构的供应也被征收增值税,公共机构所提供的服务与私人部门提供的服务之间不再因税收的原因存在差别待遇。2. 这一制度将会极大地简化增值税的征管,同时提高增值税纳税人的遵从度。一旦将公共机构纳入增值税适用范围,将不再需要辨别是谁提供了服务,也不再需要判断公共机构提供的服务与私人部门提供的服务是否存在直接竞争的关系。至于对于特定机构特定服务的补助,可以通过财政直接补贴的方式进行。

因此,我们认同初稿对公共机构提供的服务全面征税的原则,并应当进一步缩小免税的范围。同时,由于对公共机构征税并不仅仅是增值税需要考虑的因素,还需要与其他税法相衔接,从整体上协调公共机构的征税问题。

(八)对金融服务的增值税处理

目前,无论是存贷金融服务还是直接收费的金融服务,我国一律征收营业税。营业税以纳税人的营业额为税基,即纳税人提供应税劳务、转让无形资产或者销售不动产收取的全部价款和价外费用。相比于增值税,目前营业税所具有的累积征税效应非常明显。一方面,金融机构需要为其提供的金融服务的进项缴纳增值税或者营业税(前者如计算机和办公用品,后者如法律服务和会计服务);另一方面,金融机构在就其营业额缴纳营业税时,无法抵扣已经缴纳的上述增值税额和营业税额。并且,接受金融服务的增值税纳税人也无法获得进项税额的抵扣。

对于如何将金融服务纳入到增值税的征收范围,有必要具体研究各国的做法。目前,各国对金融业增值税的处理既有整体免税法,也有变通征税法。欧盟是免税法的代表,即对提供金融中介服务的销项免税,同时,不允许相应的进项抵扣;而现代增值税的国家,则对金融业变通征税,即在无法衡量每笔金融中介服务的销项税额时,给予金融企业进项税一定比例或一定额度的抵扣(如新加坡、澳大利亚),或者直接确定一个整体的金融企业增值额(销项—进项)作为税基(以色列)。变通征税的目的是尽量将金融业一定程度上纳入到增值税的征收链条中来,减少金融服务提供和接受环节税负的累积。但是,对于咨询服务、保险箱业务等直接收费的金融服务,由于服务价格容易确定,各国都征收增值税,但是,部分服务征税、部分服务免税也带来一定的征管困难,即如何确定相应进项税额,有些国家采用比例对应法,即按照不同服务销项的比例,确定进项抵扣的比例。

我们认为,由于金融业缴纳的营业税占我国营业税总额的比例很大,放弃这部分税收收入,整体免税,显然超出了财政的承受能力。同时,现行的营业税征收办法显然不合理,对营业额整体征税,[①]既无法体现各项金融服务的价格,也无法实现进项税的抵扣,累积税负太多。因此,采取变通征税的办法是今后改革的方向。对于银行存贷等金融中介业务,有专家提出,可借鉴以色列的核定整体增值额的办法,即将银行支付的工资加上会计利润(扣除了成本费用)作为这类服务的总增值额,整体征收增值税。同时,允许银行等金融机构抵扣进项税额。这一建议,一方面可以在一定程度上体现对金融服务增值额的征税,征收简便,易从现行营业税过渡;另一方面,通过进项税抵扣,将金融业提供服务之前的税负全部抵扣,减少税负的累积。我们认为,可以进一步考虑研究。

对于直接收费的金融服务,则可以按照增值税的原理实现环环抵扣的征税,其进项税额可以按业务比例进行抵扣。对于保险行业,可参照国际经验,比照银行业征税,但人寿保险业的征税还需进一步研究。

---

① 营业税暂行条例规定:外汇、有价证券、期货等金融商品买卖业务,以卖出价减去买入价后的余额为营业额,即实行差额征税。

附录三
俄罗斯、印度
增值税改革与立法考察报告

根据世界银行"中国增值税改革与立法研究"项目的安排，全国人大常委会预算工作委员会副主任冯淑萍于 2008 年 10 月 13 日至 22 日，率团对俄罗斯和印度的增值税改革与立法情况进行了考察。考察团一行 6 人，先后访问了俄罗斯国家杜马预算委员会、联邦委员会预算委员会、联邦财政部、圣彼得堡地方税务局，印度财政部、联邦议会财政委员会、联邦服务税委员会、国家公共财政与政策研究院、邦财长授权委员会主席等，考察达到了预期目的。现将考察情况汇报如下。

一、俄罗斯增值税改革与立法情况

俄罗斯横跨欧亚大陆，是世界上面积最大的国家。近年来，俄罗斯经济发展迅速，国内生产总值保持在 7% 左右，2007 年达到 8.1%，当年国内生产总值为 32.99 万亿卢布（约合 1.3 万亿美元），人均 GDP 接近 9500 美元。俄罗斯经济的快速发展，主要得益于近年来石油、天然气等能源产品价格的高涨，能源收益成为俄罗斯的丰厚财源，占到俄财政收入的 30%，并使其实现财政盈余。由于财政状况良好，政府大幅度地提高了居民的社

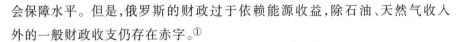

会保障水平。但是,俄罗斯的财政过于依赖能源收益,除石油、天然气收入外的一般财政收支仍存在赤字。①

（一）俄罗斯税收立法权

俄罗斯共有三级政府,联邦、联邦主体和地方政府。各级政府的议会为俄罗斯的立法机构。联邦议会是俄罗斯的最高立法机构。联邦议会由联邦委员会(上院)和国家杜马(下院)组成,上下两院共同行使立法权。国家杜马行使批准权,联邦委员会则行使核准权。杜马的权力大于联邦委员会的权力。

1998 年俄议会制定的《俄罗斯联邦税法典》是目前俄罗斯税法的主要渊源,税法典分为两个部分:第一部分为程序部分,规定俄罗斯税收立法的基本原则、税法效力、分税制、税收征管、税收行政复议和诉讼等内容;第二部分为实体部分,规定了俄罗斯现行所有税种和收费。

俄罗斯税法典第三条规定(见附件),每个人都必须依照法律规定缴纳税收和费。因此,俄所有的税制改革方案都必须通过制定税收法律才能实施。税收法律/政策草案通常由政府部门,主要是财政部和联邦税务部来起草。财政部专门有一套机构研究税收法律政策和改革建议,每年制定一个国家税收政策建议。财政部和税务局将税收法律/政策草案提交政府审议通过。政府先将税收法律/政策草案提交给联邦委员会预算委员会,该委员会提出修改意见,政府修改后再将草案提交给国家杜马进行审议,国家杜马预算委员会负责具体的审议工作,并最后批准法律草案。在地方,税收立法权由地方议会行使。

（二）俄罗斯税收分享体制

俄罗斯税收分为联邦税、联邦主体税(地区税)和地方税。各级政府的税收各自独享,联邦对联邦主体和地方进行财政转移支付。

税法典第三条明确规定,俄联邦税种必须按照税法典的规定征收,联邦主体税种和地方税种则应当根据税法典或者联邦主体和地方政府根据税法典授权的范围制定的法律法规征收。税法典第十三条、第十四条和第十五条分别规定了联邦税种、联邦主体税种和地方税种的类别。

---

① 为应对可能的债务风险,俄罗斯在预算表中专设储备基金一项,将部分能源收益放入储备基金。2007 年,7.5% 的财政收入被放入储备基金,2008 年安排了 8.8% 的财政收入放入储备基金。

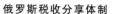

俄罗斯税收分享体制

联　　　邦	联邦主体	地　　　方
1）增值税； 2）特别消费税和矿产资源税； 3）企业所得税； 4）资本利得税； 5）个人所得税； 6）国家社会保险基金； 7）国家税； 8）关税和相关收费； 9）土地使用税； 10）矿产资源修复税； 11）碳氢化合物产品附加税； 12）动物和水生物资源许可使用费； 13）林业税； 14）水税； 15）生态税； 16）联邦证照许可费。	1）企业财产税； 2）不动产税； 3）道路税； 4）交通税； 5）销售税； 6）赌博税； 7）地区证照许可费。	1）土地税； 2）个人财产税； 3）广告税； 4）遗产和赠与税； 5）地方证照许可费。

（三）俄罗斯增值税发展情况和主要内容

俄罗斯曾于上个世纪 80 年代后期试图引进增值税，当时苏联尚在。增值税法草案是根据当时欧盟的模式起草的。但是，由于缺乏关于增值税详细的技术性理解，最终导致增值税引进失败，取而代之的是从 1991 年开始生效的总统销售税。该税作为一种流转税，其税基是销售额，税率是 5%，适用了与增值税相类似的抵扣制度。

1991 年，增值税被重新考虑，这时已经是俄罗斯联邦来推行税制改革了。起草增值税法草案只用了不到一年的时间，并顺利被议会通过，从 1992 年开始实施。这种快速引进新税种的程序导致联邦税务机关和纳税人在执行增值税法中产生了很多的困难和矛盾。例如，税法对增值税的一些基本概念，如"进项税额"、"销项税额"和增值税的抵扣程序、纳税申报的义务等都缺乏明确的规定和恰当的解释，一些混淆性认识始终存在。在一定时期内，增值税和总统销售税共同存在。而且，随着增值税的引进，总统销售税取消了抵扣机制，该税的税基成为包含增值税的应税销售额。

2000 年，俄罗斯联邦议会批准了《联邦税法典》的第二部分（实体部分），其第一节（总第八节）的第一章（总第二十一章）为增值税法。但是，如同 1991 年引进增值税一样,2000 年重新制定税法未能对增值税的基本概念和运作方式进行充分的理解和阐释,无论技术条件,还是执行程序都不够明确清晰。因此,2000 年增值税法的制定实施对俄罗斯增值税并未进行根本性的变革。

2004 年,总统销售税被取消。随后,增值税法不断修改,但是,零敲碎打式的改革路径,并没能对税制实现根本性的改变。

2007 年,俄罗斯增值税收入为 13900 亿元卢布(约合 563 亿美元),占俄当年总税收收入的 37%,占国内生产总值的 4.2%。

俄罗斯现行增值税的主要内容如下:

1. 征税范围

俄增值税的征税范围包括在俄罗斯境内从事货物的生产和销售、提供服务及进口货物的行为。

2. 税率

俄增值税的标准税率为 18%,还设有一档 10% 的低税率,主要适用于一些食品、药品和婴儿用品。适用零税率的项目包括:出口货物、提供交通运输服务、货物装卸和运输服务、出口货物装卸服务(不包括铁路运输)等。如果企业生产和销售按不同税率课税的商品,应单独核算销售额和税额,并按商品种类在结算凭证中指明增值税额,如不分开核算,统一适用 18% 的标准税率。

3. 纳税人

俄增值税的纳税人包括企业法人和个人独资企业,个人也可以被视为进口增值税的纳税人。俄罗斯并没有明确规定增值税纳税人的登记注册标准,即符合什么条件的企业才能成为增值税的纳税人。但是,税法中规定了如果在连续三个日历月份中,企业的总流转额低于 200 万卢布(86000 美元),则可以免缴增值税。

4. 进项税抵扣

企业购买固定资产和无形资产时缴纳的增值税税额,可作为进项税额准予从销项税额中抵扣。但是,购买小轿车和轻型汽车缴纳的增值税不能抵扣,对用于非生产性需要采购的货物缴纳的增值税也不予以抵扣。

当进项税额大于销项税额时,当期不能抵扣的进项税额,可以结转下期抵扣,也可以向税务局申请退税。

5. 免税项目

俄增值税的免税项目主要包括以下内容：医疗服务（包括某些股份医院）；为某些外国实体提供的商业住宿和餐饮；为病人、残疾人和老年人提供的服务；教育服务（包括学前教育机构）；学校食堂生产的食物；担保服务；邮政；居住房屋；收藏家的钱币；为历史和文化纪念碑提供的服务；免关税货物；文化和艺术机构的系列服务；机场服务；宗教活动；某些银行经营；某些金融和保险服务；公证人和律师服务等。另外，由慈善资助项目所提供的货物和服务一般享受免税待遇，包括以慈善为目的无偿转让货物或提供劳务等。

从2008年1月1日起，增值税免税名单扩展到转让软件、专利技术、数据库、发明以及其他类似权利的行为，但是不包括转让商标的行为和某些研发服务等。

6. 纳税地点的确定

俄增值税以销售地点为纳税地。

如果满足下列条件之一，货物的销售地点被视为是俄罗斯境内：（1）货物位于俄罗斯并且不需要用船舶运输或者搬运；（2）在用船舶运输或者搬运之时，货物仍然位于俄罗斯。由于确定企业的经营活动地点比较复杂，在实践中是根据个案来判断的。

服务的提供地，基本上按照服务提供者的经营地来判断，但有一些例外。如果下述服务在俄罗斯境内提供，不管企业的经营地在哪里，这些服务都被视为是在俄罗斯提供的，属于俄增值税的征收范围：（1）与位于俄罗斯的不动产或者动产相关的服务；（2）教育、文化、艺术、旅游和体育服务；（3）咨询、数据处理、营销、法律、会计和广告服务；（4）特许权转让及类似服务；（5）工程服务，在俄罗斯开展的购买相关的个人服务以及某些代理服务。

7. 进口增值税处理

进口货物应当缴纳进口增值税。如果满足增值税抵扣的条件，进口增值税可以予以抵扣。但是，未在俄罗斯进行增值税登记的外国企业不能申请抵扣俄罗斯的进口增值税。进口到俄罗斯的技术设备以及相关的备用部件可以免征进口增值税，但该设备和部件必须作为实物出资投入俄罗斯企业。

8. 对一些特定商品和服务以及纳税人的征税规定

对金融业的征税，俄增值税采用了欧盟的模式，对大部分银行交易、证券销售、保险和再保险业务免税。同时,不允许金融服务的提供者抵扣增值税进项税额。

对不动产征税,俄罗斯的处理方式是免除下列行为的增值税纳税义务:(1)居住类房屋的销售和出租;(2)向符合条件的非居民个人和组织租赁财产;(3)某些建筑业服务,包括增值税法所规定的住房的建筑。为商业目的所从事的建筑活动应当缴纳增值税。

9. 增值税征管机构

俄罗斯只有一套联邦税务机构。俄罗斯联邦税务局是俄税收征管部门。税务局在全国范围内设置了中部、西北、南部、Privolzhsky、乌拉尔、西伯利亚、远东等七个税务大区,每个税务大区下,按所辖行政市区划分地区税务局管辖范围。税务局设有专门的税收政策局,增值税由税务局的间接税局负责征管。考察团访问的莫斯科市属于中部税务大区,圣彼得堡市属于西北税务大区。

联邦税务局负责监管所有各大区和地区税务主管机关的活动,包括就税务问题向区税务主管机关进行解释。地区税务主管机关负责税务登记、案头审计和实地审计。

(四)俄罗斯增值税制存在的问题

1. 免税项目过多

由于增值税的一些基本原则在俄罗斯的制度中没有被贯彻,增值税的抵扣链条不能贯穿于生产销售全过程,部分税负累积下来,成为经营者的不公平成本。例如,俄税制中规定了很多免税项目,免税仅仅是指销售时不征增值税,但是不能抵扣该项目的进项税额,进项税就成为该项目的成本,被转嫁到销售价格中。这也导致很多企业始终认为增值税是经营的成本。

2. 税收执法和司法不规范

在俄罗斯,税务主管机关的执法经常被认为不利于企业经营,特别是增值税退税程序不尽规范。这并不是法律有缺陷,而是税务主管机关执法有问题。纳税人往往被先定为偷税者,被剥夺退税权利。为了获得退税,纳税人通常必须诉诸法院。

俄罗斯法院已经积累了大量的税收判例,但是仍然会对本质上具有相同事实的案件作出不同的判决。这也不是法律的缺陷,而是对如何执行增值税法司法理解不统一造成的。

（五）俄罗斯增值税制改革

在 2008 年的总统选举中，增值税争议颇大，前总统普京宣称他将考虑取消增值税，用销售税（Sales Tax）来代替增值税。但自从新总统当选以来，这一问题尚未被公开讨论。另外，经济部长提出建议降低增值税税率，将 18% 的标准税率降至 12% 或者 13%，以提高纳税人的税收遵从度，对此，财政部长表示反对。经过多方讨论，议会和政府达成一致意见，在 2010 年之前，不改变增值税的现状。

同时，为了应对全球金融危机，减轻企业的增值税负担，俄罗斯延长了增值税的纳税申报期，将按月申报纳税改为按季申报纳税，并采取措施加快增值税退税进度，以减缓企业资金压力。

二、印度增值税改革与立法情况

印度经济近年来发展迅速，2005 和 2006 财年 GDP 增速分别达到 9.4% 和 9.6%。2007 财年，印度 GDP 增速为 8.7%，总额达 1.16 万亿美元，人均 GDP 达到 1021 美元。[①]

印度是一个联邦制国家，包括 28 个州和 7 个联邦直属地区。印度宪法规定了印度政府的联邦制度，联邦和各州政府独立享有立法、行政和司法权力。除了联邦与州，宪法还确认了另外两个层次的政府：市政委员会和村务委员会。市政委员会负责城市和乡镇的管理，村务委员会负责村的管理。与联邦政府和州政府不同，它们没有独立的立法权和征税权。在财政上，它们主要依赖于联邦政府和州政府的拨款。州政府可以授予它们一定的立法权和征税权。

（一）印度的税收立法权

在印度，立法权在联邦由议会来行使，在各州由立法会来行使。联邦议会是最高立法机构，由总统、人民院（Lok Sabha，又称下院）和联邦院（Rajya Sabha，又称上院）组成。实践中，下院的权力大于上院。印度立法和行政机构的体制沿袭英国威斯敏斯特体制。联邦政府由在下院中获得多数席位的政党组阁，部长会议集体对下院负责。政府只向下院作预算报告，只有下院

---

① 从印度 GDP 的构成看，消费贡献率为 67%，投资贡献率为 32.6%，净出口贡献率几乎为零。因此，印度经济是一个典型的内需经济。并且，印度服务业在 GDP 的份额逐年上升，2007 财年已经达到 55.1%，高科技发展迅速，成为全球软件、金融等服务的重要出口国。

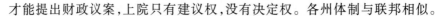

才能提出财政议案,上院只有建议权,没有决定权。各州体制与联邦相似。

在法律发生冲突的情况下,联邦立法的效力高于各州的立法效力。在立法范围划分方面,宪法分别列举了联邦、州和联邦与州共同的立法范围。同时,规定联邦政府拥有剩余立法权力,即凡是州政府立法范围和共同立法范围没有涵盖的事项,联邦政府都拥有立法权。

1. 税收立法权的行使

根据宪法中关于立法范围的列举,联邦政府和州政府都有税收立法权和征税权。而且,联邦政府有权对列举立法范围以外的事项征税。

同时,根据印度宪法第265条的规定,没有法律的规定和授权,不能征收任何税收,征税的权力只能由议会和立法会(其实是下院)来行使。政府可以起草税法,但必须由议会和立法会予以批准。税法制定以后,政府的职责是管理和执行税法,并且应严格按照法律的规定执法。政府所有权力都来源于法律。

为了制定一部新税法或者修改税法,通常由政府或者执行部门起草法律草案,提请议会或者立法会审议。议会或者立法会的下院议员审议该法律草案,经过特定多数同意以后,法律获得通过,方可生效执行。

2. 税收法定要素和授权立法

根据法律的规定,由议会或者立法会制定的税收法律应当明确规定以下要素:征税范围,纳税义务的发生,税率,税基(应税价值),免税和抵扣项目,进项税额抵扣的资格,纳税人,税务登记的要求,税款的核定,税务主管机关的权力和义务,没有缴纳税款情况下的利息、罚款和复议诉讼,为了反避税而进行的调查、搜查和查封程序,税款征收,争议解决等。

税收法律不规定程序性和日常性事项,例如,纳税申报的细节以及需要提交的表格等。这些通常授权给政府规定。而且,政府应当依法承担核定、征收和调查的职责,履行依法征税职能。

如果立法者将税法的实质部分授予政府制定,即存在"过度授权"的情形,法院可以宣布该法律法规无效。司法是印度约束授权立法的主要力量。

(二)印度的税收分享体制和转移支付制度

根据宪法的规定,除印花税可以由联邦和州政府共同制定法律征收外,联邦和州拥有各自独立的税种,并独立享有税收立法权和征管权,各有一套税务征管机构。下表是印度联邦和州税种划分情况。

印度联邦和州税收分享体制

税收	联邦征收	州 征 收	共同征收
直接税	所得税(农业税除外); 公司税; 财富税; 股票与商品交易所交易税。	农业税; 土地和建筑物税; 机动车税; 矿业税。	印花税
间接税	州际货物销售(从一个州向另一个州销售货物)税; 消费税(对在印度生产加工货物征收的增值税,酒类和麻醉品类货物除外); 关税(向印度进口货物); 服务税(对印度服务业征收的增值税)。	州内货物销售增值税(对州内销售货物征收的增值税); 电税; 酒类和麻醉品类消费税; 州内进入特定地区的关税; 职业、商业和雇佣税; 娱乐税; 奢侈品消费税; 不动产税。	

由上表可知,征收直接税的权力主要集中在联邦政府(联邦政府有权征收个人所得税、公司所得税,包括资本利得税)。征收间接税的权力分配则较为复杂。征收间接税的权力具体是按照下列方式划分的:

关于服务:联邦政府可以就全部供应链条的各种服务征税,对服务拥有独享征税权;

关于货物:联邦政府可以对货物的生产加工环节征税(酒类和麻醉品类货物由州政府征税)。货物销售环节的征税则分为三种情况:(1)联邦政府可以对货物的进出口征税;(2)联邦政府可以对从一个州销往另一个州的货物征税;(3)州政府可以对州境内的货物销售征税。

根据以上税收分享制度,联邦获得了约63%的税收收入,而州获得了约37%的收入。但是,根据宪法规定的事权划分,约80%水利灌溉、85%的道路、85%左右的教育、70%的医疗服务都是由州提供的。联邦与州的财力与事权划分并不匹配。

因此,在税收分享制度的基础上,印度宪法设定了一个专门机构——财政委员会(Financial Commission)来制定联邦与州之间的转移支付办法和比例。财政委员会每五年重组一次,主要由联邦和州的财政部长等人员组成。根据现任第十二届财政委员会确定的比例,联邦税收收入的30.5%需转移支付给各州。但是,各州希望这一比例能够调整为50%。2009年,第十三届

财政委员会上任后,估计会调整原比例。

财政委员会不仅确定联邦向各州转移支付的比例,而且按照因素法确定在各州之间如何分配税收收入。下表是在确定联邦政府向州政府转移支付税收收入比例时所考虑的各因素的权重:

转移支付所考虑的因素及其权重(百分比)

因　　　素	权　　　重
人口	25.0
人均收入差异	50.0
土地面积	10.0
征税努力程度	7.5
财政纪律	7.5

除这种按照因素法进行分配的一般性转移支付外,联邦政府也会对一些联邦出资的社会、经济、基础设施以及其他发展项目或者由联邦政府批准由各州承担的项目给予专项转移支付。

整体上,来自联邦政府的转移支付(包括一般性和专项转移支付)大约占各州财政收入的40%,其中,一般性转移支付大约占32%。

(三)印度的增值税制度

在印度对货物和服务征收的主要间接税如下表:

序　号	征　收　对　象	税　种　名　称	征　税　主　体
1	服务	服务税	联邦
2	货物的生产加工	联邦增值税	联邦
3	货物销售(州际)	联邦销售税	联邦
4	货物销售(州内)	州增值税	各州

在印度,增值税是指联邦增值税、服务税和州增值税三个税种。服务税和联邦增值税,由联邦立法开征并具体征收。它们是环环抵扣的增值税,对于货物或者服务的流转额征税,购进时所缴纳的进项税额予以抵扣。由于两个种税都由联邦征收,服务与货物的进项税额可以相互抵扣,即当提供服务时,为该服务购进货物或服务的进项税额都可以抵扣,反之亦然。州增值税,由各州对于州内销售货物的行为征收,也是环环抵扣的增值税。货物的

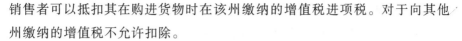

销售者可以抵扣其在购进货物时在该州缴纳的增值税进项税。对于向其他州缴纳的增值税不允许扣除。

联邦销售税是对跨州销售货物所征收的单环节销售税。联邦销售税由联邦立法开征,由销售发生地的各州征收。该税收没有抵扣机制,并且是最终税负,不能用于抵扣任何其他税收。议会已经提议每年降低税率1%,目前税率已经从4%降低到2%,在2010年将取消该税。

1. 联邦增值税

联邦增值税是对在印度境内从事货物加工制造行为征收的一个税种。加工制造被界定为包括生产和加工,其含义是:(1)作为加工制造活动的结果,应当有一个新的物品被制造出来(例如,将全脂奶变成脱脂奶的过程就被视为制造),法律也规定了被视为加工制造的一些活动,如包装和安装商标就被视为一种制造活动,尽管没有产生出新的物品;(2)该货物应当是可以移动的;(3)加工制造的活动必须在工厂中进行;(4)该货物应当是可以在市场上销售的。

——税率:以前,存在多种联邦增值税税率,税率的水平也比较高。目前,联邦增值税的税率或者征收率已经减至3档,即8%(适用于工业产品、电子产品、资本货物、药品等)、24%(大型汽车)和14%(其他货物),另外,软件产品(定制的软件产品除外)适用12%的特别增值税税率。

——登记起点和免税:如果小型生产企业年度生产加工货物的总额不超过4000万卢比(相当于640万元人民币),则该企业所生产的货物不需要缴纳联邦增值税。这一限制不适用于替商标所有者制造货物的小型生产企业,因为商标所有者可以雇佣若干家小型生产企业来制造其商品从而达到避税的目的。除此以外,政府还全部或者部分免除了很多产品(例如,医疗药品,信息技术产品)的联邦增值税纳税义务。

——抵扣项目:纳税人可以申请抵扣为生产加工所购进的货物或者服务缴纳的联邦增值税与服务税。

——出口的处理:适用免、抵、退机制。即对生产加工的货物直接出口免税,对没有抵扣的进项税额在使用完所有可抵扣的进项税额后全部退还。

2. 服务税

——法律依据:服务税于1994年引进,根据1994年的《财政法》征收和管理。为了该法律的实施,政府发布了一系列规则、公告和公函。

——征收范围:征收之初,仅对三种服务(保险、股票经纪和电信)征收服务税。随着时间的推移,征税范围不断扩大。目前,对一百多种服务项目征收服务税,免税项目有:法律服务、医疗服务以及宾馆提供的服务等。

——税率:1994年引进服务税时,类似于中国的营业税,没有进项税抵扣机制,服务税的税率是5%。随后被改造为增值税,允许服务的提供者抵扣其在提供服务中所使用货物或者服务的进项税额。服务税的税率也相应提高了,以应对允许进项税额抵扣税基缩小所导致的税收损失。目前,服务税的税率是12%(加上0.36的附加税),统一适用于所有服务业。

——登记起点:服务税的登记起点是100万卢比(大约相当于16万元人民币)。营业额在此起点以下的服务提供者不需要缴纳服务税。由于从小型企业那里征税的成本比较高,最近该起点有所提高。

——免税项目:服务税的免税项目主要基于纳税主体性质和活动的特殊性。例如,基于主体的免税项目包括向特别经济区的开发者提供的服务,或者向联合国提供的服务等。基于活动的免税项目包括药品临床试验、表演训练、职业训练等。

——进项税额抵扣:服务税的进项抵扣范围呈现出不断扩大的趋势。至2004年,不仅允许抵扣服务的进项税额,而且允许抵扣用于提供应税服务的货物(汽油除外)和资本货物所缴纳的联邦增值税。

进项税抵扣的前提是购进服务和货物必须用于提供应税服务。如果用于免税活动,则不允许抵扣。如果服务和货物既用于免税活动,也用于应税活动,则适用下面的规则:(1)服务提供者可以分别核算用于应税活动和用于免税活动的服务和货物,用于应税活动的服务和货物的全部进项税额都可以抵扣;(2)服务提供者可以抵扣全部服务和货物的进项税额,但是应当就非应税服务或者免税服务的价值缴纳8%的税。

另外,根据现行的服务税规则,即使资本性货物(主要是固定资产)只是部分用于应税供应,其进项税额也允许全部抵扣。只有当资本货物全部用于免税服务或者非应税服务时,其进项税额才不允许抵扣。其他几种类型的服务(如管理咨询服务、保安服务)也适用同样的规则。

对于资本性货物,第一年允许抵扣50%,剩余的50%可以在随后的年度予以抵扣。如果资本货物在第一年被销售,所有的进项税额都可以在该年予以抵扣,但是对应于其他销项税额的该资本货物已抵扣的进项税额都应

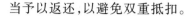

当予以返还,以避免双重抵扣。

任何当期未能完全抵扣的进项税额都可以无限期地向以后年度结转,抵扣以后年度的销项税额。但是,出口服务未抵扣完的进项税额,如果不能用于抵扣国内销项税额,则可以退税。以销售、合并、兼并等方式转让企业,如果该企业的债务也一同转让,那么尚未用完的累积进项税额也可以抵扣。

——对金融业的征税:印度对银行贷款利息不征增值税,对银行取得的其他收入征收增值税,进项税抵扣采用匹配原则,固定资产如计算机等、广告费可以全额抵扣进项税,其他投入项目只允许抵扣30%的进项税,因为银行其他收入约占银行收入的30%;对保险业征收增值税,不允许抵扣理赔损失,因为在印度普遍认为保险业收入水平高,税收负担能力强;对融资租赁利息收入征收增值税,计税依据是利息收入的10%,按12%的税率征收。

——出口的处理:出口服务适用零税率,需向出口者退还已经缴纳的服务税。

——进口的处理:对于从位于印度境外并且在印度没有设立机构场所的供应者那里进口服务,位于印度的服务接受者有义务缴纳进口服务税。如果该海外的服务提供者在印度设立了机构场所或者代理人,并且该机构场所或者代理人与该服务的提供直接相关,则纳税义务应当由供应者承担。海外主体向其位于印度的分支机构提供服务被视为服务进口。个人从印度境外进口的服务不属于征税范围,除非该服务用于个人的经营目的。

——税款的征收与预缴:服务税由专门的联邦服务税委员会负责征管。服务税按月缴纳,由纳税人自行计算缴纳。如果年度应纳税额超过500万卢比(相当于80万元人民币),纳税人必须通过电子系统缴纳服务税。纳税人应当每六个月提交一次服务税纳税申报表。

3. 州增值税

各州有权对州内货物的销售征收增值税。在早期,所有的州都遵循对于销售的单一环节征税的制度,没有抵扣机制,往往在第一次销售(批发)环节征税。2003年以来,各州逐渐从单环节征税转变为具有环环抵扣机制的增值税。增值税制度带来了较少的逃税、较高的税收遵从度以及各州较高的税收收入。州增值税由货物销售所在州征收和使用,即销售时该货物所在的州。目前,州增值税大约占各州税收收入的60%。

——税率:在增值税法实施以前,各州之间的法律缺乏协调,对于各种货物所征收的税率各不相同。目前,税率已经在实质上进行了协调,各州增值税税率基本统一,实行三档税率:1%、4%以及12.5%。由贵金属所制造的金、银和宝石等适用1%的税率;工业产品、IT产品、建筑材料、农业产品以及其他基本生活用品适用4%的税率;其他产品适用12.5%的税率。

对于联邦所宣布的重要货物(例如,某些食物和建筑材料,如钢、铁、水泥),各州所征收的增值税税率不能超过4%。

——登记起点:根据大部分州的立法,企业纳税的起点是年营业额达到50万卢比。

——进项税额抵扣制度:经营者可以申请抵扣购进货物所缴纳的税款以及直接或者间接用于应税销售的资本货物所缴纳的税款。跨州销售被视为出口,缴纳联邦销售税的购进货物其税款也允许抵扣。

一般情况下,下列进项税额不允许抵扣:

(1)从非增值税纳税人购进的货物;

(2)从缴纳销售税所在州以外的州购买的货物;

(3)专门为免税货物的制造、加工和包装而购买的货物;

(4)用于销售和制造货物以外目的购进的货物;

(5)作为免费样品予以发放的货物;

(6)纳税人向其位于另外一个州的分支机构转移的没有缴纳销售税的货物。

对于资本货物而言,允许全额抵扣。但是该抵扣应当平均分散在从购买之日起的36个月的期间。各州增值税法一般都允许无期限向后结转未抵扣完的进项税额,企业也可以申请退税。

——出口的处理:根据各州增值税法的规定,出口货物适用零税率,进项税额可退还给纳税人。

——进口的处理:进口货物的交易不需要缴纳州增值税。

(四)印度增值税制存在的主要问题

当前印度增值税制最主要的问题是既不允许联邦政府也不允许州政府在加工销售链条的所有环节对于所有的加工销售(包括货物、服务、不动产和无形资产)征收综合性的、单一的间接税。这导致四个方面的问题:一是税基较窄,联邦政府和州政府所征收的增值税在范围上都不完整,并且存在不同的税收优惠措施,制度复杂;二是税率较高,较窄的税基必然对应着相对较高的税率,联邦增值税的标准税率为14%,州增值税的税率为12.5%,二者之间不能相互抵扣进项税,导致生产加工和销售的货物实际名义税负很高(大约28%);三是税负累积,税种之间的进项税不能相互抵扣,并且减免税优惠较多,导致税负在生产销售链条环环累积;四是征管滞后,增值税制的复杂性以及联邦和州征管机关之间不能很好协作,再加上征管手段落后,征管效率较低。总之,印度增值税制的设计比较复杂,造成经济上无效率,对竞争产生扭曲。

(五)未来印度增值税制改革

为了克服现行增值税制度的缺陷,印度政府提出了在2010年统一增值税制的改革方案,该方案将目前割裂的三种增值税制合并,征收一个统一适用于所有货物和服务,覆盖生产、加工、销售所有环节的商品服务税(GST)。该税制被初步设计为符合目前世界上现代增值税(即商品劳务税)的模型,税基宽泛、税率简化、尽量少的免税项目。同时,该税制仍然具有印度的特色,即是"双元"的商品劳务税:联邦和州将对同一税基按某个税率分别征收各自的税收,例如联邦对所有的商品和劳务征10%的税,州对同样的税基征收5%的税,相互之间可以相互抵扣,但是两套税务机构分别课征,各自入库。据印度州财长委员会主席、西孟加拉邦财政部长阿希姆·达斯古普塔先生的介绍,这是印度联邦制度的产物,各州不可能放弃自身的税收主权,而独立的税率决定权、税收征管权,是维护州税收主权的底线。他认为,各州能够在统一税基问题上达成一致,已经是联邦制度的奇迹了。

目前,增值税制的改革是政府和社会各界共同关注的一个热门话题,也被认为是印度近年来较大规模的一次税制改革。但是,该项改革仍然面临很多的困难:一是宪法的障碍,由于宪法明确划分了联邦和州在间接税方面的税收权限,一旦改革,就需要修改宪法,由于宪法修订程序严格,未来改革具有不确定性;二是联邦和各州之间的利益博弈平衡点不容易找到,现在各州基本上达成一致,但是在设定税率时,联邦和各州必然要进行大量博弈。

三、几点启示和建议

增值税制度改革和立法是我国税制改革和法制建设的一项重要内容。俄罗斯和印度作为两个大国,其所进行的增值税改革与立法,为我国提供了研究素材。两国特别是印度,对货物和服务分别征收不同间接税的做法,与我国现行流转税制设计有相似之处,其未来改革方向、面临的问题和解决办法对我国的增值税改革与立法有一定借鉴意义。具体启示和建议如下:

(一)认真落实常委会立法规划,加强税收立法工作,制定增值税等若干单行税法

我国宪法和立法法中都规定了税收法定原则,[①]该原则也是各国公认的税收立法最高原则。俄、印两国与我的发展阶段相近,近年来不断实施税制改革,但也坚持这一原则。相比之下,我国的税收立法现状与税收法定原则的要求还有一定距离。目前,我国税收法律只有三部,20 个税种中,只有企业所得税和个人所得税等 2 个税种制定了法律,其余 18 个税种是依行政法规开征的。税收立法比较滞后,税法的级次比较低,这既不利于推进依法治国、依法行政;也不利于纳税人树立依法纳税意识和降低税收征管执法成本。

本届全国人大常委会已将修改税收征管法、制定增值税法等若干单行税收法律列入立法规划,这充分体现了全国人大常委会对于税收立法的重视。认真落实常委会立法规划制定的税收立法任务,加强税收立法工作,当前,应当认真研究、正确处理好上世纪八十年代的授权立法和立法法的关系,开征新税种和调整税法的课税要素,应当通过制定或修改法律来实现;对现有的税收暂行条例和办法,应根据立法法、常委会授权立法和立法规划的要求,在条件成熟时,及时上升为法律。同时,根据常委会立法规划和立法工作会议精神,在与财政部、国家税务总局和国务院法制办等部门座谈沟通的基础上,提出落实常委会立法规划有关税收立法任务的工作方案,认真做好联系审议税收法律草案等各项具体工作。

(二)推进增值税制改革和立法

印度正在积极推进 2010 年实施商品服务税的改革,改革的核心问题是如何处理联邦和州的税收权限和利益。邦财政授权委员会在此次税制改革中发挥着至关重要的作用,是联邦和州税收利益的重要协调机构。印度的增值税改革与做法有两点可供我国参考借鉴:

一是未来增值税改革与立法的方向。目前,我国对货物和服务分别征

---

① 我国宪法第五十六条规定:"中华人民共和国公民有依照法律纳税的义务。"立法法第八条规定:"下列事项只能制定法律:(八)基本经济制度以及财政、税收、海关、金融和外贸的基本制度;"

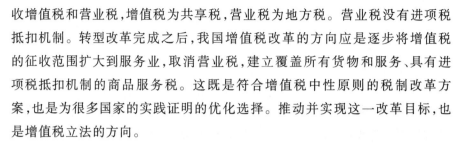

收增值税和营业税,增值税为共享税,营业税为地方税。营业税没有进项税抵扣机制。转型改革完成之后,我国增值税改革的方向应是逐步将增值税的征收范围扩大到服务业,取消营业税,建立覆盖所有货物和服务、具有进项税抵扣机制的商品服务税。这既是符合增值税中性原则的税制改革方案,也是为很多国家的实践证明的优化选择。推动并实现这一改革目标,也是增值税立法的方向。

二是认真研究各级政府之间的税收利益平衡点。各级政府之间的税收利益分配是我国增值税改革与立法不可回避的核心问题之一。如何寻求各级政府利益的平衡点,对我国来说,没有完全可以照搬的模式,需要进一步研究。但是,进一步完善分税制财政管理体制和财政转移支付制度是推进增值税改革的重要举措。

(三)对增值税制改革与立法的具体建议

1. 税率。增值税的税率档次应当尽量简化,要严格控制低税率的适用范围,避免影响增值税抵扣链条的完整性。

2. 免税项目。应严格控制增值税减免税范围,增值税的减免税项目越多,税制越复杂。进项税抵扣链条断裂,容易引发偷漏税行为,增加税收征管成本。实践证明,将增值税的免税作为优惠政策,其效果是可质疑的。虽然免缴销项税,如果不能退还进项税,企业的进项税仍然会作为成本沉淀下来,形成企业负担。

3. 登记起点和小规模企业的处理。印度三种增值税都明确规定了登记起点,起点下的企业不是增值税的纳税人,不缴纳增值税,而且,也不缴纳其他相类似的间接税。俄罗斯虽然没有明确规定登记起点,但是规定了三个月中销售额低于 200 万卢布的小企业免纳增值税。对小企业征税,一方面数量庞大,难于征管,另一方面,所获税额比较少,征管成本很高。所以,很多国家都规定了增值税的登记起点,而且高登记起点被认为是提高增值税征管效率的一个制度保证。

我国目前对个人纳税人规定了 3000 元至 5000 元的起征点,对企业纳税人规定了小规模纳税人制度。自 2009 年 1 月 1 日起,小规模纳税人统一适用 3% 的征收率,并不得抵扣进项税。今后,可借鉴国际上的一些做法,适当提高增值税登记起点,起点以下企业和个人免征增值税,同时完善对起征点以上的小规模企业的征收制度,既有利于降低征管成本,也有利于促进小企业的发展。

4. 对金融业的征税。在增值税制中,金融业始终具有特殊性,主要是因为其税基很难核定,销项税额和进项税额无法匹配。俄罗斯借鉴欧盟做法对金融业免征增值税,印度仅对银行提供的服务业务征收增值税,对银行贷款业务免征增值税。我国对银行贷款业务按利息收入全额征收 5% 的营业税,为了促进我国金融业的健康发展,就完善金融业税收制度问题还需借鉴国际经验进一步研究。

5. 对出口的处理。虽然俄罗斯的出口退税程序很复杂,并且不规范,但俄、印在实践中都实行出口零税率制度。这是增值税奉行"消费地征税"原则的要求,也是消除出口货物双重征税的必要措施。我国出于宏观调控的需要,将出口退税率的调整作为一项重要的调控措施,对大部分货物的出口均不实行零税率,随着近两年经济形势的急剧变化,出口退税率频繁调整,对出口企业的生产经营和税收预期造成很大的影响,虽然这些调整在一定程度上发挥了调控作用,但不符合增值税的中性原则,其所带来的负面效应也应认真评估。建议尽量维持出口退税制度的稳定性。

全国人大常委会预算工作委员会

赴俄罗斯、印度增值税改革与立法考察团

2008 年 12 月 30 日

附件:

俄罗斯税法典第三条:税收立法的基本原则

1. 每个人都应当依照法律规定缴纳税费。税收和收费立法必须按照普遍和公平的原则制定。开征税收时必须根据量能课税的原则,考虑纳税人的实际支付能力。

2. 税收和收费不能因社会、种族、国籍、宗教和其他类似因素而规定歧视性待遇;

不能因为组织形式、公民个人身份或资本来源不同而设定特别的税收优惠、免税或者税收补贴；

不能因进口货物的来源国不同而开征不同种类或者不同税率的关税，除非本法典或其他联邦法律明确规定。

3. 税收和收费的征收应当基于经济的合理性，不能武断设立。税收的征收不能妨碍公民享受宪法赋予的权利。

4. 税收和收费不能妨碍俄罗斯联邦统一经济区域的形成，特别是不能直接或者间接地限制商品（服务）或者金融资源在俄罗斯联邦境内的自由流动；也不能限制或者阻碍自然人或者组织从事不被法律所禁止的各项经济活动。

5. 联邦税收和收费的开征、修改和废止必须根据本法典的规定进行；

联邦主体和地方的税收和收费根据联邦主体议会和地方自治代议机构制定的法律和法规开征、修改和废止，但是必须符合本法典的规定；

未经本法典的规定和允许，任何人都不能被课征任何的税收、收费和相关费用。

6. 开征新的税种，必须明确规定所有必需的税收要素，税收和收费法律文本的内容设计应当使每个人都能清楚、准确地知道需要缴纳什么税或费，什么时候、按照什么程序缴纳。

7. 所有税收或收费法律规定中存在的未决事宜、矛盾或模糊之处，都应当按照有利于纳税人（缴费人）的原则进行解释。

附录四
希腊、捷克
增值税改革与立法考察报告

根据世界银行"中国增值税改革与立法研究"项目的安排，全国人大常委会预算工作委员会法案室主任刘修文于 2009 年 6 月 15 日至 24 日，率团对希腊和捷克的增值税改革与立法情况进行了考察。考察团一行 5 人，先后访问了希腊经济与财政部、议会、国防部、雅典普华会计师事务所，捷克财政部、税务局、议会众议院预算委员会、布拉格普华会计师事务所等，并与项目外方专家普华会计师事务所全球间接税负责人伊娜女士等进行了座谈，考察达到了预期目的。现将考察情况汇报如下。

一、欧盟增值税制的演进及主要内容

欧盟区域经济一体化是一个渐进的过程，根据涉及领域和一体化程度的不同，先后经历了关税同盟（Customs Union，统一关税、一致对外）、共同市场（Internal Market，区内各种生产要素自由流动）、经济联盟（Economic Union，超国家机构、统一基本经济政策）等阶段。与之对应的欧盟税收协调经历了从关税协调、间接税协调到直接税协调的转变。从间接税的协调情况看，1957 年欧盟委员会通过的《罗马条约》便提出了协调间接税的

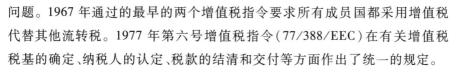

问题。1967 年通过的最早的两个增值税指令要求所有成员国都采用增值税代替其他流转税。1977 年第六号增值税指令(77/388/EEC)在有关增值税税基的确定、纳税人的认定、税款的结清和交付等方面作出了统一的规定。

2006 年,欧盟通过了新的增值税指令(2006/112/EC,以下简称"指令"),将历年对第六号增值税指令的修订内容整合为一个法律文件,进一步明确了欧盟增值税制,其主要内容有以下六个方面。

(一)应税范围及纳税人

应税交易范围包括纳税人在成员国境内有偿提供货物、纳税人在成员国境内有偿提供服务以及进口货物,但对从欧盟内其他成员国获得货物和服务有一些特殊的规则。

纳税人被界定为在任何地方独立从事任何经济活动的任何主体,且不论该活动的目的或者结果是什么。经济活动概括了生产商、销售商以及提供服务的主体所从事的所有活动。采矿业、农业、专业服务行业以及为盈利而利用有形或者无形资产的活动也包括在内。

应当指出的是,该指令中所包含的纳税人的界定尚未在欧盟所有国家执行。比利时、意大利、瑞典、英国等国的增值税立法中所采纳的定义与欧盟指令就有显著差异。然而,纳税人的概念在欧盟内应该是一个统一的概念,需要按照欧盟指令和欧盟法院的裁定来解释。

(二)应税行为

应税行为包括出售货物和提供服务。出售货物被界定为货物的所有者转让其权利以及处分有形财产的行为。提供服务被界定为不构成出售货物的任何其他交易,如:转让无形资产的权利;不从事某种行为或者容忍某种行为或者情形的义务;按照政府的命令或者以政府的名义或者按照法律的规定所提供的服务等。而且,纳税人或其雇员私人使用或用于除经营以外的其他目的的企业财产,如其进项税得到了全部或部分抵扣则也视为提供服务的应税行为。纳税人为自身或者其雇员的私人目的或者除经营以外的其他目的提供的服务,也被视为提供服务的应税行为。在不扭曲市场竞争的前提下,成员国可以变通这些规定。

(三)应税行为发生地点

根据目的地原则,在销售货物时,如果货物需要运输,该运输开始的地方就是应税行为发生地点。确定提供服务地点的基本原则是服务提供者的经营场所所在地。如果服务提供者具有固定的经营场所,该经营场所就是服务提供地;如果没有固定的经营场所,服务提供者的永久地址或者服务提供者经常居住的地方就是服务提供地。从 2010 年 1 月 1 日起,这一原则将继续适用于向非纳税人所提供的大部分服务。为增值税之目的,非纳税人的法人也应当被视为纳税人。对于向纳税人所提供的大部分服务而言,服务提供地点将是服务接受者的经营所在地。①

（四）税率

1992 年欧盟委员会提出协调成员国的增值税税率,规定标准税率不得低于15% 且不得高于 25%,低税率不得低于 5%（除非该成员国在 1991 年 1 月 1 日时已经适用了低于 5% 的低税率或者在该成员国加入欧盟时被允许采用低于 5% 的低税率）。低税率仅适用于指令中列示的某些特定种类的货物和服务。这一清单包括与生活必需品或者社会、文化必需品有关的货物和服务。而且,在不影响公平竞争的前提下,低税率还可以适用于天然气和电力的供应。这一最低税率标准将适用到 2010 年 12 月 31 日。目前,各国之间增值税税率还存在较大差别,税率最低的卢森堡只有 15%,德国和西班牙为 16%,而瑞典和丹麦的税率则高达 25%。

（五）增值税的管理——登记和征收

一般而言,在欧盟成员国内销售货物或者提供服务并且有权抵扣进项税的每一位纳税人必须进行增值税登记并且被授予一个单独的号码,但允许成员国进行适当的变通。同时,指令规定每一位纳税人必须在其作为纳税人的经营活动开始、变更和结束之时通知国家税务主管机关。成员国也可以采取措施加强征管和防止避税。同样,成员国也可以采取措施简化或者减轻纳税人的义务。

（六）增值税管理的主管机关

在欧盟层面上,没有税收主管机关或者增值税管理机关。根据欧盟建立共同增值税制度有关条约的规定,欧盟税收和关税联盟主任的职责是提出立法建议并且启动成员国违法审查程序。除了欧盟委员会,欧盟建立了一个由成员国代表和欧盟委员会代表组成的关于增值税的建议咨询委员

---

① 欧盟指令 2008/8/EC 对欧盟第六号指令 2006/112/EC 第 44 条进行了修正,从 2010 年开始,服务供应的纳税地确定为服务接受方所在地,以避免成员国以税率竞争的方式吸引跨国服务提供商在本国落户。

会,被称为"增值税委员会"。欧盟建立增值税委员会的目的是为了便利欧盟增值税指令得到统一执行并加强成员国和欧盟委员会更加密切的合作。当增值税委员会的指导规范被全体一致通过时,才能产生具有法律约束力的增值税决定。欧洲理事会在欧盟委员会的建议下全体通过欧盟增值税指导规范。所适用程序与欧盟审查批准成员国对增值税指令的变通规定的程序相同。

近期,欧盟又经通过决议,对上述增值税框架作了一些修改,并将于2010年开始正式生效,主要包括:对应税服务发生地点规则作了重大修改,即将一些服务的征税地点由服务提供者所在国改为服务接受者所在国;同时,延长了适用低税率的服务列表的有效期;缩短了与其他欧盟成员国之间交易的申报期限;用一套全新的纯电子程序取代了现行的欧盟企业退税申请程序。在今年捷克担任欧盟轮值主席国期间,欧盟还就增值税改革达成了一些新的协议,主要包括:允许成员国对餐饮、理发等劳动密集型行业和具有地域性的服务业实行低税率;延长对餐馆和电子书等实行的低税率;制定对特定进口实行免税的前提条件以及对指令的一些技术性修改。

二、希腊增值税改革与立法情况

希腊位于巴尔干半岛最南端,是西方文明的发祥地。希腊经济基础相对薄弱,农业较发达,工业主要以食品加工和轻工业为主。2004年雅典奥运会极大地改善了希腊的基础设施建设并促进了旅游及服务业发展。希腊政府从加快私有化进程,提高经济效益入手,积极推行经济和社会福利改革,一方面加大打击偷、漏税力度,另一方面积极刺激消费,鼓励外来投资,取得一定效果,主要经济指标明显改善,经济增长连年超出欧盟平均水平,国内生产总值增长速度保持在3%左右,2008年达到3.4%,当年国内生产总值为2429亿欧元(约合3400亿美元),人均国内生产总值约3万美元。2008年希腊全国财政预算为1003.88亿欧元,约占国内生产总值的40.9%。其中,经济与发展事务支出占39.5%,医疗与社会保障支出占25.7%,教育支出占7.8%,地方政府支出占7.8%,国防支出占5.8%,外交支出占3.4%,公共安全和司法支出占3.3%,基础设施和交通建设支出占2.6%,支持农村地区发展支出占2.0%,文化、宗教、教育支出占0.9%,政府在地方的专项支出占0.8%,环境和住房支出占0.4%。2004年首都雅典承办奥运会使希腊

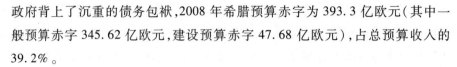

政府背上了沉重的债务包袱,2008 年希腊预算赤字为 393.3 亿欧元(其中一般预算赤字 345.62 亿欧元,建设预算赤字 47.68 亿欧元),占总预算收入的39.2%。

(一)希腊税收立法权

希腊共有三级政府,中央、大区和地方政府。议会是希腊的最高立法机构,实行一院制,由全国普选产生的 300 名议员组成,任期 4 年。

宪法第二十六条第一款规定"议会和共和国总统共同行使立法权"。议会享有包括修订宪法、制定法律、通过议会议事规则、审查和批准预算和政府财务报告、通过经济和社会发展计划等事项在内的立法权。

宪法第七十三条第一款规定"法律提案权属于议会和政府"。实践中,法律提案多由政府提出。法律提案必须附有说明,详细阐述提案的主要目的、主要内容以及与既有法律可能产生的冲突。如果提案会对国家预算产生影响,还必须附有国家审计署出具的对支出影响的报告和财政部长与提案部长关于该提案可能造成的财政短收及如何弥补的情况说明。提案应先提交给议会法律技术支持部门,该部门就提案的立法技术问题及其与其他法律的关系提出报告一并送交议会审议。议员和政府各部部长都有权提出修正案和补充条款,但提出时间必须在议会开始正式审议该提案的三天前。列入议会议事日程的提案将提交议会有关的常设专门委员会,由其研究讨论通过后,提交议会全体会议表决通过。提案的审议程序一般包括三次讨论和表决,第一次是原则性讨论和表决,第二次是逐条讨论和表决,第三次是整体性讨论和表决。议会讨论通过的法律,由总统签署并在政府公告上公布,一经公布立即生效。

关于税收,希腊宪法确定了三项原则,即公平、法定和不溯及既往。宪法第四条第五款规定"希腊公民无例外地按照其收入水平分担公共开支"。第七十八条第一款规定"非经议会制定法律明确征税对象,不得征收任何税",第二款规定"不得以具有溯及既往效力的法律对税法生效年度之前的收入、财产或行为征收税收或任何其他财政性收入",第四款规定"有关征税对象、税率、减免税和给予补贴等事项必须由立法机关规定,不得授权政府部门为之"。因此,希腊所有的税收制度都必须通过制定税法才能实施。税收法律没有特别的立法程序,与一般法律的审议程序相同。税收法律草案通常由经济与财政部起草,该部设有类似税政司的机构研究税收法律政策并提出立法建议。

关于税收立法权,希腊的主要税种分为三类,即直接税(所得税)、间接税和不动产税。其中,直接税包括个人所得税和企业所得税,间接税包括增值税、消费税和印花税,不动产税包括不动产持有税、不动产交易税、不动产利得税、不动产交易费、不动产特别税和地方不动产税。除地方不动产税为地方税外,其余税种皆为中央税。中央在税收立法中具有主导权,所有税种(包括地方税)都由国家议会立法,地方的税收立法权极为有限,仅限于在议会制定的地方不动产税法允许的税率浮动范围中选择适用本地方的税率。

需要强调的是,作为欧盟成员国,希腊有义务在其国内立法过程中贯彻欧盟增值税指令的要求。

(二)希腊增值税演进及主要内容

为使希腊的间接税系统更加现代化并满足欧盟第六号增值税指令的要求,希腊根据1986年制定的1642号法律(1642/1986),自1987年1月1日起正式引入增值税。引入增值税是希腊历史上最大的税制改革之一,当时在希腊征收的其他间接税,如印花税、流转税等都被增值税取代而废止。自1987年实施增值税以来,在欧盟第六号增值税指令的框架下,希腊多次修改其增值税法,这些修订都被整合到2000年制定的希腊增值税法典(2859/2000)中。目前,增值税是希腊第一大税种,2008年增值税收入为182.43亿欧元,占其财政收入的18.17%,占其国内生产总值的7.51%。

希腊增值税具有以下主要特征:是中央税;是一种针对消费行为征收的间接税,不考虑纳税人的收入和财产状况;是一种比例税,不考虑应税金额的多少;是一种中性税收,税负最后将被最终消费者承担,不构成企业的负担。

1. 纳税人

任何自然人或法律实体,无论其是否具有希腊国籍,只要其独立并系统地进行经济活动,则无论其登记注册地所在、其经济活动的目的和结果如何,都是希腊增值税的纳税人。

2. 征收范围

希腊增值税的征税范围包括下列交易行为:纳税人在希腊境内从事货物的生产和销售、提供服务;纳税人在希腊境内取得从其他欧盟成员国提供的货物或服务或非纳税人的法人取得从其他欧盟成员国提供的货物或服务

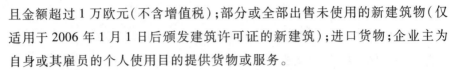

且金额超过1万欧元(不含增值税);部分或全部出售未使用的新建筑物(仅适用于2006年1月1日后颁发建筑许可证的新建筑);进口货物;企业主为自身或其雇员的个人使用目的提供货物或服务。

3. 税率

希腊增值税的标准税率为19%,还设有两档低税率9%和4.5%。9%的低税率主要适用于一些生活必需品,如食品、药品、医疗器械、残疾人用品、旅客运输、与农业生产有关的货物和服务、酒店服务、餐饮业、自来水、供电、供气等。4.5%的低税率主要适用于书籍、报刊、杂志和剧场门票。

对于一些特定的希腊岛屿,在正常税率的基础上享受30%的税率优惠,即岛屿适用的税率分别为13%、6%和3%。

零税率主要适用于出口。

4. 进项税抵扣

企业为经营目的购买固定资产、无形资产和服务时缴纳的增值税税额,可作为进项税额准予从销项税额中抵扣。但下列进项税不得抵扣:进口或购买烟草制品;进口或购买含酒精饮料;招待费用;为企业主和雇员提供的酒店、餐饮、娱乐、交通服务;如不以进一步销售、出租或有偿提供运输服务为目的,进口或购买9座以下汽车、摩托车、船只或飞机及其维持的相关费用。

如果纳税人既有应税交易行为又有免税交易行为,就不能获得进项税的全额抵扣。在这种情况下,可以抵扣的进项税通过两个步骤来计算:第一步是判定能与应税交易行为或免税交易行为直接相关的进项税,与应税交易行为直接相关的可以抵扣,与免税交易行为直接相关的不可以抵扣;第二步是用不能直接与进项税相关联的应税交易行为金额除以不能直接与进项税相关联的交易总金额,得出可抵扣率(取最接近的整数)。

当进项税额大于销项税额时,当期不能抵扣的进项税额,可以结转下期抵扣。如纳税人将终止其经营活动,不能完全抵扣的进项税必须给予退税。对于持续经营的纳税人,如果结转也不能使其得到完全抵扣,纳税人可以向税务部门申请退税,税务部门应当在4个月内给纳税人退税。

在特定情形下,如出口、进项和销项适用不同的税率造成进项税大于销项税或购进大宗固定资产等,纳税人也可以向税务局申请退税。纳税人第一次申请退税时,在退还税款前税务部门要进行临时审查。如退税申请所需文件资料齐全,纳税人提交退税申请 1 个月内,应退税额的 90% 将被退还给纳税人。剩余 10% 的退税将在纳税人进行增值税汇算申报当年(财政年度)内被退还。如果总退税金额超过 6000 欧元,在剩余 10% 退税前,税务部门要进行税务审计。

实践中,由于财政压力和行政效率等原因,退税时限规定的执行并不理想。

5. 免税项目

希腊增值税免税交易行为主要包括:邮政服务及与之直接相关的货物销售;国有的广播电视服务(商业性活动除外);医疗卫生服务及与之直接相关的货物销售;律师、公证、医生、护士、牙医、心理咨询师、理疗师等提供的服务;与社会福利有关的服务及与之直接相关的货物销售;教育服务及与之直接相关的货物销售;非盈利法人或组织提供的体育文化服务;大部分金融服务(银行、保险服务);不动产交易(新建筑除外);博彩业。

6. 纳税地点的确定

希腊增值税以销售地点为纳税地。当交易行为发生时,货物处于希腊境内,则货物的销售地点被视为希腊。如果服务提供者是在希腊登记注册或在希腊有固定的经营场所,或者其在希腊有永久住址或常住希腊,则服务的提供地被视为希腊。

7. 对一些特定商品和服务的征税规定

对农业征税,希腊采用了欧盟指令中提供的"统一比例税率"机制,即农业生产者有权就其销售的农产品和提供的农业服务的毛收入适用特定比例税率申请增值税退税,其毛收入由农产品购买者和农业服务的接受者(都必须是增值税纳税人)开具的发票来确定。如果农业生产者向其他适用"统一比例税率"机制的农业生产者、非增值税纳税人或者最终消费者销售农产品或提供服务,则不能得到退税。农业不同领域适用的统一比例税率不同,林业、渔业和农业服务为 4%,种植业和畜牧业为 7%。

对金融业征税,希腊对大部分银行交易、证券销售、保险和再保险业务免税。同时,不允许金融服务的提供者抵扣增值税进项税额。

对不动产征税,希腊对首次部分或全部出售未使用的新建筑物(仅适用于 2006 年 1 月 1 日后颁发建筑许可证的新建筑)及其所附着的土地适用 19% 的标准税率征收增值税,之后的转让行为不再征收增值税,但需征收不

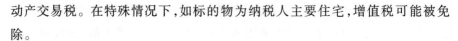

动产交易税。在特殊情况下,如标的物为纳税人主要住宅,增值税可能被免除。

8. 征收管理

增值税由希腊税务机关(设在希腊经济与财政部下)征管,进口环节增值税和汽车增值税由海关部门征管。所有应缴纳增值税的纳税人应当在其作为纳税人的经营活动开始、变更和结束之时通知国家税务主管机关。纳税人会计记录保存、发票使用等义务由税收法律和行政法规作出明确规定。纳税人应于每月 20 日之前就上月应交增值税提交申报表(小企业可以每季度申报一次)。采用复式记账法的纳税人在其财务年度结束后的四个月零十天之内提交上年度增值税汇算申报(采用季度申报的小企业在其财务年度结束后的第二个月 25 日前提交年度增值税汇算申报)。在欧盟内从事跨国销售货物、提供服务的纳税人还要每月申报其跨国交易的有关情况。

对于迟延申报、不实申报和不申报行为,将面临应纳税额一定比例的罚款。迟延申报的罚款为每月应纳税额的 1.5%,最高为应纳税额的 100%;不实申报的罚款为每月应纳税额的 3%,最高为应纳税额的 200%;不申报的罚款为应纳税额的 3.5%,最高为应纳税额的 200%。如纳税人与税务机关达成庭外和解,对于不实申报和不申报行为的罚款可以降低 40%。

(三)希腊增值税实施中存在的主要问题

1. 税率设置不尽合理

希腊除标准税率外,设置了两档低税率,并且对岛屿在正常税率的基础上实行 30% 的税率优惠。低税率的设置影响了增值税的中性,导致实践中适用不同税率的纳税人在进行交易时可能不能完全抵扣其进项税,有可能扭曲经济行为。特别是对岛屿实行的优惠税率,在实践操作中给税务部门造成了极大的困难,实际上也没有达到降低岛上商品和服务价格的政策目标。

2. 免税项目过多

像很多其他欧盟国家一样,希腊规定了比较多的免税项目,免税仅仅是指销售时不纳增值税,但是不能抵扣该项目的进项税额,进项税就成为该项目的成本,被转嫁到销售价格中。

3. 税收执法不理想和税收司法制度不完善

据反映,希腊一些税务人员对增值税制度缺乏足够的专业知识,且普遍存在重所得税轻增值税的观念,在执法中往往把主要精力放在所得税征管上,习惯用所得税的观念来征管增值税,实践中产生了不少的税务纠纷。特别是增值税退税制度的执行很不理想,实践中纳税人几乎无法及时获得退税。

希腊税务纠纷案件由行政法院管辖,税务诉讼程序旷日持久,有的案件甚至长达十多年才能审结,且费用十分高昂。由于税收司法效率低、成本高,纳税人为了节省时间和费用,常常要屈从于税务机关,与其达成庭外和解,接受其核定的增值税。

据了解,希腊目前对增值税制改革尚无整体方案,主要是根据欧盟最新指令适当修改其增值税法。未来努力的主要方向是:扭转税务官员重所得税轻增值税的观念,提高其专业知识;加大信息化建设力度,力争尽快实现增值税的电子申报,以节省征纳双方的成本;加大打击增值税税收欺诈力度,堵塞税收漏洞。

三、捷克增值税改革与立法情况

捷克是位于欧洲中部的内陆国,工业基础较好,近年来经济保持了持续快速增长。2008 年捷克国内生产总值为 36437.57 亿克朗(约合 1959 亿美元),增长 6.9%,人均国内生产总值约为 18700 美元。2008 年捷克全国财政收入为 14505.03 亿克朗(约合 779.84 亿美元),财政支出为 14882.22 亿克朗(约合 800.12 亿美元),财政赤字 377.19 亿克朗(约合 20.28 亿美元)。捷克拥有较为完善的社会保障体系,其财政支出的 45% 用于社会保障事业。

（一）捷克税收立法权

捷克共有三级政府,中央、州和县。议会是捷克的最高立法机构,实行两院制。众议院议员 200 名,任期 4 年。参议院议员 81 名,任期 6 年,每两年改选三分之一参议员。

宪法第十五条规定"捷克共和国的立法权属于议会,议会由众议院和参议院组成"。法律草案通常由政府提出,除预算草案有特别的审议程序外,其他法律草案的审议都采取宪法规定的一般程序。税法草案由财政部负责起草,设在财政部的税收征管机构也参与草案的研究起草工作。法律草案经过部门内部研究讨论通过后将对外征求意见,主要征求政府其他各部、与税法草案内容有关的其他国家机关和组织,如最高法院、中央银行、工会、雇主联合会和其他行业组织等的意见,当法律内容直接涉及公民切身利益时也会公开征求社会公众的意见。之后,法律草案将提交政府立法委员会讨论,政府不同部门的分歧意见将在讨论过程中由政府首脑决断。经政府审议通过后的法律草案将提交议会众议院审议。众议院对法律草案一般实行三审方能通过。一审由指定的委员会(可以是多个,税收立法由预算委员会审议)对法律草案进行原则性审议,委员会对法律草案作出决议并提出有关建议与草案一并提交众议院全体会议。众议院审议时,其他委员会和所有众议员都可以发表意见。众议院可以一半以上到会众议员的支持通过法律草案,但当有全体众议员的五分之一以上持反对意见时,可以通过保留意见报告。众议院审议结果也可以否决法律草案或将其退回政府部门补充修改。二审将对法律草案的内容进行辩论,并讨论委员会提出的建议,在此过程中可以提出对法律草案的修正案。三审可以否决法律草案,如不否决则应对二审中提出的修正案进行表决,之后将对是否通过该法律草案整体进行表决。众议院表决通过后,法律草案将提交参议院审议。参议院应在收到法律草案的 30 日内发表意见,逾期则视为通过。参议院可以通过、否决或提出修正案,若参议院通过,该法律案将送交总统签署后公布生效;若参议院否决,众议院将对该法律案进行再表决,可以全体众议员半数以上通过该法律;若参议院提出修正案,众议院将就参议院修正后的法律草案进行表决。

(二)捷克税收及分享体制

捷克的主要税种分为四类,即所得税、流转税(间接税)、财产税和其他税。其中,所得税包括个人所得税、企业所得税和社会保险税,流转税包括增值税和消费税,财产税包括不动产税、不动产交易税、继承税、赠与税和公路税,其他税主要包括环境税和地方税费等。个人所得税、企业所得税和增值税收入由中央、州和县三级政府分享,分享比例为中央 70%、州 9%、县 21%。不动产税收入归县级政府所有。所有其他税收收入都是中央收入,直接进入中央预算或其他中央政府基金。

(三)捷克增值税发展情况和主要内容

捷克自 1993 年 1 月 1 日起正式引入增值税,代替了此前仅对销售货物征收的流转税。2004 年 5 月 1 日,作为欧盟成员国,捷克根据欧盟指令和欧洲法院裁定修订了增值税法。增值税是捷克除社会保险税之外的第一大税种,2008 年增值税收入为 2547.89 亿克朗(约合 136.98 亿美元),占其财政收入的 17.57%,占其国内生产总值的 6.99%。

1. 纳税人

捷克增值税法规定,纳税人是有义务进行增值税登记并缴纳增值税的人,包括:在捷克境内独立地进行经济活动且年营业额超过增值税登记注册标准(100 万克朗)的捷克居民(在捷克有住所、营业场所或永久居住地)、在捷克境内从欧盟其他成员国购买货物超过 32.6 万克朗的捷克居民和在捷克境内从事应税交易活动的非捷克居民(如果不适用反向征收机制①)。营业额低于上述登记注册标准的经营者可以自愿登记注册为增值税纳税人。

在捷克境内从欧盟其他成员国获得新式交通服务的服务接受人也是增值税纳税人。政府机关通常情况下是增值税纳税人,但其行使公权力时例外。捷克允许增值税集团申报,即在经济、财务和组织方面存在紧密联系的多个纳税人在增值税征管上可以被视为一个单独的纳税人。

2. 征收范围

捷克增值税征税范围主要包括下列交易行为:在捷克境内从事货物的生产和销售、提供服务或转让不动产;进口货物或在捷克境内取得从其他欧盟成员国提供的货物;为经营目的购买货物或服务并获得了进项税抵扣但却将其用于非经营目的。

3. 税率

捷克增值税的标准税率为 19%。另设有一档低税率 9%,主要适用于增值税法附件一、二中明确列举的一些货物和服务,主要包括:食品和水、药品、书籍、报刊、杂志等印刷出版物、公共交通、酒店服务、医疗服务、文化体育活动门票、公共住房的建筑和装修服务等。

零税率主要适用于:向欧盟成员国销售货物(前提是购买方根据欧盟法规定有义务承担增值税);出口货物;与国际运输有关的特定服务(如国际客运服务)等。

4. 进项税抵扣

纳税人购买货物和服务如果用于增值税应税交易或者适用零税率的交

---

① 增值税反向征收机制是指,在特定情况下,外国供应商(未在本国注册登记且在本国无固定经营场所或住所)在本国出售货物或提供服务时,增值税纳税义务由货物或服务的接受者承担。

易,则其中包含的进项税额可以抵扣。从事免税交易行为的纳税人无权抵扣进项税。非为进一步销售目的购进乘用车的进项税不得抵扣。一些特殊交易行为(如二手货销售、旅行社提供的旅游服务等)不适用普通的扣税法,而是以其经营收入的毛利计算销项税。如果纳税人没有在捷克登记注册,进项税的返还有一套特别程序,且需要依纳税人的申请启动。

当进项税额大于销项税额时,当期不能抵扣的进项税额,可以结转下期抵扣,也可以向税务局申请退税。

5. 免税项目

捷克增值税免税交易行为主要包括:为公共利益而进行的特定活动(如医院提供的服务,与社会福利和社会保险有关的货物和服务,学校和大学教育);银行和保险服务;博彩业;特定的不动产交易等。

6. 对一些特定商品和服务的征税规定

对农业征税,捷克没有采用欧盟指令中提供的"统一比例税率"机制,仅规定对营业额低于100万克朗的小规模农业经营者没有增值税登记注册和申报纳税义务,即未达到起征点的免税。

对金融业征税,捷克对大部分金融服务,如贷款、代收款、电汇、货币兑换、签发支付工具(如支付卡、旅行支票等)等,都实行免税。同时,不允许金融服务的提供者抵扣进项税。但免税不适用于追偿债务的服务。

7. 征收管理

增值税由捷克财政部负责征管,进口环节增值税由海关部门征管(除非进口商为捷克增值税纳税人)。在财政部下,全国划分为8个财政大区,下辖199个基层税务所,从事所有税收征管的具体工作。增值税征管的具体工作,包括登记注册、申报处理、税款征收、税收调查等都由基层税务所具体负责。

纳税人应于纳税结算周期结束的25日之前提交增值税申报表并缴纳增值税。纳税结算周期根据纳税人的营业额和登记注册地不同而有所区别。年营业额在1000万克朗以上的居民纳税人,纳税结算周期为1个月,低于200万克朗的为1个季度,在200万到1000万克朗之间的纳税人可以选择月申报或季申报。非居民纳税人纳税结算周期为1个季度。所有纳税人都可以采用电子申报取代纸质申报。

为抵扣进项税的目的,纳税人必须保存符合法律规定的发票。如果交

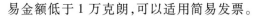

易金额低于 1 万克朗,可以适用简易发票。

据了解,捷克下一步增值税改革的目标主要有两个,即:反税收欺诈;使增值税制更加简单化、现代化,以减轻纳税人的遵从成本。当然,作为欧盟成员国,捷克还必须根据欧盟增值税指令和欧洲法院裁定来进一步修改其增值税法。

四、几点启示和建议

欧洲是世界上最早引入增值税的地区,在增值税立法和实践方面有许多值得我们学习和借鉴的地方,但同时也应当看到,欧盟实行的是传统的增值税制,其在增值税方面的做法并非最先进的经验,且受欧盟国际组织性质的制约,欧盟在增值税协调方面步履维艰,所取得的进展也都是成员国之间政治交易和妥协的结果,对税制本身颇多扭曲,税制也十分复杂。因此,我们对欧盟经验的借鉴应当结合我国国情,去其糟粕,取其精华,为我所用。具体启示和建议如下:

(一)加快推进税收立法工作,切实落实税收法定原则

希腊、捷克两国宪法中都明确规定了税收法定作为国家税收活动的宪法原则和依据[1],两国在税制改革的实践中也始终坚持税收法定原则——税收制度和实践的变革都是以修订和出台税法为前提的。实践证明,正是由于其税制改革最终需要通过税收立法予以确认,而立法过程中程序的公开、透明,社会公众的广泛参与和利益集团的充分表达,加深了社会各方面对税法的理解,提升了公众对税法的认同和遵从,从而保证了税制改革目标的实现。我国宪法、立法法和税收征收管理法的规定中也蕴含了税收法定原则的意旨[2],但与希、捷两国相比,我国的税收立法现状与税收法定原则的要求还有不小的距离。目前,我国税收法律只有三部,19 个税种中,只有企业所得税和个人所得税制定了法律,其余 17 个税种是依行政法规开征的。税收立法相对滞后,税收法律级次较低,这既不利于推进依法治税、依法行政、依

---

[1] 希腊宪法第七十八条第一款规定"非经议会制定法律明确征税对象不得征收任何税",第四款规定"有关征税对象、税率、减免税和给予补贴等事项必须由立法机关规定,不得授权政府部门为之"。捷克公民基本权利和自由宪章(捷克宪法第三条规定该宪章是宪法的组成部分)第十一条第五款规定"税收和收费只能依据法律而征收"。

[2] 我国宪法第五十六条规定:"中华人民共和国公民有依照法律纳税的义务。"立法法第八条规定:"下列事项只能制定法律:(八)基本经济制度以及财政、税收、海关、金融和外贸的基本制度;"

法治国,也不利于纳税人树立依法纳税意识和提高税法遵从度。

十届全国人大常委会期间,我委起草了我国税收授权立法研究报告,提出的完善税收授权立法、尽快将税收行政法规上升为法律的建议得到了常委会领导的肯定和法律委、财经委和法工委的认同。本届全国人大常委会将制定增值税法等若干单行税收法律、修改税收征管法列入了常委会立法规划,这充分体现了全国人大常委会对于税收立法的重视。认真落实常委会立法规划确定的税收立法任务,切实加强税收立法工作,必须深刻领会税收法定原则的本质要求,认真研究、正确处理好上世纪八十年代的授权立法和立法法的关系,开征新税种和调整税法的课税要素,应当通过制定或修改法律来实现;对现有的税收行政法规,应根据立法法和授权立法的要求,在条件成熟时,及时上升为法律。

(二)大力推进扩大增值税征收范围的改革

欧盟增值税指令和希、捷两国的增值税法都规定,销售货物和提供服务都属于增值税征收范围,这也是目前世界上实行增值税制度国家的共同选择,因为增值税是对最终消费征收的一种中性税收,从消费的角度看销售货物与提供服务并无本质区别,人为地区分货物和服务而给予不同的税收处理,只能割裂增值税抵扣链条,对经济产生不同程度的扭曲。

目前,我国对货物和服务分别征收增值税和营业税,营业税没有进项税抵扣机制。增值税由生产型向消费型转型的改革完成后,我国增值税进一步改革的方向应是逐步将增值税征收范围扩大到服务业,取代营业税,建立起覆盖所有货物和服务、具有进项税抵扣机制的现代增值税制度。这既是符合增值税中性原则的税制改革方案,也是为很多国家实践证明的明智选择。增值税立法应当明确并以实现这一改革为目标。

(三)加大税收法治宣传力度

税收与公民的财产权和生产、生活息息相关。提高公民对税法的认同感和遵从度,在进行民主立法、科学立法的同时,还必须加强对纳税人和社会公众的税收法治宣传。尤其是当进行重大税制改革时,应当在广泛征求民意的基础上,通过各种渠道向社会公众宣传税制改革的背景、原因、内容和纳税人如何履行税法规定的义务,使纳税人明理(明白税法背后的原理和税收制度设计的道理)、懂法(了解税法的主要规定)、守法(提高纳税人按照税法规定履行纳税及其相关义务的能力)。希、捷两国在税收法治宣传方面都做了大量卓有成效的工作,如希腊在引进增值税制度之初,就做了长达一年多的非常细致的税法宣传准备工作,通过电视、广播、宣传册等多种媒体广泛宣传新的增值税制度,使社会各方面对新的增值税制度有了比较清晰的理解,为希腊顺利引入增值税制提供了重要保障。近年来,我国在税收法治宣传方面做了大量工作,但总的来看,宣传的方法还有待进一步创新,覆盖面有待进一步扩大,力度也有待进一步加强。

(四)对增值税改革与立法的具体建议

1. 纳税人。增值税纳税人的界定实际上与征收范围的界定是分不开的。通观欧盟和希、捷两国对纳税人与征收范围的规定可以发现增值税的纳税人就是从事增值税征收范围中规定的特定行为而负有增值税纳税义务的自然人、法人或其他主体。欧盟指令中关于增值税集团纳税人制度的规定,并不是一项强制性义务,也并没有得到所有成员国增值税法的认可。主要原因可能是实践中集团纳税人在认定和监管比较困难,我国目前在税收实践中对此也持谨慎态度,但在增值税立法时对这一制度可以做进一步深入研究。

2. 税率。增值税税率的设置以单一税率为最佳,因为单一税率可以保证纳税人能够完全抵扣其进项税,避免由于征收增值税增加纳税人的负担,且低税率的适用在实践中会大大增加征管成本,希腊低税率设置引发的问题就是明证。如确需设置低税率,也必须严格控制低税率的适用范围,尽量减小由于适用不同税率而对增值税抵扣链条完整性带来的影响。

3. 免税项目。应当严格控制增值税免税的适用范围,因为免税会导致增值税抵扣链条的断裂,容易引发税收欺诈行为,增加税收征管成本。理论和实践都证明,将增值税的免税作为优惠政策,其效果都不太好。因为虽然免缴销项税,但同时也不能退还进项税,企业的进项税仍然会作为成本沉淀下来,形成企业负担,尤其是当企业需要购进较多的含税货物和服务时,免税的实际效果很可能是加重了企业的税收负担。

4. 登记注册标准和小规模企业的处理。捷克明确规定了增值税登记注册标准(普通纳税人为100万克朗,从欧盟其他成员国取得货物或服务的纳税人为32.6万克朗),标准以下的企业和个人不是增值税的纳税人,没有登记和缴纳增值税的义务。希腊由于没有规定登记注册标准,给增值税征管的实践造成了很大困难。一方面,小企业数量庞大,经营管理又大都不够规范,征管难度大,另一方面,相对于大中型企业而言小企业缴纳的增值税很少,征管成本却很高。所以,实行现代增值税制的很多国家都规定了较高的增值税登记注册标准,以降税征管成本、提高征管效率。

我国目前对个人纳税人规定了3000元至5000元的起征点,对企业纳税人规定了小规模纳税人制度。自2009年1月1日起,小规模纳税人统一适用3%的征收率,并不得抵扣进项税。今后,在增值税改革和立法过程中,可借鉴现代增值税国家的做法,较大幅度地提高增值税登记注册标准,标准以下企业和个人免征增值税,同时降低一般纳税人认定标准,取消小规模纳税人,赋予所有增值税纳税人进项税抵扣权,这样既有利于保证增值税抵扣链条的完整,也有利于降低征管成本。

5. 对出口货物和劳务无一例外实行零税率制度。这是增值税奉行"目的地征税"原则的要求,也是消除出口货物双重征税的必要措施。希、捷两国在实践中都实行出口零税率制度。我国出于宏观调控的需要,将出口退税率的调整作为一项重要的调控措施,对大部分货物的出口均不实行零税率,随着近两年经济形势的急剧变化,出口退税率频繁调整,使出口企业对其生产成本缺乏明确预期,给其生产经营造成很大的影响。虽然这些调整在一定程度上发挥了调控作用,但不符合增值税的中性原则,且这一政策目标完全可以通过出口关税或其他国内税收政策来实现,因此,建议尽量维持出口零税率制度的稳定性。

6. 对进项税大于销项税的处理。从国际经验看,对于进项税大于销项税的余额除了向后结转继续抵扣以外,普遍允许当期申请退税。欧盟指令规定当进项税大于销项税时,成员国可自主立法决定是给纳税人以退税还是将无法抵扣的进项税向后结转。希腊增值税法规定当进项税大于销项税时,当期不能抵扣的进项税额,可以结转下期抵扣,在特定情形下(如出口、进项和销项适用不同的税率造成进项税大于销项税或购进大宗固定资产)税务局必须依申请向纳税人退税,法律还明确规定了退税的期限。捷克增值税法规定如果进项税大于销项税,纳税人可以在其增值税申报中要求退税,税务机关将在增值税申报提交的30日内给纳税人退税。建议我国参考国际通行做法,在加强税务稽查的基础上,给予进项税大于销项税的纳税人以及时的退税。

7. 增值税税收优惠。欧盟指令和希、捷两国的增值税制度中除免税和低税率外,都没有规定其他的税收优惠内容。欧盟成员国对部队的军事装备采购也没有任何优惠政策。其主要原因是,增值税是一种中性税收,承担过多的政策目标会对经济产生扭曲,而且会提高增值税的征管成本。因此建议我国在增值税制改革过程中取消先征后退、即征即退等不规范的做法。

8. 对农业征税。欧盟指令中提供了"统一比例税率"机制来处理农业增值税问题,但并非所有的成员国都对农业适用这一特殊机制,如捷克就只规定小规模农业经营者(营业额低于 100 万克朗)没有增值税登记注册和申报纳税义务。这些国家之所以没有采用这种机制的一个重要原因就是退税管理的高成本和高风险性。考虑到我国农业生产比较分散、农业经营者大多规模较小的实际状况,建议我国在对农业增值税处理上可以参考捷克的做法,通过设置较高的登记注册标准,将营业额低于标准的农业经营者排除在增值税纳税人之外,而高于这一标准的应当按照对一般纳税人的要求注册登记并缴纳增值税。

9. 对金融业的征税。金融业的增值税处理是一个国际性的难题,主要是因为金融服务的增值额很难确定,无法采取一般的扣税法计算应纳税额。希、捷两国都根据欧盟指令的指引对绝大多数金融服务实行免税。我国目前采取对银行贷款业务按利息收入全额征收 5% 的营业税,但营业税制固有的重复征税问题依然无法解决。是否要对金融业实行增值税制度,还需进一步深入研究。

全国人大常委会预算工作委员会

赴希腊、捷克增值部改革与立法考察团

2009 年 7 月 18 日

附录五
中华人民共和国增值税暂行条例

（1993 年 12 月 13 日中华人民共和国国务院令第 134 号发布　2008 年 11 月 5 日国务院第 34 次常务会议修订通过）

第一条　在中华人民共和国境内销售货物或者提供加工、修理修配劳务以及进口货物的单位和个人，为增值税的纳税人，应当依照本条例缴纳增值税。

第二条　增值税税率：

（一）纳税人销售或者进口货物，除本条第（二）项、第（三）项规定外，税率为 17%。

（二）纳税人销售或者进口下列货物，税率为 13%：

1. 粮食、食用植物油；

2. 自来水、暖气、冷气、热水、煤气、石油液化气、天然气、沼气、居民用煤炭制品；

3. 图书、报纸、杂志；

4. 饲料、化肥、农药、农机、农膜；

5. 国务院规定的其他货物。

（三）纳税人出口货物，税率为零；但是，国务院另有规定的除外。

（四）纳税人提供加工、修理修配劳务（以下称应税劳务），税率为17%。

税率的调整，由国务院决定。

第三条　纳税人兼营不同税率的货物或者应税劳务，应当分别核算不同税率货物或者应税劳务的销售额；未分别核算销售额的，从高适用税率。

第四条　除本条例第十一条规定外，纳税人销售货物或者提供应税劳务（以下简称销售货物或者应税劳务），应纳税额为当期销项税额抵扣当期进项税额后的余额。应纳税额计算公式：

$$应纳税额 = 当期销项税额 - 当期进项税额$$

当期销项税额小于当期进项税额不足抵扣时，其不足部分可以结转下期继续抵扣。

第五条　纳税人销售货物或者应税劳务，按照销售额和本条例第二条规定的税率计算并向购买方收取的增值税额，为销项税额。销项税额计算公式：

$$销项税额 = 销售额 \times 税率$$

第六条　销售额为纳税人销售货物或者应税劳务向购买方收取的全部价款和价外费用，但是不包括收取的销项税额。

销售额以人民币计算。纳税人以人民币以外的货币结算销售额的，应当折合成人民币计算。

第七条　纳税人销售货物或者应税劳务的价格明显偏低并无正当理由的，由主管税务机关核定其销售额。

第八条　纳税人购进货物或者接受应税劳务（以下简称购进货物或者应税劳务）支付或者负担的增值税额，为进项税额。

下列进项税额准予从销项税额中抵扣：

（一）从销售方取得的增值税专用发票上注明的增值税额。

（二）从海关取得的海关进口增值税专用缴款书上注明的增值税额。

（三）购进农产品，除取得增值税专用发票或者海关进口增值税专用缴款书外，按照农产品收购发票或者销售发票上注明的农产品买价和13%的扣除率计算的进项税额。进项税额计算公式：

$$进项税额 = 买价 \times 扣除率$$

（四）购进或者销售货物以及在生产经营过程中支付运输费用的，按照运输费用结算单据上注明的运输费用金额和7%的扣除率计算的进项税额。

进项税额计算公式：

$$进项税额 = 运输费用金额 \times 扣除率$$

准予抵扣的项目和扣除率的调整，由国务院决定。

第九条 纳税人购进货物或者应税劳务，取得的增值税扣税凭证不符合法律、行政法规或者国务院税务主管部门有关规定的，其进项税额不得从销项税额中抵扣。

第十条 下列项目的进项税额不得从销项税额中抵扣：

（一）用于非增值税应税项目、免征增值税项目、集体福利或者个人消费的购进货物或者应税劳务；

（二）非正常损失的购进货物及相关的应税劳务；

（三）非正常损失的在产品、产成品所耗用的购进货物或者应税劳务；

（四）国务院财政、税务主管部门规定的纳税人自用消费品；

（五）本条第（一）项至第（四）项规定的货物的运输费用和销售免税货物的运输费用。

第十一条 小规模纳税人销售货物或者应税劳务，实行按照销售额和征收率计算应纳税额的简易办法，并不得抵扣进项税额。应纳税额计算公式：

$$应纳税额 = 销售额 \times 征收率$$

小规模纳税人的标准由国务院财政、税务主管部门规定。

第十二条 小规模纳税人增值税征收率为3%。

征收率的调整，由国务院决定。

第十三条 小规模纳税人以外的纳税人应当向主管税务机关申请资格认定。具体认定办法由国务院税务主管部门制定。

小规模纳税人会计核算健全，能够提供准确税务资料的，可以向主管税务机关申请资格认定，不作为小规模纳税人，依照本条例有关规定计算应纳税额。

第十四条 纳税人进口货物，按照组成计税价格和本条例第二条规定的税率计算应纳税额。组成计税价格和应纳税额计算公式：

$$组成计税价格 = 关税完税价格 + 关税 + 消费税$$

$$应纳税额 = 组成计税价格 \times 税率$$

第十五条 下列项目免征增值税：

（一）农业生产者销售的自产农产品；

（二）避孕药品和用具；

（三）古旧图书；

（四）直接用于科学研究、科学试验和教学的进口仪器、设备；

（五）外国政府、国际组织无偿援助的进口物资和设备；

（六）由残疾人的组织直接进口供残疾人专用的物品；

（七）销售的自己使用过的物品。

除前款规定外，增值税的免税、减税项目由国务院规定。任何地区、部门均不得规定免税、减税项目。

第十六条　纳税人兼营免税、减税项目的，应当分别核算免税、减税项目的销售额；未分别核算销售额的，不得免税、减税。

第十七条　纳税人销售额未达到国务院财政、税务主管部门规定的增值税起征点的，免征增值税；达到起征点的，依照本条例规定全额计算缴纳增值税。

第十八条　中华人民共和国境外的单位或者个人在境内提供应税劳务，在境内未设有经营机构的，以其境内代理人为扣缴义务人；在境内没有代理人的，以购买方为扣缴义务人。

第十九条　增值税纳税义务发生时间：

（一）销售货物或者应税劳务，为收讫销售款项或者取得索取销售款项凭据的当天；先开具发票的，为开具发票的当天。

（二）进口货物，为报关进口的当天。

增值税扣缴义务发生时间为纳税人增值税纳税义务发生的当天。

第二十条　增值税由税务机关征收，进口货物的增值税由海关代征。

个人携带或者邮寄进境自用物品的增值税，连同关税一并计征。具体办法由国务院关税税则委员会会同有关部门制定。

第二十一条　纳税人销售货物或者应税劳务，应当向索取增值税专用发票的购买方开具增值税专用发票，并在增值税专用发票上分别注明销售额和销项税额。

属于下列情形之一的，不得开具增值税专用发票：

（一）向消费者个人销售货物或者应税劳务的；

（二）销售货物或者应税劳务适用免税规定的；

（三）小规模纳税人销售货物或者应税劳务的。

第二十二条 增值税纳税地点：

（一）固定业户应当向其机构所在地的主管税务机关申报纳税。总机构和分支机构不在同一县（市）的，应当分别向各自所在地的主管税务机关申报纳税；经国务院财政、税务主管部门或者其授权的财政、税务机关批准，可以由总机构汇总向总机构所在地的主管税务机关申报纳税。

（二）固定业户到外县（市）销售货物或者应税劳务，应当向其机构所在地的主管税务机关申请开具外出经营活动税收管理证明，并向其机构所在地的主管税务机关申报纳税；未开具证明的，应当向销售地或者劳务发生地的主管税务机关申报纳税；未向销售地或者劳务发生地的主管税务机关申报纳税的，由其机构所在地的主管税务机关补征税款。

（三）非固定业户销售货物或者应税劳务，应当向销售地或者劳务发生地的主管税务机关申报纳税；未向销售地或者劳务发生地的主管税务机关申报纳税的，由其机构所在地或者居住地的主管税务机关补征税款。

（四）进口货物，应当向报关地海关申报纳税。

扣缴义务人应当向其机构所在地或者居住地的主管税务机关申报缴纳其扣缴的税款。

第二十三条 增值税的纳税期限分别为 1 日、3 日、5 日、10 日、15 日、1 个月或者 1 个季度。纳税人的具体纳税期限，由主管税务机关根据纳税人应纳税额的大小分别核定；不能按照固定期限纳税的，可以按次纳税。

纳税人以 1 个月或者 1 个季度为 1 个纳税期的，自期满之日起 15 日内申报纳税；以 1 日、3 日、5 日、10 日或者 15 日为 1 个纳税期的，自期满之日起 5 日内预缴税款，于次月 1 日起 15 日内申报纳税并结清上月应纳税款。

扣缴义务人解缴税款的期限，依照前两款规定执行。

第二十四条 纳税人进口货物，应当自海关填发海关进口增值税专用缴款书之日起 15 日内缴纳税款。

第二十五条 纳税人出口货物适用退（免）税规定的，应当向海关办理出口手续，凭出口报关单等有关凭证，在规定的出口退（免）税申报期内按月向主管税务机关申报办理该项出口货物的退（免）税。具体办法由国务院财政、税务主管部门制定。

出口货物办理退税后发生退货或者退关的，纳税人应当依法补缴已退的税款。

第二十六条　增值税的征收管理,依照《中华人民共和国税收征收管理法》及本条例有关规定执行。

第二十七条　本条例自 2009 年 1 月 1 日起施行。

附录六
中华人民共和国增值税暂行条例实施细则

财政部　国家税务总局第 50 号令

2008 年 12 月 15 日

第一条　根据《中华人民共和国增值税暂行条例》(以下简称条例),制定本细则。

第二条　条例第一条所称货物,是指有形动产,包括电力、热力、气体在内。

条例第一条所称加工,是指受托加工货物,即委托方提供原料及主要材料,受托方按照委托方的要求,制造货物并收取加工费的业务。

条例第一条所称修理修配,是指受托对损伤和丧失功能的货物进行修复,使其恢复原状和功能的业务。

第三条　条例第一条所称销售货物,是指有偿转让货物的所有权。

条例第一条所称提供加工、修理修配劳务(以下称应税劳务),是指有偿提供加工、修理修配劳务。单位或者个体工商户聘用的员工为本单位或者雇主提供加工、修理修配劳务,不包括在内。

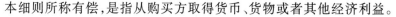

本细则所称有偿,是指从购买方取得货币、货物或者其他经济利益。

第四条 单位或者个体工商户的下列行为,视同销售货物:

(一)将货物交付其他单位或者个人代销;

(二)销售代销货物;

(三)设有两个以上机构并实行统一核算的纳税人,将货物从一个机构移送其他机构用于销售,但相关机构设在同一县(市)的除外;

(四)将自产或者委托加工的货物用于非增值税应税项目;

(五)将自产、委托加工的货物用于集体福利或者个人消费;

(六)将自产、委托加工或者购进的货物作为投资,提供给其他单位或者个体工商户;

(七)将自产、委托加工或者购进的货物分配给股东或者投资者;

(八)将自产、委托加工或者购进的货物无偿赠送其他单位或者个人。

第五条 一项销售行为如果既涉及货物又涉及非增值税应税劳务,为混合销售行为。除本细则第六条的规定外,从事货物的生产、批发或者零售的企业、企业性单位和个体工商户的混合销售行为,视为销售货物,应当缴纳增值税;其他单位和个人的混合销售行为,视为销售非增值税应税劳务,不缴纳增值税。

本条第一款所称非增值税应税劳务,是指属于应缴营业税的交通运输业、建筑业、金融保险业、邮电通信业、文化体育业、娱乐业、服务业税目征收范围的劳务。

本条第一款所称从事货物的生产、批发或者零售的企业、企业性单位和个体工商户,包括以从事货物的生产、批发或者零售为主,并兼营非增值税应税劳务的单位和个体工商户在内。

第六条 纳税人的下列混合销售行为,应当分别核算货物的销售额和非增值税应税劳务的营业额,并根据其销售货物的销售额计算缴纳增值税,非增值税应税劳务的营业额不缴纳增值税;未分别核算的,由主管税务机关核定其货物的销售额:

(一)销售自产货物并同时提供建筑业劳务的行为;

(二)财政部、国家税务总局规定的其他情形。

第七条 纳税人兼营非增值税应税项目的,应分别核算货物或者应税劳务的销售额和非增值税应税项目的营业额;未分别核算的,由主管税务机关核定货物或者应税劳务的销售额。

第八条 条例第一条所称在中华人民共和国境内(以下简称境内)销售货物或者提供加工、修理修配劳务,是指:

(一)销售货物的起运地或者所在地在境内;

(二)提供的应税劳务发生在境内。

第九条 条例第一条所称单位,是指企业、行政单位、事业单位、军事单位、社会团体及其他单位。

条例第一条所称个人,是指个体工商户和其他个人。

第十条 单位租赁或者承包给其他单位或者个人经营的,以承租人或者承包人为纳税人。

第十一条 小规模纳税人以外的纳税人(以下称一般纳税人)因销售货物退回或者折让而退还给购买方的增值税额,应从发生销售货物退回或者折让当期的销项税额中扣减;因购进货物退出或者折让而收回的增值税额,应从发生购进货物退出或者折让当期的进项税额中扣减。

一般纳税人销售货物或者应税劳务,开具增值税专用发票后,发生销售货物退回或者折让、开票有误等情形,应按国家税务总局的规定开具红字增值税专用发票。未按规定开具红字增值税专用发票的,增值税额不得从销项税额中扣减。

第十二条 条例第六条第一款所称价外费用,包括价外向购买方收取的手续费、补贴、基金、集资费、返还利润、奖励费、违约金、滞纳金、延期付款利息、赔偿金、代收款项、代垫款项、包装费、包装物租金、储备费、优质费、运输装卸费以及其他各种性质的价外收费。但下列项目不包括在内:

(一)受托加工应征消费税的消费品所代收代缴的消费税;

(二)同时符合以下条件的代垫运输费用:

1. 承运部门的运输费用发票开具给购买方的;

2. 纳税人将该项发票转交给购买方的。

(三)同时符合以下条件代为收取的政府性基金或者行政事业性收费:

1. 由国务院或者财政部批准设立的政府性基金,由国务院或者省级人民政府及其财政、价格主管部门批准设立的行政事业性收费;

2. 收取时开具省级以上财政部门印制的财政票据;

3. 所收款项全额上缴财政。

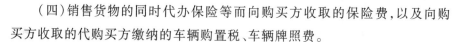

（四）销售货物的同时代办保险等而向购买方收取的保险费，以及向购买方收取的代购买方缴纳的车辆购置税、车辆牌照费。

第十三条　混合销售行为依照本细则第五条规定应当缴纳增值税的，其销售额为货物的销售额与非增值税应税劳务营业额的合计。

第十四条　一般纳税人销售货物或者应税劳务，采用销售额和销项税额合并定价方法的，按下列公式计算销售额：

$$销售额 = 含税销售额 \div (1 + 税率)$$

第十五条　纳税人按人民币以外的货币结算销售额的，其销售额的人民币折合率可以选择销售额发生的当天或者当月1日的人民币汇率中间价。纳税人应在事先确定采用何种折合率，确定后1年内不得变更。

第十六条　纳税人有条例第七条所称价格明显偏低并无正当理由或者有本细则第四条所列视同销售货物行为而无销售额者，按下列顺序确定销售额：

（一）按纳税人最近时期同类货物的平均销售价格确定；

（二）按其他纳税人最近时期同类货物的平均销售价格确定；

（三）按组成计税价格确定。组成计税价格的公式为：

$$组成计税价格 = 成本 \times (1 + 成本利润率)$$

属于应征消费税的货物，其组成计税价格中应加计消费税额。

公式中的成本是指：销售自产货物的为实际生产成本，销售外购货物的为实际采购成本。公式中的成本利润率由国家税务总局确定。

第十七条　条例第八条第二款第（三）项所称买价，包括纳税人购进农产品在农产品收购发票或者销售发票上注明的价款和按规定缴纳的烟叶税。

第十八条　条例第八条第二款第（四）项所称运输费用金额，是指运输费用结算单据上注明的运输费用（包括铁路临管线及铁路专线运输费用）、建设基金，不包括装卸费、保险费等其他杂费。

第十九条　条例第九条所称增值税扣税凭证，是指增值税专用发票、海关进口增值税专用缴款书、农产品收购发票和农产品销售发票以及运输费用结算单据。

第二十条　混合销售行为依照本细则第五条规定应当缴纳增值税的，该混合销售行为所涉及的非增值税应税劳务所用购进货物的进项税额，符合条例第八条规定的,准予从销项税额中抵扣。

第二十一条 条例第十条第(一)项所称购进货物,不包括既用于增值税应税项目(不含免征增值税项目)也用于非增值税应税项目、免征增值税(以下简称免税)项目、集体福利或者个人消费的固定资产。

前款所称固定资产,是指使用期限超过 12 个月的机器、机械、运输工具以及其他与生产经营有关的设备、工具、器具等。

第二十二条 条例第十条第(一)项所称个人消费包括纳税人的交际应酬消费。

第二十三条 条例第十条第(一)项和本细则所称非增值税应税项目,是指提供非增值税应税劳务、转让无形资产、销售不动产和不动产在建工程。

前款所称不动产是指不能移动或者移动后会引起性质、形状改变的财产,包括建筑物、构筑物和其他土地附着物。

纳税人新建、改建、扩建、修缮、装饰不动产,均属于不动产在建工程。

第二十四条 条例第十条第(二)项所称非正常损失,是指因管理不善造成被盗、丢失、霉烂变质的损失。

第二十五条 纳税人自用的应征消费税的摩托车、汽车、游艇,其进项税额不得从销项税额中抵扣。

第二十六条 一般纳税人兼营免税项目或者非增值税应税劳务而无法划分不得抵扣的进项税额的,按下列公式计算不得抵扣的进项税额:

不得抵扣的进项税额 = 当月无法划分的全部进项税额 × 当月免税项目销售额、非增值税应税劳务营业额合计 ÷ 当月全部销售额、营业额合计

第二十七条 已抵扣进项税额的购进货物或者应税劳务,发生条例第十条规定的情形的(免税项目、非增值税应税劳务除外),应当将该项购进货物或者应税劳务的进项税额从当期的进项税额中扣减;无法确定该项进项税额的,按当期实际成本计算应扣减的进项税额。

第二十八条 条例第十一条所称小规模纳税人的标准为:

(一)从事货物生产或者提供应税劳务的纳税人,以及以从事货物生产或者提供应税劳务为主,并兼营货物批发或者零售的纳税人,年应征增值税销售额(以下简称应税销售额)在 50 万元以下(含本数,下同)的;

(二)除本条第一款第(一)项规定以外的纳税人,年应税销售额在 80 万元以下的。

本条第一款所称以从事货物生产或者提供应税劳务为主,是指纳税人的年货物生产或者提供应税劳务的销售额占年应税销售额的比重在50%以上。

第二十九条　年应税销售额超过小规模纳税人标准的其他个人按小规模纳税人纳税;非企业性单位、不经常发生应税行为的企业可选择按小规模纳税人纳税。

第三十条　小规模纳税人的销售额不包括其应纳税额。

小规模纳税人销售货物或者应税劳务采用销售额和应纳税额合并定价方法的,按下列公式计算销售额:

$$销售额 = 含税销售额 \div (1 + 征收率)$$

第三十一条　小规模纳税人因销售货物退回或者折让退还给购买方的销售额,应从发生销售货物退回或者折让当期的销售额中扣减。

第三十二条　条例第十三条和本细则所称会计核算健全,是指能够按照国家统一的会计制度规定设置账簿,根据合法、有效凭证核算。

第三十三条　除国家税务总局另有规定外,纳税人一经认定为一般纳税人后,不得转为小规模纳税人。

第三十四条　有下列情形之一者,应按销售额依照增值税税率计算应纳税额,不得抵扣进项税额,也不得使用增值税专用发票:

(一)一般纳税人会计核算不健全,或者不能够提供准确税务资料的;

(二)除本细则第二十九条规定外,纳税人销售额超过小规模纳税人标准,未申请办理一般纳税人认定手续的。

第三十五条　条例第十五条规定的部分免税项目的范围,限定如下:

(一)第一款第(一)项所称农业,是指种植业、养殖业、林业、牧业、水产业。

农业生产者,包括从事农业生产的单位和个人。

农产品,是指初级农产品,具体范围由财政部、国家税务总局确定。

(二)第一款第(三)项所称古旧图书,是指向社会收购的古书和旧书。

(三)第一款第(七)项所称自己使用过的物品,是指其他个人自己使用过的物品。

第三十六条　纳税人销售货物或者应税劳务适用免税规定的,可以放弃免税,依照条例的规定缴纳增值税。放弃免税后,36个月内不得再申请免税。

第三十七条 增值税起征点的适用范围限于个人。

增值税起征点的幅度规定如下：

（一）销售货物的，为月销售额 2000—5000 元；

（二）销售应税劳务的，为月销售额 1500—3000 元；

（三）按次纳税的，为每次（日）销售额 150—200 元。

前款所称销售额，是指本细则第三十条第一款所称小规模纳税人的销售额。

省、自治区、直辖市财政厅（局）和国家税务局应在规定的幅度内，根据实际情况确定本地区适用的起征点，并报财政部、国家税务总局备案。

第三十八条 条例第十九条第一款第（一）项规定的收讫销售款项或者取得索取销售款项凭据的当天，按销售结算方式的不同，具体为：

（一）采取直接收款方式销售货物，不论货物是否发出，均为收到销售款或者取得索取销售款凭据的当天；

（二）采取托收承付和委托银行收款方式销售货物，为发出货物并办妥托收手续的当天；

（三）采取赊销和分期收款方式销售货物，为书面合同约定的收款日期的当天，无书面合同的或者书面合同没有约定收款日期的，为货物发出的当天；

（四）采取预收货款方式销售货物，为货物发出的当天，但生产销售生产工期超过 12 个月的大型机械设备、船舶、飞机等货物，为收到预收款或者书面合同约定的收款日期的当天；

（五）委托其他纳税人代销货物，为收到代销单位的代销清单或者收到全部或者部分货款的当天。未收到代销清单及货款的，为发出代销货物满 180 天的当天；

（六）销售应税劳务，为提供劳务同时收讫销售款或者取得索取销售款的凭据的当天；

（七）纳税人发生本细则第四条第（三）项至第（八）项所列视同销售货物行为，为货物移送的当天。

第三十九条 条例第二十三条以 1 个季度为纳税期限的规定仅适用于小规模纳税人。小规模纳税人的具体纳税期限，由主管税务机关根据其应纳税额的大小分别核定。

第四十条 本细则自 2009 年 1 月 1 日起施行。

附录七
中华人民共和国营业税暂行条例

(1993 年 12 月 13 日中华人民共和国国务院令第 136 号发布 2008 年 11 月 5 日国务院第 34 次常务会议修订通过)

第一条 在中华人民共和国境内提供本条例规定的劳务、转让无形资产或者销售不动产的单位和个人,为营业税的纳税人,应当依照本条例缴纳营业税。

第二条 营业税的税目、税率,依照本条例所附的《营业税税目税率表》执行。

税目、税率的调整,由国务院决定。

纳税人经营娱乐业具体适用的税率,由省、自治区、直辖市人民政府在本条例规定的幅度内决定。

第三条 纳税人兼有不同税目的应当缴纳营业税的劳务(以下简称应税劳务)、转让无形资产或者销售不动产,应当分别核算不同税目的营业额、转让额、销售额(以下统称营业额);未分别核算营业额的,从高适用税率。

第四条 纳税人提供应税劳务、转让无形资产或者销售不动产,按照营业额和规定的税率计算应纳税额。应纳税额计算公式:

$$应纳税额 = 营业额 \times 税率$$

营业额以人民币计算。纳税人以人民币以外的货币结算营业额的,应当折合成人民币计算。

第五条 纳税人的营业额为纳税人提供应税劳务、转让无形资产或者销售不动产收取的全部价款和价外费用。但是,下列情形除外:

(一)纳税人将承揽的运输业务分给其他单位或者个人的,以其取得的全部价款和价外费用扣除其支付给其他单位或者个人的运输费用后的余额为营业额;

(二)纳税人从事旅游业务的,以其取得的全部价款和价外费用扣除替旅游者支付给其他单位或者个人的住宿费、餐费、交通费、旅游景点门票和支付给其他接团旅游企业的旅游费后的余额为营业额;

(三)纳税人将建筑工程分包给其他单位的,以其取得的全部价款和价外费用扣除其支付给其他单位的分包款后的余额为营业额;

(四)外汇、有价证券、期货等金融商品买卖业务,以卖出价减去买入价后的余额为营业额;

(五)国务院财政、税务主管部门规定的其他情形。

第六条 纳税人按照本条例第五条规定扣除有关项目,取得的凭证不符合法律、行政法规或者国务院税务主管部门有关规定的,该项目金额不得扣除。

第七条 纳税人提供应税劳务、转让无形资产或者销售不动产的价格明显偏低并无正当理由的,由主管税务机关核定其营业额。

第八条 下列项目免征营业税:

(一)托儿所、幼儿园、养老院、残疾人福利机构提供的育养服务,婚姻介绍,殡葬服务;

(二)残疾人员个人提供的劳务;

(三)医院、诊所和其他医疗机构提供的医疗服务;

(四)学校和其他教育机构提供的教育劳务,学生勤工俭学提供的劳务;

(五)农业机耕、排灌、病虫害防治、植物保护、农牧保险以及相关技术培训业务,家禽、牲畜、水生动物的配种和疾病防治;

(六)纪念馆、博物馆、文化馆、文物保护单位管理机构、美术馆、展览馆、书画院、图书馆举办文化活动的门票收入,宗教场所举办文化、宗教活动的门票收入；

（七）境内保险机构为出口货物提供的保险产品。

除前款规定外，营业税的免税、减税项目由国务院规定。任何地区、部门均不得规定免税、减税项目。

第九条　纳税人兼营免税、减税项目的，应当分别核算免税、减税项目的营业额；未分别核算营业额的，不得免税、减税。

第十条　纳税人营业额未达到国务院财政、税务主管部门规定的营业税起征点的，免征营业税；达到起征点的，依照本条例规定全额计算缴纳营业税。

第十一条　营业税扣缴义务人：

（一）中华人民共和国境外的单位或者个人在境内提供应税劳务、转让无形资产或者销售不动产，在境内未设有经营机构的，以其境内代理人为扣缴义务人；在境内没有代理人的，以受让方或者购买方为扣缴义务人。

（二）国务院财政、税务主管部门规定的其他扣缴义务人。

第十二条　营业税纳税义务发生时间为纳税人提供应税劳务、转让无形资产或者销售不动产并收讫营业收入款项或者取得索取营业收入款项凭据的当天。国务院财政、税务主管部门另有规定的，从其规定。

营业税扣缴义务发生时间为纳税人营业税纳税义务发生的当天。

第十三条　营业税由税务机关征收。

第十四条　营业税纳税地点：

（一）纳税人提供应税劳务应当向其机构所在地或者居住地的主管税务机关申报纳税。但是，纳税人提供的建筑业劳务以及国务院财政、税务主管部门规定的其他应税劳务，应当向应税劳务发生地的主管税务机关申报纳税。

（二）纳税人转让无形资产应当向其机构所在地或者居住地的主管税务机关申报纳税。但是，纳税人转让、出租土地使用权，应当向土地所在地的主管税务机关申报纳税。

（三）纳税人销售、出租不动产应当向不动产所在地的主管税务机关申报纳税。

扣缴义务人应当向其机构所在地或者居住地的主管税务机关申报缴纳其扣缴的税款。

第十五条 营业税的纳税期限分别为 5 日、10 日、15 日、1 个月或者 1 个季度。纳税人的具体纳税期限,由主管税务机关根据纳税人应纳税额的大小分别核定;不能按照固定期限纳税的,可以按次纳税。

纳税人以 1 个月或者 1 个季度为一个纳税期的,自期满之日起 15 日内申报纳税;以 5 日、10 日或者 15 日为一个纳税期的,自期满之日起 5 日内预缴税款,于次月 1 日起 15 日内申报纳税并结清上月应纳税款。

扣缴义务人解缴税款的期限,依照前两款的规定执行。

第十六条 营业税的征收管理,依照《中华人民共和国税收征收管理法》及本条例有关规定执行。

第十七条 本条例自 2009 年 1 月 1 日起施行。

附:

营业税税目税率表

税　　　　目	税　　　率
一、交通运输业	3%
二、建筑业	3%
三、金融保险业	5%
四、邮电通信业	3%
五、文化体育业	3%
六、娱乐业	5%—20%
七、服务业	5%
八、转让无形资产	5%
九、销售不动产	5%

附录八
中华人民共和国营业税暂行条例实施细则

财政部　国家税务总局第 52 号令

2008 年 12 月 15 日

第一条　根据《中华人民共和国营业税暂行条例》(以下简称条例),制定本细则。

第二条　条例第一条所称条例规定的劳务是指属于交通运输业、建筑业、金融保险业、邮电通信业、文化体育业、娱乐业、服务业税目征收范围的劳务(以下称应税劳务)。

加工和修理、修配,不属于条例规定的劳务(以下称非应税劳务)。

第三条　条例第一条所称提供条例规定的劳务、转让无形资产或者销售不动产,是指有偿提供条例规定的劳务、有偿转让无形资产或者有偿转让不动产所有权的行为(以下称应税行为)。但单位或者个体工商户聘用的员工为本单位或者雇主提供条例规定的劳务,不包括在内。

前款所称有偿,是指取得货币、货物或者其他经济利益。

第四条　条例第一条所称在中华人民共和国境内(以下简

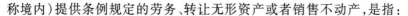

称境内)提供条例规定的劳务、转让无形资产或者销售不动产,是指:

(一)提供或者接受条例规定劳务的单位或者个人在境内;

(二)所转让的无形资产(不含土地使用权)的接受单位或者个人在境内;

(三)所转让或者出租土地使用权的土地在境内;

(四)所销售或者出租的不动产在境内。

第五条 纳税人有下列情形之一的,视同发生应税行为:

(一)单位或者个人将不动产或者土地使用权无偿赠送其他单位或者个人;

(二)单位或者个人自己新建(以下简称自建)建筑物后销售,其所发生的自建行为;

(三)财政部、国家税务总局规定的其他情形。

第六条 一项销售行为如果既涉及应税劳务又涉及货物,为混合销售行为。除本细则第七条的规定外,从事货物的生产、批发或者零售的企业、企业性单位和个体工商户的混合销售行为,视为销售货物,不缴纳营业税;其他单位和个人的混合销售行为,视为提供应税劳务,缴纳营业税。

第一款所称货物,是指有形动产,包括电力、热力、气体在内。

第一款所称从事货物的生产、批发或者零售的企业、企业性单位和个体工商户,包括以从事货物的生产、批发或者零售为主,并兼营应税劳务的企业、企业性单位和个体工商户在内。

第七条 纳税人的下列混合销售行为,应当分别核算应税劳务的营业额和货物的销售额,其应税劳务的营业额缴纳营业税,货物销售额不缴纳营业税;未分别核算的,由主管税务机关核定其应税劳务的营业额:

(一)提供建筑业劳务的同时销售自产货物的行为;

(二)财政部、国家税务总局规定的其他情形。

第八条 纳税人兼营应税行为和货物或者非应税劳务的,应当分别核算应税行为的营业额和货物或者非应税劳务的销售额,其应税行为营业额缴纳营业税,货物或者非应税劳务销售额不缴纳营业税;未分别核算的,由主管税务机关核定其应税行为营业额。

第九条 条例第一条所称单位,是指企业、行政单位、事业单位、军事单位、社会团体及其他单位。

条例第一条所称个人,是指个体工商户和其他个人。

第十条 除本细则第十一条和第十二条的规定外,负有营业税纳税义务的单位为发生应税行为并收取货币、货物或者其他经济利益的单位,但不包括单位依法不需要办理税务登记的内设机构。

第十一条 单位以承包、承租、挂靠方式经营的,承包人、承租人、挂靠人(以下统称承包人)发生应税行为,承包人以发包人、出租人、被挂靠人(以下统称发包人)名义对外经营并由发包人承担相关法律责任的,以发包人为纳税人;否则以承包人为纳税人。

第十二条 中央铁路运营业务的纳税人为铁道部,合资铁路运营业务的纳税人为合资铁路公司,地方铁路运营业务的纳税人为地方铁路管理机构,基建临管线运营业务的纳税人为基建临管线管理机构。

第十三条 条例第五条所称价外费用,包括收取的手续费、补贴、基金、集资费、返还利润、奖励费、违约金、滞纳金、延期付款利息、赔偿金、代收款项、代垫款项、罚息及其他各种性质的价外收费,但不包括同时符合以下条件代为收取的政府性基金或者行政事业性收费:

(一)由国务院或者财政部批准设立的政府性基金,由国务院或者省级人民政府及其财政、价格主管部门批准设立的行政事业性收费;

(二)收取时开具省级以上财政部门印制的财政票据;

(三)所收款项全额上缴财政。

第十四条 纳税人的营业额计算缴纳营业税后因发生退款减除营业额的,应当退还已缴纳营业税税款或者从纳税人以后的应缴纳营业税税额中减除。

第十五条 纳税人发生应税行为,如果将价款与折扣额在同一张发票上注明的,以折扣后的价款为营业额;如果将折扣额另开发票的,不论其在财务上如何处理,均不得从营业额中扣除。

第十六条 除本细则第七条规定外,纳税人提供建筑业劳务(不含装饰劳务)的,其营业额应当包括工程所用原材料、设备及其他物资和动力价款在内,但不包括建设方提供的设备的价款。

第十七条 娱乐业的营业额为经营娱乐业收取的全部价款和价外费用,包括门票收费、台位费、点歌费、烟酒、饮料、茶水、鲜花、小吃等收费及经营娱乐业的其他各项收费。

第十八条　条例第五条第(四)项所称外汇、有价证券、期货等金融商品买卖业务,是指纳税人从事的外汇、有价证券、非货物期货和其他金融商品买卖业务。

货物期货不缴纳营业税。

第十九条　条例第六条所称符合国务院税务主管部门有关规定的凭证(以下统称合法有效凭证),是指:

(一)支付给境内单位或者个人的款项,且该单位或者个人发生的行为属于营业税或者增值税征收范围的,以该单位或者个人开具的发票为合法有效凭证;

(二)支付的行政事业性收费或者政府性基金,以开具的财政票据为合法有效凭证;

(三)支付给境外单位或者个人的款项,以该单位或者个人的签收单据为合法有效凭证,税务机关对签收单据有疑义的,可以要求其提供境外公证机构的确认证明;

(四)国家税务总局规定的其他合法有效凭证。

第二十条　纳税人有条例第七条所称价格明显偏低并无正当理由或者本细则第五条所列视同发生应税行为而无营业额的,按下列顺序确定其营业额:

(一)按纳税人最近时期发生同类应税行为的平均价格核定;

(二)按其他纳税人最近时期发生同类应税行为的平均价格核定;

(三)按下列公式核定:

营业额 = 营业成本或者工程成本 × (1 + 成本利润率) ÷ (1 - 营业税税率)

公式中的成本利润率,由省、自治区、直辖市税务局确定。

第二十一条　纳税人以人民币以外的货币结算营业额的,其营业额的人民币折合率可以选择营业额发生的当天或者当月1日的人民币汇率中间价。纳税人应当在事先确定采用何种折合率,确定后1年内不得变更。

第二十二条　条例第八条规定的部分免税项目的范围,限定如下:

(一)第一款第(二)项所称残疾人员个人提供的劳务,是指残疾人员本人为社会提供的劳务。

(二)第一款第(四)项所称学校和其他教育机构,是指普通学校以及经地、市级以上人民政府或者同级政府的教育行政部门批准成立、国家承认其学员学历的各类学校。

（三）第一款第（五）项所称农业机耕，是指在农业、林业、牧业中使用农业机械进行耕作（包括耕耘、种植、收割、脱粒、植物保护等）的业务；排灌，是指对农田进行灌溉或排涝的业务；病虫害防治，是指从事农业、林业、牧业、渔业的病虫害测报和防治的业务；农牧保险，是指为种植业、养殖业、牧业种植和饲养的动植物提供保险的业务；相关技术培训，是指与农业机耕、排灌、病虫害防治、植物保护业务相关以及为使农民获得农牧保险知识的技术培训业务；家禽、牲畜、水生动物的配种和疾病防治业务的免税范围，包括与该项劳务有关的提供药品和医疗用具的业务。

（四）第一款第（六）项所称纪念馆、博物馆、文化馆、文物保护单位管理机构、美术馆、展览馆、书画院、图书馆举办文化活动，是指这些单位在自己的场所举办的属于文化体育业税目征税范围的文化活动。其门票收入，是指销售第一道门票的收入。宗教场所举办文化、宗教活动的门票收入，是指寺院、宫观、清真寺和教堂举办文化、宗教活动销售门票的收入。

（五）第一款第（七）项所称为出口货物提供的保险产品，包括出口货物保险和出口信用保险。

第二十三条　条例第十条所称营业税起征点，是指纳税人营业额合计达到起征点。

营业税起征点的适用范围限于个人。

营业税起征点的幅度规定如下：

（一）按期纳税的，为月营业额 1000—5000 元；

（二）按次纳税的，为每次（日）营业额 100 元。

省、自治区、直辖市财政厅（局）、税务局应当在规定的幅度内，根据实际情况确定本地区适用的起征点，并报财政部、国家税务总局备案。

第二十四条　条例第十二条所称收讫营业收入款项，是指纳税人应税行为发生过程中或者完成后收取的款项。

条例第十二条所称取得索取营业收入款项凭据的当天，为书面合同确定的付款日期的当天；未签订书面合同或者书面合同未确定付款日期的，为应税行为完成的当天。

第二十五条　纳税人转让土地使用权或者销售不动产，采取预收款方式的，其纳税义务发生时间为收到预收款的当天。

纳税人提供建筑业或者租赁业劳务,采取预收款方式的,其纳税义务发生时间为收到预收款的当天。

纳税人发生本细则第五条所称将不动产或者土地使用权无偿赠送其他单位或者个人的,其纳税义务发生时间为不动产所有权、土地使用权转移的当天。

纳税人发生本细则第五条所称自建行为的,其纳税义务发生时间为销售自建建筑物的纳税义务发生时间。

第二十六条 按照条例第十四条规定,纳税人应当向应税劳务发生地、土地或者不动产所在地的主管税务机关申报纳税而自应当申报纳税之月起超过 6 个月没有申报纳税的,由其机构所在地或者居住地的主管税务机关补征税款。

第二十七条 银行、财务公司、信托投资公司、信用社、外国企业常驻代表机构的纳税期限为 1 个季度。

第二十八 本细则自 2009 年 1 月 1 日起施行。

后记

　　本书比较系统、全面地反映了当今世界具有代表性的增值税法律制度的基本情况,所参考的材料比较新,比较可靠。这归功于世界银行技术援助项目"中国增值税改革与立法研究"的中方和外方专家提供了大量相关国家关于增值税法律制度的宝贵资料。本书的完成得到了预算工作委员会领导的大力支持,特别是冯淑萍副主任的直接领导和指导;得到了财政部税政司的领导和流转税处的帮助和指导;也得到了预算工作委员会办公室和中国民主法制出版社的有力支持。在此表示衷心的感谢!

　　本书正文部分共十个专题,具体分工是:第一章,由法案室张永志撰写;第二章、第五章,由法案室陈鹏、中国政法大学副教授翟继光副教授撰写,陈鹏统稿;第三章、第四章,由法案室雷晏平、中国政法大学副教授翟继光副教授撰写,雷晏平统稿;第六章、第七章,由法案室蔡巧萍撰写;第八章,由中国政法大学中美法学院崔威教授撰写,蔡巧萍统稿;第九章、第十章,由中山大学法学院杨小强教授撰写,蔡巧萍统稿。全书由张永志负责统稿,法案室主任刘修文最终审定。

　　由于作者水平所限,特别是缺乏增值税相关实际工作经验,书中难免存在错误和疏漏之处,敬请广大读者批评指正。

2009 年 12 月 20 日